Tove Soiland
Sexuelle Differenz

Tove Soiland lehrt an verschiedenen deutschsprachigen Universitäten. Ihr Arbeitsschwerpunkt liegt im Bereich des Lacan-Marxismus. 2003 initiierte sie den »Gender-Streit«, eine Kontroverse um die theoretischen Grundlagen des Gender-Begriffs. 2008 promovierte sie über Luce Irigarays Denken der sexuellen Differenz. Sie ist Mitglied des Kollektivs Linksbündig, das sich kritisch mit der staatlichen Corona-Politik auseinandersetzt.

Anna Hartmann ist derzeit wissenschaftliche Mitarbeiterin im Arbeitsbereich Allgemeine Erziehungswissenschaft/Theorie der Bildung an der Bergischen Universität Wuppertal. Sie promovierte über Sorge-Arbeit und Geschlechterhierarchie im Spätkapitalismus. Ihre Forschungsschwerpunkte liegen in der Frauen- und Geschlechterforschung, Psychoanalyse und Sexualpädagogik.

Tove Soiland

Sexuelle Differenz

Feministisch-psychoanalytische Perspektiven auf die Gegenwart

Herausgegeben von Anna Hartmann

UNRAST

Tove Soiland
Sexuelle Differenz
2. Auflage Januar 2025
ISBN 978-3-89771-345-1

Fuggerstr. 13a, 48165 Münster
www.unrast-verlag.de – kontakt@unrast-verlag.de
Mitglied in der assoziation Linker Verlage (aLiVe)

Umschlag: cuore, Berlin
Satz: Andreas Hollender, Köln
Druck: Multiprint, Kostinbrod

Einleitung

Einleitung

Anna Hartmann

Das Denken der sexuellen Differenz spielt in feministischen Debatten – sowohl in der Akademie als auch in Bewegungen – eine eher marginalisierte Rolle. Es zirkuliert ein oftmals wiederholtes Vorurteil, dieses Denken würde die Zweigeschlechtlichkeit zementieren, den Unterschied zwischen Frauen und Männern naturalisieren oder auf eine identitäre Verwirklichung vermeintlich natürlicher weiblicher Stärken zielen. Solche Einschätzungen verkennen jedoch – gewollt oder ungewollt – das theoretische wie auch politische Anliegen dieses feministischen Ansatzes. Doch warum sollte das Denken der sexuellen Differenz nicht einfach verabschiedet, sondern an ihm für die Analyse gegenwärtiger Geschlechterverhältnisse festgehalten werden?

Wenngleich dies etwas paradox klingen mag, die Relevanz dieses Denkens ergibt sich aus der gegenwärtig etwas unklar gewordenen Geschlechterfrage. Einerseits besteht ein unübersehbarer und tiefgreifender Wandel in den Geschlechterverhältnissen. Die Bildungs- und Erwerbsarbeitsmöglichkeiten von Mädchen und Frauen haben sich in den letzten Jahrzehnten enorm erweitert, Geschlechtergleichstellung ist zum festen Bestandteil staatlicher Politik geworden, die Überschreitung ›klassischer‹ Geschlechterstereotype ist mehr als geduldet und vielfältige Lebens- und Identitätsentwürfe prägen den Alltag. Andererseits schreibt sich etwas fort, das auf ein ungelöstes mit Geschlecht verbundenes Problem verweist. Trotz – oder gerade wegen – der angestrebten und zunehmend realisierten Gleichstellung setzt sich etwas fort, das geschlechterhierarchisierende Effekte zeitigt: Konfrontiert sind wir gegenwärtig mit einer weiterhin ungelösten Frage der Sorge. Die an einem androzentrischen Ideal orientierte Gleichstellungspolitik drängt Frauen, sich an ein Modell männlicher Lebens- und Arbeitsweisen anzugleichen. Jener Bereich, der für das individuelle Aufwachsen, die Subjektwerdung sowie das soziale Zusammenleben unabdingbar ist und der historisch gesehen vornehmlich mit dem Privaten sowie mit Weiblichkeit verbunden war, bleibt damit jedoch auf der Strecke. Denn wer kommt (und vor allem unter welchen Bedingungen) für die mit diesem Bereich verbundenen Tätigkeiten auf, klammern zunehmend *alle* und nicht mehr nur ein Teil der Gesellschaft diese aus ihren Lebensentwürfen aus? Und ist die gegenwärtige Tendenz, diese Tätigkeiten an illegalisierte und hochgradig prekarisierte Migrantinnen mit der Folge von transnationalen Sorge-Ketten auszulagern, erstrebenswert? Oder ist es gar wünschenswert, diese in (gewinnorientierte) Dienstleistungen zu überführen, in denen der Raum für persönliche und intime Begegnungen zu schwinden droht?

Doch was bleibt hier eigentlich ungelöst? Wäre es mit einer gerechteren Verteilung von Sorge-Tätigkeiten zwischen den Geschlechtern getan? Auf welcher Ebene wären die Weichen für eine veränderte, emanzipatorisch gestaltete Organisationsweise der Sorge zu stellen? Für eine grundsätzliche Veränderung wäre mit Sicherheit um eine veränderte gesellschaftliche Wertigkeit dieser Tätigkeiten zu ringen. Dies setzt ein grundsätzliches Verständnis für die strukturell verankerte Abwertung, Unsichtbarkeit und Geringschätzung dieser für alle unabdingbaren Tätigkeiten sowie eine individuelle wie auch gesellschaftliche Reflexion über die Bedeutung dieser Tätigkeiten für das subjektive und intersubjektive Zurechtkommen voraus. Denn wie sind wir eigentlich selbst auf andere und die von ihnen kommende Sorge bezogen? Was bedeutet es überhaupt, auf andere angewiesen zu sein? Und wie gehen wir mit diesem Umstand individuell wie auch gesellschaftlich um? Wie ist dieser Umstand vergesellschaftet?

Tove Soiland setzt sich seit geraumer Zeit mit solchen, die Sorge in der spätkapitalistischen Gegenwart betreffenden Fragestellungen auseinander. Sie erschließt diese sowohl ökonomisch als auch aus der Perspektive des Denkens der sexuellen Differenz. Zugleich bringt sie diese in konkrete politische Debatten, etwa die Frauenstreiks, die seit 2019 in der Schweiz wieder stattfinden, ein. Insbesondere durch den Rückgriff auf das Denken der sexuellen Differenz überschreitet sie mit ihren Analysen herkömmliche feministische Ansätze und eröffnet feministische Denk- und Handlungsräume, die einen Ausblick geben auf eine emanzipatorisch gewendete gesellschaftliche Praxis. Mit Bezug auf das Theorem der sexuellen Differenz interpretiert sie etwa das hier angesprochene ungelöste Problem der Sorge als eine in der »postödipalen Gesellschaft« ungelöste, gesellschaftlich nicht bearbeitete Bezugnahme auf die Mutter und ihre unbewusste Vereinnahmung. Trotz aller Veränderungen in den Geschlechterverhältnissen werde die Mutter weiterhin als »allgewährende« und den Subjekten vermeintlich unentwegt und ungebrochen zur Verfügung stehende Instanz phantasiert. Das, was sie gibt und für die Subjektwerdung zur Verfügung stellt, bleibe dabei jedoch unsichtbar und erhalte keine »symbolische Repräsentanz« (TSh: 175).

Mit einer solchen am Denken der sexuellen Differenz orientierten feministischen Perspektive scheint sich also, trotz allen Wandels, etwas in den gesellschaftlichen Tiefenschichten fortzusetzen, das mit der Bezogenheit der Subjekte, mit ihrer Angewiesenheit auf andere und insbesondere mit ihrer Bezogenheit auf die erste andere in Verbindung steht. Solche Überlegungen, in denen die feministisch brisante Frage nach der Mutter sowie nach ihrer gesellschaftlichen Position aufgeworfen wird, erweitern die feministische Auseinandersetzung um den Zusammenhang von Sorge und Geschlecht. Vorstellungen einer besser gestalteten Vereinbarkeit oder einer gerechteren Verteilung und damit verbundene Machbarkeitsphantasien rücken in den Hintergrund. In den Fokus schiebt sich vielmehr die psychische Dimension von Sorge, die Auseinandersetzung mit dem Umstand der Angewiesenheit der Subjekte.

Tove Soiland hat diese mit der Paradoxie spätkapitalistischer Geschlechterverhältnisse verbundenen Zusammenhänge in den letzten zwei Jahrzehnten in zahlreichen Texten diskutiert. Arbeiten, in denen sie sich explizit mit dem Denken der sexuellen Differenz auseinandersetzt und dieses für die Analyse gegenwärtiger Geschlechterverhältnisse fruchtbar macht, sollen in diesem Band gewürdigt sowie erstmals in gesammelter Form einem feministisch interessierten Publikum mit der Hoffnung zugänglich gemacht werden, gegenwärtige feministische Debatten durch dieses Denken zu bereichern.

Um einen ersten Zugang zu dieser nicht ganz so gängigen und leicht zu erschließenden feministischen Theorie zu eröffnen, sollen im Weiteren Soilands Texten zugrunde liegende zentrale theoretische Annahmen und mit ihnen verbundene thematische Zusammenhänge skizziert und vorgestellt werden. Konkret sollen vier Themenkomplexe diskutiert werden. Zum einen Soilands Kritik an der Gender-Theorie, die seit geraumer Zeit die geschlechtertheoretischen Diskussionen in den Universitäten wie auch in den sozialen Bewegungen dominiert (*Kritische Einwürfe*). Zum anderen wird das psychoanalytische Subjekt- und Geschlechterverständnis, das dem Denken der sexuellen Differenz zugrunde liegt, vorgestellt (*Sprache, Subjekt, Geschlecht in der Psychoanalyse*). Darüber hinaus wird die spezifische Perspektive des Theorems der sexuellen Differenz sowie Soilands Fruchtbarmachung dieser feministischen Denkweise für die Analyse gegenwärtiger Geschlechterverhältnisse skizziert (*Denken der sexuellen Differenz*). Zuletzt wird auf Soilands jüngste Arbeiten rund um die Frage nach einer neopatriarchalen Geschlechterordnung und einer damit verbundenen postödipalen Subjektivität eingegangen (*Neopatriarchat und postödipale Gesellschaft*).

Kritische Einwürfe

Irritiert über die Entwicklung der feministischen Theorie in den 1990er Jahren im deutschsprachigen Raum, plädierte Tove Soiland in den frühen 2000er Jahren für eine Debatte um ihre theoretischen Grundlagen. Diesen Aufruf verband sie mit dem Anliegen, eine Reflexion anzustoßen, die die Entwicklung der feministischen Theorie wie auch ihre zeitgeschichtliche Verortung unter die Lupe nähme. Zu klären galt es, wie es in den 1990er Jahren dazu kommen konnte, dass sich die Geschlechterforschung nicht länger für die Lebenslagen von Frauen interessierte, die Rede von Frauen grundsätzlich als überholt und als biologisierend aufgefasst sowie eine »kollektive Betroffenheitslage« von Frauen als essenzialisierende Setzung zurückgewiesen wurde. Es stellte sich die Frage, wie zu diesem historisch spezifischen Zeitpunkt eine feministische Theorie hegemonial werden konnte, die mit *Gender* die Geschlechterfrage auf eine der Zweigeschlechtlichkeit und heteronormativer Identitätszuschreibungen reduzierte. Verwundert über diese Entwicklung – gar schockiert, wie sich Soiland in einem Interview mit Bigna Rambert äußert (Soiland 2012: 14) – widmete sich die Denkerin fortan dieser inner-feministischen Debatte, die den Zündstoff für ihre theoretische wie politische Arbeit bildete.

Für die Analyse der spätkapitalistischen Geschlechterordnung zog Soiland fortan das Denken der sexuellen Differenz heran, insbesondere das Werk der französischen Philosophin und Psychoanalytikerin Luce Irigaray und deren kritische Auseinandersetzung mit dem Subjekt- und Geschlechterverständnis der französischen, genauer der Lacan'schen Psychoanalyse. Das Denken der sexuellen Differenz dient Soiland seither nicht nur zur Analyse der von der Gender-Theorie verkannten Tiefenschichten der Geschlechterordnung, sondern liefert in Verbindung mit der psychoanalytischen Subjekttheorie und ihrem spezifischen Sprach- bzw. Diskursverständnis den Ankerpunkt, die Gender-Theorie und insbesondere die deutschsprachige Rezeption Judith Butlers zu problematisieren.

Soilands Kritik an der Gender-Theorie berührt im Wesentlichen das ihr zugrunde liegende Sprach- und Subjektverständnis sowie die sich daran anschließende Geschlechterkonzeption. Entgegen der Lacan'schen Psychoanalyse, auf die sich Butler zwar in ihrer Subjekt- und Geschlechtertheorie maßgeblich bezieht (und daran anschließend wiederum die Gender-Theorie), wird in gendertheoretischen Ansätzen das »Symbolische als Ideal« (TSb: 52), das heißt vor allem als normative Funktion aufgefasst, womit die psychoanalytische »Unterscheidung zwischen Imaginärem und Symbolischem« (ebd.: 55) entfällt. Als Konsequenz bedeutet dies, dass die symbolische Position bzw. die sprachlich vermittelte Subjektposition als »Abbildfunktion« (ebd.: 55) begriffen wird, die kohärente normative Identitäten vorzugeben und festzuschreiben scheint. Macht, so Soiland, wird in diesem Verständnis insbesondere in der normativen »Zuweisung von Geschlecht« und »in der als Zumutung empfundenen Festschreibung kohärenter geschlechtlicher Identitäten verortet« (ebd.; TSc: 74). Insofern diese normativen Zu- und Festschreibungen die Individuen binär in eine Ordnung der Zweigeschlechtlichkeit einteilen würden, wird subversives Potenzial wiederum in der Absetzung von diesen Vorgaben ausgemacht: in der »Veruneindeutigung geschlechtlicher Positionen« und in der »Pluralisierung von Identitäten« (TSf: 138) sowie in der »Ausweisung der Kontingenz jeder identitären Setzung« (ebd.).

Diese theoretischen Prämissen stellen – und hier greift Soilands Kritik ein – zentrale psychoanalytische Grundannahmen infrage: Fallen Subjekt und Identität in eins, wird folglich auch die psychoanalytische Unterscheidung zwischen diesen zwei psychischen Erfahrungsregistern außer Kraft gesetzt.[1] Im Kern wird die dezentrierende Wirkung der Sprache, die das Subjekt um einen Seinsmangel herum organisiert, und die damit verbundene Erfahrung des Unbewussten infrage gestellt. Soiland setzt sich nicht nur kritisch mit diesen subjekttheoretischen Verkürzungen gendertheoretischer Ansätze auseinander, die sie u.a. an Judith Butlers Lacan-Rezeption ausweist, sie sieht gendertheoretische Ansätze auch durch ihr Subjekt- und Geschlechterverständnis in die spätkapitalistischen Herrschaftsverhältnisse

1 Lacan differenziert diese zwei nicht in Übereinstimmung zu bringenden psychischen Register durch die begriffliche Unterscheidung zwischen symbolischem *je* (Subjekt) und imaginärem *moi* (Ich).

verstrickt; das in ihnen vertretene Geschlechterverständnis sei »selbst Teil der (...) veränderten Subjektivierungsweise geworden« (vgl. TSe: 130). So falle der gestiegene gesellschaftliche Anspruch einer »flexible[n] Handhabung des eigenen *genders*« (ebd.) mit der von gendertheoretischen Ansätzen eingeschlagenen subversiv angelegten Strategie, geschlechtliche Identitäten vervielfältigen und aufweichen zu wollen, zusammen. Nicht nur die subversive Strategie werde zu einem herrschaftsintegrierenden Mechanismus, auch die theoretischen Annahmen, die dem gendertheoretischen Feminismus zugrunde liegen, seien selbst Teil dieser Koinzidenz. Diesen Zusammenhang arbeitet Soiland zunächst entlang Foucaults Govermentalitätsanalyse und der damit verbundenen Selbsttechnologien heraus (siehe dazu in diesem Band *Was heißt Konstruktion? Über den stillschweigenden Bedeutungswandel bei gleichzeitiger Stabilität der Geschlechterordnung*). Später dient ihr die neuere Lacan-Rezeption mit ihrer Diagnose einer postödipalen Gesellschaft dazu, diese ideologische Verstrickung als Effekt veränderter (postödipaler) Subjektivierungsweisen nachzuzeichnen.

Neben diesen subjekttheoretischen und ideologiekritischen Argumenten kritisiert Soiland einen weiteren Aspekt: Gendertheoretische Ansätze würden die Paradoxie, die spätkapitalistische Geschlechterverhältnisse auszeichnet, vernachlässigen. Durch die Fokussierung darauf, überkommene Geschlechternormen außer Kraft setzen und überwinden zu wollen, gerate jedoch die komplexe Verschränkung einer zunehmenden »Feminisierung der Lasten« bei einer gleichzeitig stattfindenden gesellschaftspolitischen »De-Thematisierung von Geschlecht« aus dem Blick geschlechtertheoretischer Analysen (TSe: 129). Mit »Feminisierung der Lasten« bei gleichzeitiger »De-Thematisierung von Geschlecht« weist Soiland auf eine dem neoliberalen Umbau der Gesellschaft zugrunde liegende versteckte Geschlechteragenda hin (ebd.). Während die Geschlechterordnung oberflächlich betrachtet massiven Veränderungen zu unterliegen scheint, bestehen ihre Struktur und die mit ihr verbundenen geschlechterhierarchisierenden Mechanismen weitestgehend fort. Soiland arbeitet in zahlreichen Analysen die komplexe Transformation, die im Bereich der sozialen Reproduktion im Übergang von Fordismus zu Postfordismus stattgefunden hat, und die mit ihr verbundenen Folgen für das Geschlechterverhältnis heraus (vgl. 2018a, 2018b, 2018c, 2019). Jene, die den Großteil der Sorge-Verpflichtungen heute unter veränderten sozio-ökonomischen Bedingungen tragen – und dies sind nach wie vor mehrheitlich Frauen –, sind von der sich fortschreibenden gesellschaftlichen Entwertung und Geringschätzung der Sorge betroffen und haben die damit einhergehenden sozialen, finanziellen sowie physischen und psychischen Folgen *individualisiert* zu tragen. Während sich in diesem Zusammenhang also eine statistisch feststellbare kollektive Betroffenheitslage abzeichnet, die mit der gesellschaftlich ungelösten Sorge-Frage verkoppelt ist, problematisiert Soiland, warum diese kollektive Betroffenheitslage jedoch von Frauen nicht artikuliert wird oder artikuliert werden kann und warum zugleich der Feminismus diese selbst auch noch entnennt und damit dethematisiert (vgl. TSd).

An dieser Fragestellung offenbart sich ein wesentlicher Grundzug Soilands Denk- und Arbeitsweise: Gesellschafts- und ökonomietheoretische Fragestellungen werden nicht von subjekt- oder ideologietheoretischen Problemstellungen getrennt oder einfach losgelöst voneinander analysiert. Sie fragt nach ihrer Verschränkung sowie nach den ideologischen Bedingungen, die spätkapitalistischen Produktionsverhältnissen zugrunde liegen. So betrachtet sie das ungelöste Problem der Sorge und die sich daran anschließende Frage nach der Artikulation einer kollektiven Betroffenheitslage von Frauen eben auch als eine Frage, die subjekttheoretisch zu klären ist:

> »Für mich ist die Frage vielmehr, warum trotz einer nach wie vor erdrückenden kollektiven Involviertheit von Frauen in die Problematik, der der Bereich der sozialen und individuellen Reproduktion ausgesetzt ist (...), es so schwierig ist, dieses Kollektiv zu artikulieren; eine Schwierigkeit, die sich auch und gerade in der feministischen Theorie abbildet, die nicht müde wird zu betonen, dass es dieses Kollektiv nicht gibt. Wenn eine subjekttheoretische Frage zu stellen ist, dann doch die, warum Frauen die ersten sind, ihre eigenen Anliegen zu dethematisieren. Dies ist also durchaus auch ein ideologietheoretisches Problem« (TSd: 100).

Soiland sieht diese Desartikulation aufseiten der Frauen in ihrer problematischen Positionierung im Symbolischen begründet (vgl. TSf: 154); diese Positionierung unterstelle Frauen nicht dem für den Eintritt in die gesellschaftlichen Austausch- und Vermittlungssysteme notwendigen symbolischen Einschnitt. Entgegen der Annahme, wir befänden uns in einer Ordnung der Zweigeschlechtlichkeit, geht Soiland im Anschluss an das Denken der sexuellen Differenz von einer eingeschlechtlichen Ordnung aus (vgl. TSc: 73). Diese integriere die weibliche Position nicht in gleicher Weise in das symbolische Netz wie die männliche und beraube sie einer geschlechtlichen Position – psychoanalytisch gesehen einer Begehrensposition –, die die Voraussetzung für die Artikulation eines Kollektivs darstellen würde. Für die Analyse dieses Zusammenhangs, der diese subjekttheoretischen Gesichtspunkte betrifft, greift Soiland insbesondere auf Luce Irigarays Denken der sexuellen Differenz sowie die Lacan'sche Psychoanalyse zurück. Damit problematisiert sie die geschlechtliche Subjektivierung gerade nicht hinsichtlich normativer Identitäten, sondern stellt den dezentrierenden Einschnitt des Symbolischen ins Zentrum der geschlechtertheoretischen und -politischen Auseinandersetzungen. Die Form der Subjektkonstitution, der psychische Umgang mit der in sie eingelagerten Angewiesenheit und insbesondere die Form der Trennung von der ersten anderen – der Mutter – treten in den Fokus. Zum Dreh- und Angelpunkt der Geschlechterfrage wird damit die Angewiesenheit und Alterität des Subjekts. Die Form der Bezugnahme des Subjekts auf andere, die Ausgestaltung der ersten Bindung und intersubjektiver Bindungen generell sowie die darin eingelagerte Angewiesenheit der Subjekte rücken in diesen theoretischen Überlegungen ins Zentrum.

Sprache, Subjekt, Geschlecht in der Psychoanalyse

Der angesprochene Zusammenhang von Subjekt und Begehren sowie die Frage nach der damit verbundenen in das Geschlechterverhältnis eingeschriebenen Asymmetrie, die in Soilands Arbeiten im Zentrum stehen, verweist auf das Subjekt- und Sprachverständnis der Lacan'schen Psychoanalyse, das hier skizziert werden soll. Das in der Lacan'schen Psychoanalyse wie auch im Denken der sexuellen Differenz postulierte Sprach-, Subjekt- und Geschlechterverständnis rückt von dem gendertheoretischer Ansätze deutlich ab. Sprache wird in der Lacan'schen Psychoanalyse gerade nicht als normierende oder festschreibende Instanz betrachtet, die eine bestimmte Identität oder gar ein bestimmtes Begehren vorgibt (vgl. TSb: 63). Sie wird demgegenüber als gesellschaftlicher Vermittlungszusammenhang begriffen, »als Struktur einer Alterität« (ebd.), die (sprachliche) Vermittlung erst um den Preis einer Unmöglichkeit bzw. eines Verlusts möglich macht. Denn die sprachliche Seinsweise, die hier im Fokus steht, erfordert einen grundsätzlichen Verzicht auf Unmittelbarkeit, den das Subjekt auf sich zu nehmen hat, womit ein unmittelbares Dasein oder ein vollumfängliches Genießen – sozusagen eine vollkommene Befriedigung – konstitutiv ausgeschlossen ist.[2] Der Eintritt in die soziale Welt bedingt in diesem Verständnis demnach eine »grundsätzliche Enteignung« (TSf: 145), eine konstitutive, nicht aufhebbare Entfremdung, die das Subjekt sich selbst wie auch anderen gegenüber fremd macht. Das hier im Fokus stehende Subjekt zeichnet sich folglich durch einen grundsätzlichen Seinsmangel aus; ein selbstidentisches, sich selbst gegenüber transparentes Ich ist in dieser Subjektkonzeption allenfalls in der Phantasie zu haben. Die Sprachlichkeit bedeutet vielmehr, wie Soiland festhält, »eine grundlegende Verwiesenheit, die uns in unserer Allmacht einschränkt, insofern wir als soziale Wesen auf andere angewiesen, ja, an andere verwiesen sind – ein Umstand, der in Lacans Verständnis das Subjekt in Form einer Kerbe, eben jener von ihm so bezeichneten *Spalte des Subjekts* durchzieht« (ebd.; Hervorhebung A.H.). Die sprachliche Seinsweise setzt demnach die Anerkenntnis voraus, dass der Andere, auf den ich angewiesen bin, konstitutiv unverfügbar und unerreichbar ist, zugleich jedoch das Subjekt in seinem Begehren betrifft und in entscheidender Weise prägt. Das *gespaltene Subjekt* ist ein begehrendes Subjekt, dessen Begehren sich im Begehren des Anderen begründet, womit das Intimste des Subjekts, sein Begehren, von außen kommt und somit dem Subjekt nicht einfach unmittelbar angehört oder gar aus ihm selbst heraus entsteht.[3]

In seinem Spätwerk, das für Soilands zeitdiagnostische Arbeit zur postödipalen Gesellschaft und ihre sich daran anschließende Diagnose einer neopatriarchalen Geschlechterordnung von wesentlicher Bedeutung ist,

2 Psychoanalytisch gesehen wird der Eintritt in die Sprache und der damit verbundene Verzicht auf Unmittelbarkeit bzw. ein unmittelbares Genießen an das Verbot des Genießens des Körpers der Mutter gekoppelt. Insofern die ödipale Situation ein vermeintlich unmittelbares Genießen zwischen Mutter und Kind verbietet, untersagt das ödipale Verbot etwas Unmögliches und lässt damit wiederum etwas Unmögliches als etwas Mögliches in Erscheinung treten. Das Verbot stellt somit überhaupt erst ein Genießen in Aussicht.

3 In seinen unterschiedlichen Werkphasen konzeptionalisiert Lacan das Begehren auf unterschiedliche Weise. Während nach einer ersten Schaffensphase, in der das Imaginäre im Zentrum seiner Subjektkonzeption steht, zunächst die symbolische Dimension und die Anerkennung des Anderen herausgestellt wird, erhält in seinem Spätwerk das Reale und damit die durch die Sprache bzw. den Signifikanten produzierte Spaltung des Subjekts eine größere Bedeutung. Das Begehren wird durch eine »Leere« verursacht und gestaltet sich als strukturell unbefriedigbarer Drang, das vermeintlich verlorene Genießen wiederzufinden (vgl. Recalcati 2000: 36). Zur Entwicklung von Lacans Subjekt- und Begehrensverständnis siehe Recalcati (2000: 15–42).

hebt Lacan die reale Dimension des Begehrens hervor. Das Begehren ist nicht mehr Begehren des Anderen, das sich in einer symbolischen Anerkennungsrelation vollzieht, sondern wird durch eine unwirkliche ›Ursache‹ verursacht, durch einen Rest oder Überschuss, der im Prozess der Symbolisierung entsteht. Das heißt, das Begehren wird hier durch ein unwirkliches Objekt verursacht, das für den Verlust bzw. das verlorene Objekt steht, das heißt für das, was von dem Verlust übrigbleibt. Lacan konzeptionalisiert diese Objekt-Ursache des Begehrens als *Objekt a*, das das Subjekt phantasmatisch an das verlorene Objekt, dieses vermeintlich verlorene Genießen bindet und damit den Verlust des Genießens phantasmatisch zu kompensieren vermag. Das Objekt a, hält Soiland fest, »steht für diesen Überschuss und damit in Lacans Terminologie für ›ein Reales‹, das nicht als ein dem Symbolischen vorgängiges Residuum zu verstehen ist, sondern vielmehr als der nachträglich entstehende, nicht-assimilierbare ›Rest‹ (...), der für das Subjekt beim Eintritt in die Sprache in Funktion tritt (...)« (TSi: 192).

Der Spracheintritt bedingt somit nicht nur einen Verzicht auf Genießen, sondern er produziert auch einen »nicht-assimilierbaren ›Rest‹«, der für das Begehren des Subjekts von zentraler Bedeutung ist, insofern er phantasmatisch ein Genießen nach dem Verlust in Aussicht stellt und damit als Grundlage des Begehrens fungiert. Für Soiland ist dieses »Objekt als Ort des Genießens« (ebd.) für zeitdiagnostische Untersuchungen von Interesse; sie geht davon aus, dass sich die »phantasmatische Auskleidung« (ebd.: 193) des Spracheintritts und damit das Verhältnis von Begehren und Genießen historisch unterschiedlich ausgestalten könne. In Anschluss an Lacans Spätwerk stellt sie heraus, dass sich die Stellung des Subjekts zu seinem Genießen und somit die phantasmatische Einbindung des Subjekts historisch wandeln könne. Sie geht davon aus, »dass es historisch je unterschiedliche Weisen der Subjektivierung« gibt, »die sich in der Art unterscheiden, wie das Subjekt zu diesem Objekt angeordnet, zu ihm in Beziehung gesetzt wird« (ebd.: 192). So interpretiert etwa auch die neuere Lacan-Rezeption (vgl. Soiland 2022; Soiland/Frühauf/Hartmann 2022), mit der sich Soiland in ihren späteren Texten dezidierter auseinandersetzt, die Infragestellung väterlicher Autorität im Kontext von ’68 und im Zuge der damals aufkommenden sozialen Bewegungen als einen solchen die Subjektivierungsweise nachdrücklich verändernden Schnitt, durch den das ödipale Verbot als phantasmatische Auskleidung des Verlust an symbolischer Bedeutungskraft verliert.

Für Luce Irigaray aber auch andere Denkerinnen im Umfeld der französischen Psychoanalyse und des französischen Poststrukturalismus, etwa Hélène Cixous oder Julia Kristeva, drängt sich bereits in den frühen 1970er Jahren die Frage auf, inwiefern dieses Subjektverständnis die ins Geschlechterverhältnis eingelagerte Hierarchie reflektiert. Befestigt dieses Subjektverständnis die Geschlechterhierarchie oder eröffnet dieses vielmehr einen Ausgang aus dieser Problematik? Dies wirft die weiterführende Frage auf, was in der Lacan'schen Psychoanalyse unter Geschlecht zu verstehen ist. Deutlich wurde bereits, dass Geschlecht nicht auf die Identität der Subjekte reduziert werden kann und sich somit nicht nur auf der Ebene des Normativen bewegt. Vielmehr wird Geschlecht mit der Sprachlichkeit des Subjekts verkoppelt und somit mit der durch die Sprachlichkeit induzierten Gespaltenheit des Subjekts sowie seinem Begehren und Genießen in Verbindung gebracht. Geschlecht wird in der Psychoanalyse – und aus diesem Grund ist dieses Geschlechterverständnis von Beginn an für feministische Theoretikerinnen von besonderem Interesse (vgl. TSf: 140) – als Positionierung im Symbolischen aufgefasst, als spezifische Stellung zum symbolischen Gesetz. Damit verweist Geschlecht auf die Einbindung der Subjekte in die symbolischen Austausch- und Vermittlungssysteme. Das, was die Geschlechter in dieser Konzeption scheidet, ist, so Soiland, »der von den Individuen zu entrichtende Preis beim Eintritt in die Kultur« (ebd.: 145): Die Geschlechter unterscheiden sich hinsichtlich »der das Subjekt durchziehenden Spalte« (ebd.: 145 f.). Da letztlich jedoch lediglich die männliche Position dem spaltenden Effekt der Sprache unterliegt,[4] fokussiert Soiland in Auseinandersetzung mit Irigarays Denken der sexuellen Differenz das damit verbundene Problem für das Geschlechterverhältnis: Der einen Position, der Weiblichen, obliegt es, der anderen, der männlichen den Eintritt ins Symbolische zu gewähren. Die weibliche Position definiert sich daher, so Soiland, insbesondere dadurch, »dass sie diese Rolle oder Funktion der Kerbe für die männliche Seite verkörpert« (ebd.: 146).

> »Wenn nun die Geschlechter in Lacans Verständnis bezüglich dieses Scheiterns [der Sprache] unterschiedlich angeordnet sind, und zwar in einer Weise, die das Weibliche das Scheitern der männlichen Position sein lässt, so heißt dies nichts

4 Die Einordnung der Subjekte auf männlicher oder weiblicher Seite wird von Lacan nicht in Abhängigkeit von der Körperlichkeit konzeptionalisiert (vgl. Lacan 2015: 79; 83).

anderes, als dass *nur* die männliche Position zu einem solchen Schnitt und das heißt auch, in die Position des Begehrens gelangt« (ebd.; Hervorhebung A.H.).

Der subjektkonstituierende Eintritt ins Symbolische steht in dieser Auffassung somit lediglich der männlichen Seite offen, während die weibliche Seite diesen gewährt, ohne jedoch selbst Anteil an einer solchen Vermittlungs- und Begehrensposition zu erhalten. Daher die zuvor angesprochene Rede von einer eingeschlechtlichen Ordnung. In ihrer Irigaray-Rezeption arbeitet Soiland diese Asymmetrie im Geschlechterverhältnis in ihrer Komplexität heraus. Sie zeigt, dass die emotionalen und psychischen Voraussetzungen, die der männlichen Subjekt- und Begehrensposition zugrunde liegen, in unserer Kultur und Gesellschaft individuell wie auch kollektiv ausgeblendet sowie nicht als relevant erachtet werden (siehe dazu vor allem Soiland 2010/2018).

Denken der sexuellen Differenz

Soiland hebt hervor, dass Irigaray diese Geschlechterkonstellation gerade nicht als Kulturnotwendigkeit, sondern als Kulturdiagnose interpretiert (vgl. Soiland 2012: 17), der sie Überlegungen für ein verändertes Geschlechterverhältnis entgegenstellt. Diese Überlegungen zielen insbesondere darauf, das »Potenzial der symbolischen Funktion, [nämlich] Zeichen tatsächlicher Alterität zu sein« (TSa: 37) ins Werk zu setzen. Dies bedeutet auch, die Angewiesenheit, die das Subjekt durchzieht, nicht weiter auszublenden, sondern zur Kenntnis zu nehmen. Ebenfalls würde dies heißen, die Voraussetzungen der eigenen Subjektivität, insbesondere die Angewiesenheit auf andere, wahrzunehmen sowie den mit diesen Bedingungen verbundenen Tätigkeiten symbolisch Ausdruck zu verleihen. Der »emotionale Bezug« (TSh: 175), der der eigenen Subjektivität vorausgesetzt ist und in diese eingeht, müsste demnach als etwas gewahr werden, das von einer/einem anderen kommt und somit gerade nicht voraussetzungslos ist (ebd.). Soiland geht mit Irigaray davon aus, dass die ›mütterliche Gabe‹, »der emotionale Bezug, den wir von unserer ersten Bezugsperson bekommen« (ebd.), in unserer Kultur nicht als etwas gedacht werden kann, das eine notwendige Voraussetzung des Subjekts ist. Sie wird nicht als etwas gedacht, ohne das sich das Subjekt nicht entwickeln könnte, das jedoch auch nicht einfach bedingungslos zur Verfügung steht, sondern an das Begehren der ersten anderen gebunden ist.

Die ödipale Subjektformation, in der eine väterlich verbietende Instanz die Trennung von der ersten anderen und somit den Eintritt in die Sprache und Gesellschaft symbolisch vermittelt, lässt die erste andere jedoch nicht als unverfügbares und begehrendes Subjekt, als Subjekt, das der symbolischen Funktion unterstellt wäre, in Erscheinung treten. Ihr ist der Möglichkeitsraum genommen, den Einschnitt sowie die damit verbundene Alterität gegenüber dem/der anderen selbst zu verkörpern. Das väterlich ödipale Verbot unterbindet, wie Soiland festhält, »eine Begegnung zwischen zwei Subjekten«:

> »Eine Begegnung, in der die Begrenzung nicht von einem Verbot herkommt, sondern von einem zweiten Subjekt, das reagiert. Also eine Intersubjektivität, in der sich die Grenzen der Allmachtsfantasie der beiden Subjekte aus der gegenseitigen Interaktion ergeben« (ebd.: 178).

Was Soiland mit Irigarays Denken der sexuellen Differenz in den Blick zu rücken versucht, ist demnach eine intersubjektive Subjektkonstitution, die es ermöglichte, dass die in sie involvierten Subjekte jeweils die »Kerbe der Alterität des anderen« als eigene Grenze ins sich trügen (TSa: 40). Das Denken der sexuellen Differenz drängt damit auf eine Subjektkonstitution, in der das Phantasma eines Subjekts, das sich als allmächtig und unbegrenzt phantasiert, überwunden würde. Zugleich ginge es um eine Subjektkonstitution, die die eigene emotionale und psychische Herkunft nicht ausklammern und der konstitutiven Angewiesenheit Rechnung tragen würde. Die in diesen Überlegungen enthaltene Kritik am Geschlechterverhältnis rückt somit etwas ins Zentrum, das in gegenwärtigen feministischen Auseinandersetzungen kaum Berücksichtigung findet oder durch die spezifisch gelagerte Problematisierung feministischer Fragestellungen von vornherein ausgeblendet wird, z.B. wenn in Bezug auf die gegenwärtige Care-Krise die hier hervorgehobene psychische Dimension von Sorge-Bindungen ausgeklammert wird. In diesen Überlegungen wird alles andere als nach einer Essenz des Weiblichen gesucht, vielmehr stellt dieser feministische Ansatz die Ausgestaltung intersubjektiver Beziehungen und die in ihr eingelagerte Angewiesenheit und Bezogenheit der Subjekte ins Zentrum der Auseinandersetzung. Dieser Ansatz drängt darauf, dass es um eine andere Form der Subjektkonstitution gehen müsste, die beiden geschlechtlichen Positionen eine symbolische und damit gespaltene Seinsweise zuerkennt.

Neopatriarchat und postödipale Gesellschaft

Dass sich dieses feministisch-emanzipatorische Anliegen im Zuge der gesellschaftlichen Transformationen im ausgehenden 20. und beginnenden 21. Jahrhundert alles andere als realisieren ließ, verdeutlicht Soiland in ihren jüngsten, zeitdiagnostischen Arbeiten. In diesen stellt sie die Frage, inwiefern sich trotz der gravierenden Veränderungen in den Geschlechterverhältnissen etwas Patriarchales fortschreibt. In Anschluss an die neuere Lacan-Rezeption beschreibt sie die gegenwärtige Gesellschaft als ›postödipale Gesellschaft‹, der sie eine »neopatriarchale Struktur« unterstellt (TSg: 166). Weder leben wir in einer post-patriarchalen Gegenwart, noch lässt sich diese als patriarchal beschreiben. Obwohl der Untergang väterlicher Autorität die bürgerlich-patriarchale Kleinfamilie und das in sie eingelagerte Ödipale untergräbt, schreibt sich dennoch etwas von dieser Konstellation fort, weshalb Soiland mit dem »Umsturz des Ödipalen« keine »Befreiungsgeschichte« (TSi: 186) verbindet, sondern vielmehr den Aufstieg neuer, postödipaler Herrschaftsverhältnisse. Das Schwinden väterlicher Autorität sowie die parallel einsetzende Pluralisierung von Geschlecht und die zunehmende Auflösung der bürgerlich-patriarchalen Kleinfamilie setzt eine alte Problematik im Geschlechterverhältnis auf veränderte Weise fort. Vor diesem Hintergrund dreht sich Soilands Analyse vor allem um die Frage, inwiefern sich das Schwinden des Ödipalen auf die Position der Mutter sowie das Phantasma auswirkt, das ausgehend vom Ödipalen stets ihre Verfügbarkeit impliziert. Ihre Antwort fällt eindeutig aus: Die postödipale Subjektstruktur belässt die Bezugnahme auf die erste andere unbearbeitet und verschärft damit die Problematik im Geschlechterverhältnis:

> »Wenn die ödipale Konstellation um ein Verbot kreiste, das Verbot eines Zugangs zum Körper der Mutter, so führt dessen Aufhebung in den Kern des diesem Verbot zugrundeliegenden Phantasmas, dass ein solcher Zugang (überhaupt) möglich wäre. (…) Die Liberalisierung lässt dieses Phantasma, hinter dem letztlich immer die unbewusste Fantasie einer allgewährenden Mutter steht, unangetastet. Sie versetzt aber gleichzeitig Frauen in eine schwierige Lage, erhalten sie doch so – im Namen ihrer Emanzipation – Zugang zu etwas, wovon sie in gewisser Weise selbst Bestandteil sind« (TSi: 201).

Was verschiebt sich nun im Übergang von der ödipalen zur postödipalen Konstellation? Im Kern haben wir es mit einer veränderten phantasmatischen Konstellation zu tun, womit sich die Stellung des Subjekts zu seinem Genießen (zum Objekt a) und das heißt das Phantasma, die phantsmatische Einbindung des Subjekts verändert. In der ödipalen Konstellation steht das Verbot des Genießens im Zentrum des Phantasmas. Der Eintritt in die Sprache vollzieht sich entlang des ödipalen, väterlichen Verbots, das Mutter und Kind (bzw. Junge) trennt und damit den Eintritt in Sprache und Kultur vermittelt. In der postödipalen Konstellation wiederum tritt an die Stelle des Verbots der Imperativ ›Genieße!‹, also das Gebot, sein Genießen vollumfänglich auszuschöpfen und alle Genießensmöglichkeiten zur Gänze auszukosten. Die Subjektkonstitution vollzieht sich hier nicht mehr entlang eines väterlichen Prinzips, vielmehr scheint die »symbolische Kastration« durch das Schwinden väterlicher Autorität und generationaler Differenz sowie das Versprechen auf »einen durch das richtige Wissen angeleiteten unmittelbaren Zugang zum Genießen« (TSi: 196) aufgehoben. Während im ersten Fall (durch das Verbot) ein Genießen jenseits des Verbots in Aussicht gestellt ist, scheint im zweiten Fall das Genießen unbegrenzt, ohne Hindernis zur Verfügung zu stehen, es gilt lediglich von den Subjekten in toto ausgeschöpft zu werden. Beide Phantasmen beruhen somit auf der Phantasie, dass ein vollumfängliches Genießen, das ausgehend vom Ödipalen stets mit dem Körper der Mutter verkoppelt ist, möglich wäre: entweder jenseits des Verbots (ödipal) oder ohne Hindernis als neue soziale Pflicht (postödipal). Was sich durchzieht, ist der ödipale Konnex von Genießen und Mütterlichkeit, der sich auch im postödipalen Phantasma eines möglichen Genießens fortschreibt. Eben das veranlasst Soiland zu der Diagnose eines Neopatriarchats.

Perfide ist diese postödipale, neopatriarchale Konstellation nicht nur, weil sie die Subjekte gegenüber ihren nicht erreichten Genießensmöglichkeiten schuldig werden lässt und somit gegenüber einer Unmöglichkeit (!), sondern weil dieser Imperativ – unbemerkt – das Geschlechtliche berührt. Insofern nun alle – unabhängig von Geschlecht – mit dem Imperativ des Genießens konfrontiert sind – ohne dass das Genießen jedoch als Unmöglichkeit wahrgenommen, noch vom Körper der Mutter gelöst würde –, scheint nun allen, wie Soiland pointiert, der Zugang zum Körper der Mutter in Aussicht zu stehen. Es setze sich die »Vorstellung eines demokratischen Zugangs zum Körper der Mutter« (TSh: 177) durch, womit Frauen sich selbst gegenüber in ein ›selbstkannibalistisches‹ Verhältnis geraten würden (vgl. TSf: 158; TSi: 204). Dieser Umstand wirft also die dringlich zu diskutierende Frage auf, wer und in welcher Form unter diesen liberalisierten Bedingungen der Subjektkonstitution für die emotionalen und psychischen Voraussetzungen dieses genussgesteuerten Subjekts aufkommt. Insofern die Mutter weiterhin, wie Soiland herausstellt, als ›allgewährend‹, als eine, die keine Grenzen zu haben scheint, phantasiert wird, bleibt die Frage des emotionalen Bezugs und der Angewiesenheit ungelöst; letztlich lässt die postödipale Konstellation »das Phantasma, dass es einen Zugang gäbe, dass die Mutter allgewährend wäre, von sich aus keine Grenzen setzt, ihre Ressourcen, ihre Gabe einfach so zur Verfügung stellt, untangiert« (TSh: 177).

Eine feministische Theorie und Praxis, die dieser Geschlechterproblematik begegnen will, hätte diese von Soiland fokussierte Tiefenschicht der Geschlechterordnung, die die Bedingungen der Subjektkonstitution berührt, in den Fokus zu rücken. Zugleich hätte sie sich von vereinfachten Emanzipationsvorstellungen, die sich in der Pluralisierung geschlechtlicher Identitäten erschöpfen, zu lösen. Für eine solche Fokusverlagerung, die eine vertiefte feministische Gegenwartsanalyse ermöglicht, geben Soilands vielschichtige Analysen fruchtbare Impulse.

Zum Buch

Der vorliegende Band versammelt Texte aus Tove Soilands Œuvre, die eine solche Fokusverlagerung ermöglichen und einen Zugang zum Denken der sexuellen Differenz und somit zu dieser anderen Geschlechtertheorie eröffnen. Zusammengestellt sind hier Texte, die in den letzten zwei Jahrzehnten entstanden sind und mit unterschiedlicher Schwerpunktsetzung die in die spätkapitalistische Gesellschaft eingelagerte Geschlechterproblematik subjekttheoretisch und psychoanalytisch erschließen. Den Leitfaden für die Auswahl bildet dabei der Bezug auf das Denken der sexuellen Differenz. So liegen hier nahezu ausschließlich Texte vor, die sich mit diesem Zugang feministischer Theorie befassen. Thematisch können die Texte drei Schwerpunkten zugeordnet werden:

Erstens liegen Texte vor, die sich explizit mit diesem Ansatz feministischer Theorie und insbesondere Luce Irigarays Denken der sexuellen Differenz befassen. Diese Texte rahmen den Band: Eröffnet wird er durch einen frühen Text von Tove Soiland, in dem sie sich mit Irigarays *Frauenmarkt* (1979) auseinandersetzt und eine Rehabilitierung Irigarays feministischen Denkens anstrebt (*Irigaray mit Marx lesen. Eine Rehabilitierung des Denkens der sexuellen Differenz*). Abgeschlossen wird der Band durch einen (Vortrags-)Text, der hier erstmals veröffentlicht wird, der wiederum der Rezeptionsgeschichte von Irigarays Ansatz und dem Begriff der sexuellen Differenz auch hinsichtlich gegenwärtiger Adaptionen im Kontext der neueren Lacan-Rezeption nachgeht (*Sexuelle Differenz: Feministische Rückfragen an eine merkwürdige Rezeptionsgeschichte*).

Zweitens stehen die theoretischen Grundlagen und Unterschiede zwischen dem Theorem der sexuellen Differenz und der Gender-Theorie im Fokus sowie Soilands Kritik gegenüber der Gender-Theorie hinsichtlich ihrer Eignung für eine feministische Theorie, die sich zugleich als Gesellschaftsanalyse versteht. Diesem Schwerpunkt sind insbesondere folgende Texte zuzuordnen: *Was sind sexuierte Positionen? Anmerkungen zu Judith Butlers Lacan-Rezeption*; *Was heißt Konstruktion? Über den stillschweigenden Bedeutungswandel eines zentralen Paradigmas der Geschlechtertheorie*; *Subversion, wo steckst Du? Eine Spurensuche an den Universitäten*.

Drittens liegen hier zeitdiagnostische Texte vor, die nach der geschlechtlichen Struktur der postödipalen Gesellschaft fragen. Dazu zählen: *Jenseits von Sex und Gender: Die sexuelle Differenz. Zeitdiagnostische Interventionen von Seiten der Psychoanalyse*; *Der Umsturz des Ödipalen. Ein feministisches Dilemma*; *Die postödipale Gesellschaft*.

Darüber hinaus ist der Text *Kontingenz als Ideologie unserer Zeit* aufgenommen. Insofern er keinen unmittelbaren Bezug zum Denken der sexuellen Differenz aufweist, liegt er zu den restlichen Texten quer. Durch sein Plädoyer, ökonomische Fragen – vor allem solche nach der Bedeutung von Sorge-Arbeit für die spätkapitalistische Ökonomie – nicht losgelöst von subjekttheoretischen und ideologiekritischen Analysen zu bearbeiten, bietet er für die hier anvisierte Auseinandersetzung jedoch fruchtbare Anschlüsse. Ergänzt werden die Texte durch drei Interviews, die von Anja Nora Schulthess bzw. von Maya Dolderer geführt wurden und einerseits nach der Spezifik dieser anderen Geschlechtertheorie (*Eine andere Geschlechtertheorie* und *Die mütterliche Gabe hat keine symbolische Existenz*) sowie andererseits nach der Herrschaftsförmigkeit der postödipalen Gesellschaft (*Genießen in Zeiten des Neoliberalismus*) fragen.

Die Texte sind chronologisch nach ihrem Erscheinungsdatum geordnet. Dies ermöglicht, Tove Soilands Denkbewegungen über die letzten zwei Jahrzehnte nachzuvollziehen. Die Texte erscheinen in ihrer ursprünglichen Form, es wurden lediglich kleinere redaktionelle Änderungen vorgenommen. Wenngleich zwischen einigen Texten zum Teil inhaltliche Überschneidungen bestehen, jedoch jeder Text wiederum einen sehr eigenen und spezifischen Fokus einnimmt, sind auftauchende Redundanzen hoffentlich zu entschuldigen.

Ich danke Marie Bickmann vom Unrast-Verlag für die vertrauensvolle Zusammenarbeit. Für die kollegiale und freundschaftliche Unterstützung in der Vorbereitung dieses Buchs danke ich Rita Casale, Friederike Nastold und Sarah Trentzsch.

Ich wünsche allen Leserinnen und Lesern eine anregende Lektüre sowie ein spannungsreiches Eintauchen in Tove Soilands Denken und den von ihr entworfenen Fokus feministischer Theorie.

Literatur

Irigaray, Luce (1979): Frauenmarkt. In: dies: Das Geschlecht, das nicht eins ist. Berlin: Merve, S. 177–198.

Lacan, Jacques (2015): Das Seminar Buch XX. Encore. Wien/Berlin: Turia + Kant.

Recalcati, Massimo (2000): Einführung in Lacan: Vom Begehren zum Geniessen. In: ders.: Der Stein des Anstosses. Lacan und das Jenseits des Lustprinzips. Wien: Turia + Kant, S. 15–42.

Soiland, Tove (2010/2018): Luce Irigarays Denken der sexuellen Differenz. Eine dritte Position im Streit zwischen Lacan und den Historisten. Wien/Berlin: Turia + Kant.

Soiland, Tove (2012): Interview mit Tove Soiland. In: texte. Psychoanalyse. Ästhetik. Kulturkritik. 32. Jg., Heft 4/12, S. 9–21.

Soiland, Tove (2018a): Der Sockel des Eisberges. Umrisse eines feministischen Marxismus für das 21. Jahrhundert. In: Soziopolis. Gesellschaft beobachten. Onlinezeitschrift: https://soziopolis.de/erinnern/jubilaeen/artikel/der-sockel-des-eisbergs/ [letzter Zugriff: 10.06.2022].

Soiland, Tove (2018b): Soziale Reproduktion und Neue Landnahme: ein feministischer Zugang. In: Widersprüche 150, 38. Jg., S. 85–112.

Soiland, Tove (2018c): Innere Kolonien: Care als Feld einer ›Neuen Landnahme‹. In: LuXemburg. Gesellschaftsanalyse und linke Praxis 3/2018, S. 72–77.

Soiland, Tove (2019): Ökonomisierung – Privatisierung. Die verdeckte Unterseite neoliberaler Restrukturierungen und ihre Implikationen für die Geschlechterforschung. In: Kortendiek, Beate; Riegraf, Brigit; Sabisch, Katja (Hrsg.): Handbuch Interdisziplinäre Geschlechterforschung Bd. 1. Wiesbaden: Springer VS, S. 95–104.

Soiland, Tove (2022): Genießen als Faktor des *Politischen* – psychoanalytische Zugänge zur Gegenwart. Eine Einführung. In: Soiland, Tove; Frühauf, Marie; Hartmann, Anna (Hrsg.): Postödipale Gesellschaft. Band 1. Wien/Berlin: Turia + Kant, S. 9–50.

Soiland, Tove; Frühauf, Marie; Hartmann, Anna (Hrsg.) (2022): Postödipale Gesellschaft. Band 1. Wien/Berlin: Turia + Kant.

Zitierte Aufsätze von Tove Soiland aus diesem Band

TSa: Irigaray mit Marx lesen. Eine Rehabilitierung des Denkens der sexuellen Differenz (2003). S. 27–44.

TSb: Was sind sexuierte Positionen? Anmerkungen zu Judith Butlers Lacan-Rezeption (2004). S. 45–68.

TSc: Was heißt Konstruktion? Über den stillschweigenden Bedeutungswandel eines zentralen Paradigmas der Geschlechtertheorie (2008). S. 69–90.

TSd: Kontingenz als Ideologie unserer Zeit (2013). S. 99–107.

TSe: Subversion, wo steckst Du? Eine Spurensuche an den Universitäten (2013). S. 109–133.

TSf: Jenseits von Sex und Gender: Die sexuelle Differenz. Zeitdiagnostische Interventionen von Seiten der Psychoanalyse (2014). S. 135–164.

TSg: Genießen in Zeiten des Neoliberalismus. Anja Nora Schulthess im Gespräch mit Tove Soiland (2015). S. 165–172.

TSh: Die mütterliche Gabe hat keine symbolische Existenz. Interview durchgeführt von Maya Dolderer (2016). S. 173–184.

TSi: Der Umsturz des Ödipalen. Ein feministisches Dilemma (2018). S. 185–206.

Irigaray mit Marx lesen

Eine Rehabilitierung des Denkens der sexuellen Differenz

1998 widmet die von der John Hopkins Universität herausgegebene und äußerst renommierte Zeitschrift *diacritics* dem Denken der französischen Philosophin Luce Irigaray eigens eine Nummer mit dem sprechenden Titel *Irigaray and the Political Future of Sexual Differenz*. Schon dieser Umstand ist für deutschsprachige Leserinnen erstaunlich, sucht man hierzulande seit Beginn der 90er Jahre doch nahezu vergeblich nach Spuren einer deutschsprachigen Irigaray-Rezeption. Noch erstaunlicher allerdings ist, dass es sich die Herausgeberinnen nicht nehmen ließen, an prominenter Stelle ein Interview mit Judith Butler und Drucilla Cornell zu platzieren, in welchem die beiden bekannten US-amerikanischen Theoretikerinnen den großen Einfluss Luce Irigarays auf ihr eigenes Denken bestätigen. Zwar bestimmte die französische Philosophin in den 80er Jahren die feministische Theoriebildung auch des deutschsprachigen Raums, doch geriet sie bei uns spätestens seit ihrem Buch *Ethik der sexuellen Differenz* in den Ruf, einen essenzialistischen Begriff von Geschlechtlichkeit zu portieren, ein Vorwurf, der sich durch ihr Spätwerk der 90er Jahre zu bestätigen schien und in dessen Folge dieses weitgehend unrezipiert blieb.[1] Währenddem bei uns die Rezeption der englischsprachigen *Gender*-Diskussion zunehmend in das mündet, was als ›Krise der Kategorie Geschlecht‹ bezeichnet wird (vgl. Purtschert 2003), und sich – nicht zuletzt durch die Aufnahme der Werke Judith Butlers – ein spezifisches Verständnis von *Gender* herausgebildet hat, das mit dem Denken der sexuellen Differenz gänzlich unvereinbar

1 Etwa die Hälfte von Irigarays Schriften liegt bislang noch nicht in deutscher Übersetzung vor, in Englisch sind alle Werke übersetzt. Zu ihrem Spätwerk gehören *J'aime à toi* (1992), *Être Deux* (1997), *Je, tu, nous* (1990), *La democrazia comincia alle due* (1994), *Parler n'est jamais neutre* (1985) und der Sammelband *Sexes et genres à travers les langues* (1990). Als eine der wenigen deutschsprachigen Rezipientinnen der 90er Jahre sind zu nennen: Hennecke (2001), Sommer (1998), Kroker (1994), Kuster (1996/1998) und zahlreiche Publikationen von Andrea Günter. Zum Essenzialismusvorwurf vgl. Deuber-Mankowsky (1986).

erscheint, werden im englischen Sprachraum diese beiden Ansätze offenbar nicht als sich gegenseitig ausschließend wahrgenommen, sondern gelten als zwei valide Möglichkeiten, Fragen geschlechtlicher Hierarchisierungen zu reflektieren. Nicht, dass Irigaray nicht auch dort zu heftigen Diskussionen Anlass gäbe, doch stößt ihr Werk seit den 90er Jahren auf eine zunehmend breite, wenn auch kontroverse Resonanz.[2]

Tatsächlich stellt sich die Frage, was wir mit Irigarays häufig wiederkehrenden und in ihrem Spätwerk stellenweise geradezu aufdringlich werdenden Formulierungen von der Zweigeschlechtlichkeit der Natur anfangen sollen, hat doch der Rekurs auf die Natur in der Vergangenheit nicht nur den Frauen viel Unheil gebracht. Es ist denn auch der Status dieses Naturbegriffs, an dem sich die transatlantischen Geister scheiden: Währenddem sich deutschsprachige Leserinnen offensichtlich davon abgestoßen fühlen, weist Elisabeth Grosz meiner Ansicht nach zurecht darauf hin, dass auch Irigarays Naturbegriff als ein immer schon kulturell vermittelter verstanden werden muss und sie bekundet keinerlei Mühe, genau darin die Gemeinsamkeit von Irigaray und Butler zu sehen. Es sei gerade beider Interesse an der Frage nach jenem »Material«, aus welchem die kulturellen Konstrukte hervorgingen, insofern nämlich der »Körper als das politische, soziale und kulturelle Objekt par excellence« betrachtet werde.[3] Butlers Vorbehalte Irigaray gegenüber beziehen sich denn auch nicht auf diesen angeblichen Essenzialismus; die Bedenken, die sie im genannten Interview äußert, sind vielmehr folgende: dass Irigaray die sexuelle Differenz für die Anerkennung von Alterität als das zentrale Moment erkläre, dass sie damit die sexuelle Differenz gegenüber anderen Differenzen privilegiere und dass sie, was

2 So in unzähligen Artikeln u.a. in den Zeitschriften *Hypatia, Signs, differences, Yale French Studies*. Als Auswahl von Büchern sei hier genannt: Whitford (1991), Schor/Weed (1994), Burke/Schor/Whitford (1994).

3 »Der Körper wird hier betrachtet als ein politisches, soziales und kulturelles Objekt par excellence und nicht als Produkt einer rohen, passiven Natur, welche zivilisiert, überlagert und von der Kultur zurechtgeschliffen wird. Der Körper ist ein kulturelles Geflecht und Produktion von Natur. [Er] kann nicht verstanden werden als eine neutrale Leinwand, eine Art biologischer Tabula rasa, auf welche Weibliches und Männliches gleichermaßen projiziert werden könnte. Anstatt *Sex* als eine essenzialistische und *Gender* als eine konstruktivistische Kategorie anzusehen, geht es diesen Denkerinnen darum, gerade diese Dichotomie zu unterwandern.« (Grosz 1994: 18; Ü.v.m.) Grosz steht mit der Einschätzung eines immer schon kulturell vermittelten Naturbegriffs bei Irigaray keineswegs allein, vgl. z.B. Schwab (1998: 79 f.), Weinbaum (1994) und ausführlich Cheah/Grosz (1998a).

mit beidem zusammenhängt, auf diese Weise erneut eine normative Heterosexualität befestigen helfe.[4] Gerade weil Butler der ›Materialität‹ des Geschlechts einen so hohen Stellenwert einräumt, ist für sie gewissermaßen schon das ›nackte‹ Frausein nicht anders denn als Inkarnation einer heterosexuellen Norm zu begreifen und jenes »Paar«, das Irigaray seit *J'aime à toi* als Grundlage eines neuen geschlechterdifferenzierten Gesellschaftsvertrages postuliert, nichts anderes als eine heterosexistische Provokation.

Angesichts dieser beiden Vorwürfe, dass es politisch nicht legitim sei, die Geschlechterdifferenz gegenüber anderen Differenzen zu bevorzugen und dass diese in der Vorstellung von der Zweigeschlechtlichkeit die Rollenmuster einer alten Geschlechterordnung zementiere, möchte ich hier den Versuch einer Rehabilitierung des Denkens der sexuellen Differenz wagen, insofern nämlich, als ich der Ansicht bin, dass Irigaray mit diesem Theorem etwas anspricht, das gewissermaßen quer sowohl zu den hier angesprochenen Problemlagen wie deren Begrifflichkeit steht. Es scheint mir naheliegend, dies anhand eines Vergleichs zu tun: Wie kommt es, dass obwohl Irigaray und Butler gleichermaßen über Prozesse der ›Materialisierung‹ nachdenken, indem sie jede Rede über Vorgängiges als eine Naturalisierung gesellschaftlicher Verhältnisse begreifen, sie dennoch, zumindest in gewisser Hinsicht,[5] zu einem diametral entgegengesetzten Resultat kommen, was die Frage der Zweigeschlechtlichkeit und insbesondere: die des Status des weiblichen Subjekts betrifft.

Das Geschlecht: Vergegenständlichung von welchem Verhältnis?

Seit Marx im Zusammenhang seiner Wertlehre den Begriff einer »gesellschaftlichen Natureigenschaft« prägte, indem er vom »Wert« in paradoxaler Wendung als der »gesellschaftlichen Naturbestimmtheit« der Dinge

4 Peng/Grosz (1998: 27 f.). Vgl. auch Butler (1994: 100 f.); Butler (2001: 154–156) und zu einer Erwiderung durch Braidotti vgl. Braidotti/Butler (1994: 52 f.).

5 Butler anerkennt zwar, dass auch Irigarays »Beschwörung der Geschlechterdifferenz etwas anderes als eine Grundlegung ist« (1997a: 27), doch wird sie sich genau aus diesem Verdacht heraus doch auch wieder von ihr abgrenzen. Der Feminismus müsse es, so ihre Überzeugung, erlauben, schreibt Butler in Kritik an einer Universalisierung der Geschlechterdifferenz, »in Auseinandersetzung mit anderen kritischen Paradigmen seine eigenen fundierenden Richtlinien in eine Krise geraten zu lassen.« (Grosz/Peng 1998: 41; Ü.v.m.)

spricht, hat sich – nicht nur für die feministische Theorie – ein weites Feld eröffnet, Prozesse gesellschaftlicher Selbsthypostasierungen zu analysieren. Wenn Marx die Menschen »bestimmte, notwendige, von ihrem Willen unabhängige Verhältnisse« eingehen sieht, von denen sie gleichwohl nichts wissen; wenn er nicht davor zurückscheut, den »Wert« als das eigentliche »Subjekt« zu bezeichnen, das er sogar ein »automatisches« nennt,[6] so steht ihm bereits ein Begriff dessen zur Verfügung, was die Subjektkritik des 20. Jahrhunderts die dezentrische Seinsweise des Menschen nennen wird: ein radikal von gesellschaftlichen Verhältnissen durchzogenes Wesen, das gleichwohl seine ureigenste Identität aus diesen Verhältnissen bezieht. In diesem Zusammenhang wird klar, wieso Fragen der Identität für die *Gender*-Forschung einen so zentralen Stellenwert erhielten: Wenn Menschen gerade mittels der den Gesellschaftsverhältnissen eigenen Subjektivierungsformen in diese eingebunden sind, so bleibt – was Marx wusste, wenn er »den Arbeiter« als »historisches Produkt« bezeichnet[7] – der Rekurs auf ebendiese Identität eine höchst ambivalente Angelegenheit. Insofern bin ich mit Gudrun Axeli-Knapp nicht einverstanden, die das heute in der Geschlechterforschung vorherrschende Interesse an »Subjekt- und identitätstheoretische[n] Fragestellungen« als ein »Brachliegen von Gesellschaftstheorie« versteht (2002: 17), doch stellt sich in der Tat das Problem, wie diese Fragen anzugehen sind. Den Menschen als ›Materialisierung‹ gesellschaftlicher Verhältnisse zu begreifen, besagt noch nichts über die Form der darin wirksamen Verknüpfungen, geschweige denn, dass sich diese durch eine Revision des ›falschen Bewusstseins‹ auflösen ließen.

Denn was Marx in seiner Warenanalyse als den »gegenständlichen Schein« der Waren bezeichnete, ist ja nicht einfach eine dem Gegenstande irrtümlich anhaftende Eigenschaft; der »Schein« bezieht sich vielmehr auf die »Gegenständlichkeit« selbst.[8] Diese allerdings ist in dem die Ware

6 »Er [der Wert] geht beständig aus der einen Form in die andre über, ohne sich in dieser Bewegung zu verlieren, und verwandelt sich so in ein automatisches Subjekt. (...) In der Tat aber wird der Wert hier das Subjekt eines Prozesses (...)« (MEW 23: 168 f.). Zum »Verhältnis«, das die Menschen ohne ihr Wissen eingehen, vgl. (MEW 13: 8). »Sie wissen es nicht, aber sie tun es« (MEW 23: 88). Zum Wert als einer gesellschaftlichen Natureigenschaft vgl. (MEW 23: 86; MEW 13: 22).

7 Vgl.: »Das Kapital seinerseits erscheint daher als das übergreifende Subjekt und Eigentümer fremder Arbeit (...). (...) Die Setzung des Individuums als eines Arbeiters, in dieser Nacktheit, ist selbst historisches Produkt.« (Grundrisse: 374 f.)

8 (MEW 23, 88). Ich denke, dass in der Verkennung dieses Unterschiedes die Verkürzung vieler Gender-Ansätze liegt, die in ihrer Kritik an Gender-Identitäten,

konstituierenden »Wert ein Verhältnis zwischen Personen«, ein »unter *dinglicher Hülle verstecktes* Verhältnis« zwischen Personen, wie Marx präzisiert und damit etwas sehr Reales (MEW 23: 88). Und er zögert nicht, diese »gespenstige Gegenständlichkeit« der Ware mit der religiösen Welt zu vergleichen, in welcher »die Produkte des menschlichen Kopfes mit eignem Leben begabte, untereinander und mit den Menschen in Verhältnis stehende selbständige Gestalten« sind (MEW 23: 86). Kann man die Evidenz der Geschlechter als solch »selbständige Gestalten« betrachten, die, wie Butler im *Unbehagen* formuliert, sich einer »Selbst-Verdinglichung« des Patriarchats verdanken (1991: 63–67), so bleibt doch genauer zu klären, *welches* Personenverhältnis sich in ihnen materialisiert.

Es ist in dieser Frage, worin genau bezüglich dem Geschlechterverhältnis sinnvollerweise von einer Vergegenständlichung gesprochen werden muss, in der sich Butler und Irigaray unterscheiden. Wenn Butler in jener berühmten Passage (1991: 24), in welcher sie die *sex/gender*-Unterscheidung verwirft, die »Geschlechtsidentität« als »jenen Produktionsapparat« bezeichnet, der über die diskursiven Mittel verfügt, »die Dualität der Geschlechter (*sexes*)« »als das radikal Nicht-konstruierte« erscheinen zu lassen, so lässt sie keinen Zweifel daran, dass sie die »Geschlechtsidentität« als jenes Machtverhältnis begreift, das die naturalisierende Verdinglichung produziert:[9] *sex* wäre die Materialisierung einer heterosexuellen Norm, als die Butler die Geschlechtsidentitäten versteht. Währenddem hier beide

---

verstanden als bestimmte Eigenschaften, zu einer Art Ideologiekritik werden. Marx hingegen scheint tatsächlich an so etwas wie eine ›Materialisierung‹ zu denken, wie viele seiner Formulierungen nahelegen: »Kristallisation« (MEW 13: 16), »Materiatur« (MEW 23: 124; 13: 50), oder eben »Verdinglichung« (MEW 25: 838; 887) resp. »Vergegenständlichung« (MEW 23: 181; 13: 16–19; 27), wobei letztere nur in seinem Frühwerk Entfremdung meint, also etwas, worunter noch der ›wahre‹ Kern liegen könnte.

9 »Die Geschlechtsidentität darf nicht nur als kulturelle Zuschreibung von Bedeutung an ein vorgegebenes anatomisches Geschlecht gedacht werden (...). Vielmehr muß dieser Begriff auch jenen Produktionsapparat bezeichnen, durch den die Geschlechter (*sexes*) selbst gestiftet werden. (...) Die Geschlechtsidentität umfaßt auch jene diskursiven/kulturellen Mittel, durch die eine ›geschlechtliche Natur‹ oder ein ›natürliches Geschlecht‹ als ›vordiskursiv‹ (...) hergestellt und etabliert wird. (...) Diese Produktion des Geschlechts *als* vordiskursive Gegebenheit muß umgekehrt als Effekt jenes kulturellen Konstruktionsapparats verstanden werden, den der Begriff ›Geschlechtsidentität‹ (*gender*) bezeichnet« (Butler 1991: 24). Ich habe andernorts (2002) darauf hingewiesen, dass Butlers Fokussierung auf normative Geschlechtsidentitäten, machttheoretisch gesehen, problematisch ist.

Geschlechter gleichermaßen »gestiftet« sind durch einen »kulturellen Konstruktionsapparat«, dessen Verankerung in einem ›Verhältnis‹ allerdings unklar bleibt, bietet Irigaray eine Lektüre der Warenanalyse an, deren Auffassung von Geschlechterverhältnis als Gesellschaftsverhältnis eine grundsätzlich kategoriale Asymmetrie zwischen den Geschlechtern anvisiert.

Die Frau – ein Verhältnis zwischen Männern

In ihrem 1976 entstandenen Text *Frauenmarkt*, der nur schon deshalb von Interesse ist, weil er bereits unmissverständlich von der Notwendigkeit einer geschlechtlich differenzierten symbolischen Ordnung spricht (1979: 180) und damit die These eines Bruchs in ihrem Werk widerlegt, überlagert Irigaray die Marx'sche Warenanalyse mit der von der Anthropologie geprägten und von der strukturalen Psychoanalyse aufgenommenen Rede vom Frauentausch als dem kulturbegründenden Moment, der sie gleichsam einen diagnostischen Wert zuerkennt. Anders als die meisten feministischen Analysen kommt Irigaray dabei zum Schluss, dass die abendländische Geschlechtermetaphysik nicht adäquat erfasst ist, wenn sie lediglich als eine Spaltung zwischen ›Kultur‹ und ›Natur‹ und der geschlechterkomplementären Kodierung dieser beiden Pole verstanden wird. Nimmt man die Rede vom Frauentausch ernst und liest sie auf dem Hintergrund der Warenanalyse, so besagt dies vielmehr, dass Frauen einen sehr viel komplizierteren Status innehaben, insofern sie als Waren Naturalform und Wertform, Gebrauchswert und Tauschwert zugleich darstellen: »Die Ware, wie das Zeichen, ist metaphysischen Dichotomien unterworfen. Ihr Wert, ihre Wahrheit ist das Gesellschaftliche. Aber dies Gesellschaftliche ist ihrer Natur, ihrer Materie übergestülpt, und ordnet sich diese als Minderwert, das heißt als Nicht-Wert unter. Die Teilnahme am Gesellschaftlichen verlangt, dass der Körper sich einer Spiegelung unterwirft, einer Spekulation, die ihn zum Wertträger umbildet, (...). *Die Ware – die Frau – ist in zwei unversöhnliche Körper geteilt*: ihren ›natürlichen‹ Körper und ihren gesellschaftlich wertvollen, austauschbaren Körper (...)« (1979: 186f.).

Die Teilhabe am Gesellschaftlichen verlangt, dass der Körper sich einer Spiegelung unterwirft, in deren Folge erst jene beiden »unversöhnlichen Körper« entstehen, deren einer als ›natürlicher‹ im Text Irigarays schon deshalb in Anführungsstrichen steht, weil ihn jene gesellschaftliche Werthülle in einem Akt der Unterordnung selbst konstituiert. Erinnern wir uns an Marx' Aussage, dass die das gesellschaftliche Funktionieren fundierende Wertform sich daraus ergibt, dass sich die eine Ware im Gebrauchswert der anderen, der eine Körper im Körper der anderen spiegelt, so postuliert Irigaray hier – gleichsam als kulturbegründendes Moment – einen über das Dasein der Frau sich vollziehenden spek(tak)ulären Eingriff, in dessen Folge erst jene für das abendländische Denken so zentrale Kultur-Natur-Dichotomie entsteht.

Deren beide Pole jedoch sind in der Folge von der Frau zu tragen, wie Irigaray im Wortspiel von »*sang rouge*« und »*semblant*« nahelegt: das »rote Blut« im Gebrauchswert der Mutter und der »bloße Schein« im Tauschwert der Tochter sind ihre beiden möglichen, sich wechselseitig bedingenden Daseinsweisen. »Die Frauen würden also einen Natural- und einen gesellschaftlichen Wert darstellen. Ihr ›Werden‹ wäre der Übergang vom einen zum anderen. Doch würde es niemals einfach stattfinden« (1976: 191 f.).[10] Es würde deshalb nicht einfach stattfinden, weil ihre »Wertgegenständlichkeit« als ihre gesellschaftliche Seinsweise »nur im gesellschaftlichen Verhältnis von Ware zu Ware« existiert (MEW 23: 62), über dessen Zustandekommen nicht sie entscheiden. Dieses Verhältnis könne nicht von ihnen selbst realisiert werden, schreibt Irigaray wiederum mit Bezug auf Marx, denn es entspreche der Tätigkeit zweier Tauschender: »[D]er Tauschwert von zwei Zeichen, zwei Waren, zwei Frauen, ist eine Repräsentation von Bedürfnissen-Wünschen der Subjekte von Konsumtion und Tausch: er ist ihnen in keiner Weise ›eigentümlich‹. Im Grenzfall sind die Waren – bzw. ihre Verhältnisse – das materielle Alibi für den Wunsch nach Beziehungen unter Männern« (Irigaray 1976: 187).

Damit aber wird greifbar, welche Wendung Irigaray der Rede von der Materialisierung im Zusammenhang mit dem Geschlecht geben will: Wenn Marx sagt: »Es ist nur das bestimmte gesellschaftliche Verhältnis der Menschen selbst, welches hier für sie die phantasmagorische Form eines Verhältnisses von Dingen annimmt« (MEW 23: 86), so heißt dies, dass jene den Waren-Frauen ihre Wertform verleihende Relation, ihnen in keiner Weise eigen, lediglich das Verhältnis der sie tauschenden Subjekte widerspiegelt. Mit anderen Worten: In ihrer Wertgegenständlichkeit, die gleichzeitig ihre

10 Vgl. auch: »Das rote Blut [*sang rouge*] soll auf der Seite der Mutter bleiben, aber ohne als solches in der gesellschaftlichen Ordnung einen Preis zu haben; die Frau aber wäre als Tauschgeld nur noch *bloßer Schein* [*semblant*]« (ebd.: 193).

einzig mögliche *gesellschaftliche* Existenz ist, hat sich das Verhältnis der sie tauschenden Männer inkarniert: In der Tat ›gespenstische Gestalten‹ – hat man sich ihr Dasein als die Vergegenständlichung der Beziehung zwischen Männern zu denken.

Währenddem also die meisten Gender-Theorien das geschlechtliche Sein als Inkarnation bestimmter Wertvorstellungen auffassen, von denen *beide* Geschlechter gleichermaßen betroffen sind, womit sie das Geschlechterverhältnis selbst als jenes »bestimmte gesellschaftliche Verhältnis« begreifen, scheint Irigaray mit Vergegenständlichung meines Erachtens nach sehr viel näher an der Marx'schen Terminologie[11] eine Asymmetrie zwischen den Geschlechtern zu benennen, in welcher deren eine Pol die Inkarnation der Verhältnisse des anderen bedeutet: Darin erscheint das Dasein der Frauen nicht als »Materialisierung einer Norm« (Butler 1997: 40), sondern als »Materialisierung der Beziehungen unter Männern«,[12] zu denen sie somit nicht in ein Verhältnis treten, sondern dessen Verhältnis sie vielmehr *sind*.

Was heißt das? Es wäre eine verkürzende Lesart, wollte man Irigarays Feststellung lediglich als Allegorisierung der Marx'schen Warenanalyse verstehen. Wenn Irigaray tatsächlich beansprucht, nicht lediglich die Warenanalyse auf Frauen ›anzuwenden‹, sondern das Geschlechterverhältnis dem Marx'schen Begriff des Produktionsverhältnisses einzuschreiben, so deshalb, weil sie seine Wertlehre als Beschreibung gesellschaftlicher Aus-

11 »(...) que le corps d'une marchandise ne soit plus que matérialisation d'un travail humain abstrait. C'est-à-dire qu'elle n'ait plus de corps, de matière, de nature, mais qu'elle soit objectivation, cristallisation en objet visible, de l'activité de l'homme« (franz. 1977: 175; dt. 186). Irigaray spielt hier mit *l'homme*, was in der deutschen Übersetzung mit »mänschlicher Tätigkeit« wiedergegeben wird. Vgl. die Marx'sche Vorlage (MEW 23: 52): »Es ist nichts von ihnen übriggeblieben als dieselbe gespenstige Gegenständlichkeit, eine bloße Gallerte unterschiedsloser menschlicher Arbeit, d.h. der Verausgabung menschlicher Arbeitskraft (...). Diese Dinge stellen nur noch dar, dass in ihrer Produktion menschliche Arbeitskraft verausgabt, menschliche Arbeit aufgehäuft ist. Als Kristalle dieser ihnen gemeinschaftlichen gesellschaftlichen Substanz sind sie Werte – Warenwerte«.

12 Oder anders formuliert: Mit Materialisierung meint Irigaray niemals Materialisierung eines Überbauphänomens, sondern immer Materialisierung eines Verhältnisses: »Was diese Ordnung ermöglicht und ihre Grundlage sichert, ist also der Frauentausch: Was voraussetzt: die Umbildung von Frauen zu ›Objekten‹, die die Materialisierung der Beziehungen unter Männern verkörpern« (1976: 191).

tauschsysteme überhaupt versteht.[13] Liest man Irigarays Kommentar zum Warenfetischismus in dieser Weise, so bezeichnet er gleichzeitig eine Asymmetrie in der Subjektkonstitution, die als das die westliche Kultur ebenso fundierende wie für geschlechtliche Hierarchisierungsprozesse verantwortliche Moment in einer unterschiedlichen Positionierung der Geschlechter vis-à-vis des Prozesses der Symbolisierung gründet.[14] Wenn deshalb Irigaray in *Frauenmarkt* auf einer zweiten, gleichsam untergründigen Ebene der Marx'schen Warenanalyse einen Lacan'schen Subtext unterlegt, indem sie das »Produktionsverhältnis« mit dem Begriff der »symbolischen Ordnung« verknüpft,[15] so weist sie damit die letzterem inhärente Geschlechtermetaphysik als ein integrales Moment der Produktionsverhältnisse aus. Gleichzeitig stellt sie sich mit dieser Engführung von Ware und Zeichen in die Tradition jener französischen Marx-Rezeption, die im Anschluss an Louis Althusser darum bemüht ist, den Begriff des »Verhältnisses« in seiner ganzen Komplexität zu denken.

In seinem Buch *Das Kapital lesen* legt Althusser nahe, dass Marx dieses »Verhältnis« als die den ökonomischen Phänomenen zugrundeliegende Struktur begreift, eine Struktur allerdings, die nur in ihrer Wirkung, das

13 Daher die immer wiederkehrende Gleichsetzung von Ware und Zeichen. Marx selbst legt eine solche Engführung nahe, wenn er schreibt: »Der Wert verwandelt vielmehr jedes Arbeitsprodukt in eine gesellschaftliche Hieroglyphe. Später suchen die Menschen den Sinn der Hieroglyphe zu entziffern, hinter das Geheimnis ihres eignen gesellschaftlichen Produkts zu kommen, denn die Bestimmung der Gebrauchsgegenstände als Werte ist ihr gesellschaftliches Produkt so gut wie die Sprache« (MEW 23: 88). Und Irigaray: »Wie das Zeichen, so erscheint der Wert nur durch ihre Beziehung auf andere« (1979: 187).

14 In *Speculum* (1980) weist Irigaray anhand von Texten Platons, Kants, Hegels, Freuds und Lacans nach, dass sich eine solche Asymmetrie tatsächlich in den zentralen Grundtexten der abendländischen Philosophie findet. Das Weibliche ist darin als eine Art Hilfsfunktion einer somit gänzlich männlich konnotierten Subjektposition konzipiert (vgl. insb. auch das Kapitel: *Jede Theorie des Subjekts* (1980: 169–187)). Das Bedenken dieser grundsätzlich kategorialen Asymmetrie unterscheidet Irigarays Ansatz von Gender-Ansätzen, die beide Geschlechter gleichermaßen für konstruiert halten. Ich habe diesen Unterschied andernorts ausgeführt (2001).

15 »Die Situation ihrer spezifischen Ausbeutung im Funktionieren des – sexuellen, aber auch allgemeiner des ökonomischen, gesellschaftlichen, kulturellen – Tauschverkehrs könnte sie dazu bringen, eine neue ›Kritik der politischen Ökonomie‹ auszuarbeiten. Diese Kritik würde die des Diskurses und allgemeiner die des symbolischen Systems, in denen sie sich realisiert, nicht meiden. Was dazu führte, auf andere Weise den Einschlag der gesellschaftlichen Arbeit des Symbolischen in die Analyse der Produktionsverhältnisse zu interpretieren« (1979: 197 f.).

heißt den ökonomischen Phänomenen selbst existiert (1972: 254–261). Als deren theoretische Bestimmung muss dieser von Althusser so bezeichnete »Begriff des Ökonomischen« (240) demnach als eine Art Unbewusstes des ökonomischen und also auch gesellschaftlichen Funktionierens verstanden werden. Damit nimmt Althusser am Basis-Überbau-Modell eine entscheidende Verschiebung vor, indem er nicht länger von der ›Immaterialität‹ der »Suprastruktur« ausgeht, sondern diese als das ihm eigene Unbewusste in die ›Basis‹ selbst zurückverlegt.[16] Die im Poststrukturalismus gängige Rede von der Materialität des Diskurses findet darin – und nicht etwa in einer diffusen Vorstellung eines sich materialisierenden Überbaus, wie beispielsweise von Butler nahegelegt – seine Begründung. Irigarays Formulierung, dass der Frauentausch als eine verkannte »Infrastruktur« unserer Kultur zu betrachten sei, nimmt deshalb wohl direkt auf Althusser Bezug, der diesen Begriff für seine erweiterte Vorstellung von Basis verwendet.[17]

Die symbolische Verwertung des Weiblichen

Tatsächlich besteht eine frappante Ähnlichkeit in der Weise, wie Marx den Status der Ware für das ökonomische und Lacan den Status des Weiblichen für das symbolische Funktionieren beschreibt. Indem Irigaray diese doppelte Funktion der Frau als Zeichen und ›Naturalkörper‹ auch im Hinblick auf die symbolische Ordnung untersucht, macht sie auf diesen zweiten Gehalt der Rede vom Frauentausch: einer gewissermaßen ›symbolischen Verwertung‹ des Weiblichen aufmerksam. Irigarays Feststellung, dass die Frauen »die Möglichkeit des Gebrauchs und der Zirkulation des Symbolischen sicherzustellen [haben], ohne indessen daran teilzuhaben« (1979: 196), ist deshalb nichts anderes als die präzise Wiedergabe dessen, wie Lacan in *Encore* die Positionierung des Weiblichen vis-à-vis des Prozesses der Symbolisierung beschreibt (Lacan 1991: 85–89). Erinnern wir uns daran, dass bei Lacan die Teilhabe am Symbolischen nicht irgendeine beliebige Sache, sondern das Versetztsein in eine Begehrens- und damit Subjektpo-

16 »Die Produktionsverhältnisse verweisen auf die Formen der Suprastruktur als auf die eigentlichen Bedingungen ihrer Existenz. Man kann demnach den Begriff der Produktionsverhältnisse nicht denken, indem man von ihren spezifischen suprastrukturalen Existenzbedingungen abstrahiert. (...) Die gesamte Suprastruktur der Gesellschaft ist so auf spezifische Weise in den Produktionsverhältnissen (...) enthalten und präsent« (Althusser 1972: 238 f.).

17 Irigaray (1979: 177). Zur »Infrastruktur« bei Althusser (1972: 130; 185; 238).

sition benennt, so wird die Relevanz dieser hier von Lacan formulierten Asymmetrie deutlich. Eine Art ›materieller Köder‹, dessen gleichzeitige Virtualität die für die Subjektkonstitution benötigte metonymische Wirkung generiert, kommt der Frau als diese von Lacan so bezeichnete »Ursache des Begehrens« (1991: 136) die Aufgabe zu, das somit gänzlich männlich codierte Begehren einzuleiten. »D.h. die Teilung der – vor allem sexuellen – Arbeit erfordert, dass die Frau mit ihrem Körper das materielle Substrat für den Gegenstand des Begehrens unterhält, doch zu diesem selbst niemals Zugang hat. Die Ökonomie des Begehrens – des Tausches – ist Männersache. Und diese Ökonomie unterwirft die Frauen einer Spaltung, die für das Funktionieren des Symbolischen notwendig ist« (1979: 195 f.).

Die Spaltung als Funktion des Symbolischen: Es ist das, was Lacan durch den psychoanalytischen Diskurs als Beschreibung des menschlichen Daseins in die Welt gesetzt sieht. Es war ja gerade seine Leistung, in Freuds Entdeckung des Unbewussten jenes entscheidende, das Subjekt dezentrierende und spaltende Moment erkannt zu haben, das jede Vorstellung eines kohärenten und damit allmächtigen Selbst durchbricht: eine Alteritätsstruktur, die Lacan deshalb durch die Sprache gegeben sieht, weil sie es ist, die uns zwingt, unseren ›Anspruch‹ in die Vermitteltheit des ›Ansprechens‹ zu verwandeln, die damit in gewisser Weise bereits unser Verwiesensein auf den Anderen anerkennt. Doch was hat es zu bedeuten, dass die Frauen diese Spaltung *sind*? Sie wäre als sein Mangel die Spalte des männlichen Subjekts, ohne indessen selbst in eine solche Subjektposition versetzt zu sein? Eine Art Sprachmutter, deren nunmehr nicht mehr anatomisches, sondern sprachliches Schicksal es ist, den Sohn in die dezentrische »Ex-sistenz« des »sprechenden Seins« einzuführen?[18]

In der Tat eine hehre Aufgabe. Doch Irigarays Einwand wird es sein, dass Lacan gerade durch diese Geschlechterdramaturgie das Potenzial der symbolischen Funktion, Zeichen tatsächlicher Alterität zu sein, vergibt: als diese »unbewusste Matrix/Gebärmutter der Sprache des Mannes« wird sie in ihrer gänzlichen Abwesenheit letztlich doch »der Ort der Einschreibung

18 Lacan (1991: 128). Vgl. auch: »(...) wenn die Libido nur männlich ist, so ist es nur von da, wo sie alle ist, die liebe Frau, das heißt da, von wo aus sie sieht der Mann, und nur von da, dass die liebe Frau haben kann ein Unbewusstes. Und wozu dient ihr das? Das dient ihr, wie jeder weiß, zum Reden zu bringen das sprechende Sein, hier reduziert auf den Mann, das heißt – ich weiß nicht, ob Sie es recht bemerkt haben in der analytischen Theorie – zu existieren nur als Mutter« (Lacan 1991: 106).

seiner Bildungen bleiben« (1979a: 97; 92). Ja, es ist seit *Così fan tutti* Irigarays Argument, dass Lacan, indem er in der ihm eigenen Verknüpfung von strukturaler Anthropologie und Linguistik diese geschlechtliche Asymmetrie gar zu einer »logischen Forderung im Sprechen« erhebt,[19] entgegen seinem ursprünglichen Anliegen eine letztlich narzisstische Selbstbezüglichkeit des Begehrens befestigen hilft. Insofern Frauen – als Zeichen, als Ware, als Spalte – dieses »Verhältnis« *sind* und (somit) nicht in ein Verhältnis *treten*,[20] kann Irigaray deshalb sagen: »Allseits herrschend, aber in ihrer Praxis verboten, spielt sich die Hom(m)osexualität über die Körper der Frauen, als Materie oder Zeichen, ab. Und bisher ist die Heterosexualität nichts anderes als ein Alibi für die reibungslosen Beziehungen des Mannes zu sich selbst, für die Beziehungen unter Männern. Deren ›soziokulturelle Endogamie‹ würde also den Handelsverkehr *mit* Frauen verbieten. Um Handel/es zu treiben, benutzten die Männer sie, aber Tauschverkehr *mit* ihnen haben sie nicht« (1979: 179).

Zwei Gender, aber keine sexuelle Differenz

Es ist diese These einer ›soziokulturellen Endogamie‹, eine gewissermaßen hom(m)oerotische Strukturiertheit sämtlicher kulturellen Repräsentanzen also,[21] die Irigaray niemals der heute in der Gender-Theorie vorherrschenden Annahme zustimmen ließe, die Geschlechter seien als zwei wechselsei-

19 »Das geschlechtliche Sein dieser nicht-alle Frauen geht nicht über den Körper, sondern über das, was resultiert aus einer logischen Forderung im Sprechen. In der Tat, die Logik, die Kohärenz, eingeschrieben in dem Umstand, dass die Sprache existiert kurz, der Andere, der sich inkarniert (...) als geschlechtliches Sein, fordert dieses *eine um eine*« (1991: 14). Das »eine um eine« in der Terminologie Lacans ist das nie zu einem Abschluss kommende Begehren, wozu diese »nicht-alle Frauen« den Anlass geben sollen. In ihrem Aufsatz *Der Glaube selbst* unterzieht Irigaray diese Lacan'sche Sprachmetaphysik einer eingehenden Kritik (vgl. 1989: 47–92).

20 Man kann diesen Unterschied auch in dem ausdrücken, was Lacan die Seinsrelation zum Phallus nennt, worin er die Frau bzw. die Habensrelation, worin er den Mann gestellt sieht: die Seinsrelation ist keine Begehrensposition, sondern der Grund des Begehrens des Mannes (1991a: 129 f.)

21 Es ist Irigarays Annahme, dass dieses von Lacan, vorgängig aber auch von Freud und Hegel formulierte Wissen um das Geschlechterverhältnis etwas abbildet, was auch heute noch am Grund unserer gesellschaftlichen Strukturen wirkt, sei es in der unterschiedlichen Wertschätzung geschlechtlich kodierter Arbeiten oder sei es auch allgemeiner, beispielsweise in Kategorien der Ökonomie. (Was misst das BSP, was heißt Effizienz, Nachhaltigkeit? Etc.).

tig aufeinander bezogene Repräsentationen zu verstehen. Fehlt doch dem einen Teil, dem Weiblichen, überhaupt eine kulturelle Repräsentanz, was nicht ausschließt, dass es durch allerlei sich meist widersprechende Bilder wiedergegeben wird. Doch diese zusammen machen noch kein Geschlecht, beinhaltet doch das Geschlecht in der Tradition, in der Irigaray steht, eine Begehrensposition, und zu dieser hat die Frau mit ihrem Körper lediglich das »materielle Substrat« beizutragen, ohne indessen selbst in sie versetzt zu sein. Spätestens hier dürfte deshalb klar werden, dass Irigaray mit ihrem Theorem der sexuellen Differenz gerade nicht jene Heterosexualität meint, die infolge einer ausschließlich männlich konnotierten Begehrensposition unsere Kultur zu dominieren scheint, wie sie überhaupt mit diesem Theorem keinerlei sexuelle Präferenz verbindet. Vielmehr bezeichnet die sexuelle Differenz sehr präzise das, was sich in unserer Tradition gerade nie ereignet hat,[22] was aber, so Irigarays These, in dieser merkwürdigen Ambivalenz von gleichzeitiger Anrufung und Verwerfung als Potenzial einer – bislang verneinten – Alterität im abendländischen Denken angelegt ist.

Es ist dieser Gedanke, auf den sie in ihrer *Ethik der sexuellen Differenz* zurückkommen wird, deren Mittelteil wesentlich für den Ruf einer konservativen Wende in ihrem Werk verantwortlich ist. Dass diese ca. 60 Seiten umfassende Passage mit ihrem Spiel zwischen einem groß- und einem kleingeschriebenen Anderen in weiten Teilen als eine, gegenüber

22 Die inflationäre Verwendung des Begriffs ›sexuelle Differenz‹ hat diesen Umstand verwischt. Obwohl z.B. Braidotti in ihrem Interview mit Butler Irigaray sehr weitgehend verteidigt, sieht sie genau diesen Punkt in Irigarays Denken nicht, wenn sie den zweiten Pol der sexuellen Differenz, das weibliche Subjekt, doch wieder in der der Frau eigenen körperlichen Erfahrung zu begründen sucht. Gerade das meint Irigaray jedoch nicht mit einer weiblichen Begehrensposition, insofern diese eine symbolisch vermittelte ist; eine Vermittlung, die die bestehende symbolische Ordnung gerade nicht kennt, weshalb Frauen auch nicht einfach darauf ›zurückgreifen‹ können (Braidotti/Butler 1994: 39–41). Dass Irigaray mit der sexuellen Differenz etwas zu evozieren sucht, was noch nicht existiert, kommt u.a. in Folgendem zum Ausdruck: »Die meisten der Arbeiten der Frauen heute haben zum Ziel zu beschreiben, was die Frau innerhalb des Horizontes einer männlich-subjektiven Kultur ist. Im Unterschied zur Mehrheit der Frauen (...) wollte ich nicht von der anderen sprechen: Frau als andere-Frau des/für den Mann. (...) Was mich betrifft, so habe ich mich vielmehr selber umgestülpt. Ich habe eine Umkehrung der Weiblichkeit, die mir auferlegt war, durchgeführt, um zu versuchen, ein Weibliches, das meiner Gattung entspricht, zu definieren: ein An-und-für-sich-Sein meiner weiblichen Natur. (...) Diese Operation ist extrem schwierig und sie erklärt die meisten Missverständnisse meiner Arbeit und meinem Denken gegenüber« (1992: 108 f.; Ü.v.m.).

Frauenmarkt nochmals präzisierte Replik auf Lacan zu verstehen ist, wurde bisher allerdings weitgehend übersehen. Wenn Irigaray hier formuliert, dass die »Topologie des Subjekts, wie sie von bestimmten Theoretikern der Psychoanalyse definiert wird, diesen Boden oder diesen Untergrund einer Symbolisierung des Weiblichen für das (männliche) Subjekt zu verwenden« scheint (1991: 126), so ist ihr Postulat einer weiblichen Subjektposition eigentlich nur die symbolische Einforderung dessen, was hier gleichsam als ›Entsymbolisiertes‹ in die Welt gesetzt ist: Die sexuelle Differenz wäre jene Begrenzung einer allmächtigen Subjektposition, die Lacan zwar sucht, aber in Irigarays Einschätzung deshalb nicht findet, weil er diesen negativ-assimilatorischen Bezug des abendländischen Subjekts zu einem von ihm selbst gesetzten Weiblichen in noch viel tiefgreifenderer Weise befestigen hilft.

Die von Butler aufgeworfene Frage (vgl. Anm. 4), warum ausgerechnet die sexuelle Differenz das privilegierte Zeichen für Alterität sein soll, warum mit anderen Worten erst die Existenz eines zweiten, tatsächlich weiblichen Subjekts eine auch kulturelle Wahrnehmung von Andersheit gewährleisten könnte, lässt sich aus Irigarays Perspektive demnach damit beantworten, dass die Alterität, zumindest was unsere Tradition betrifft, nicht über irgendeine beliebige, sondern über die Negierung einer genuin geschlechtlichen – zugleich angerufenen und verneinten – Differenz ausgelöscht wurde. Was Irigaray mit dem Denken der sexuellen Differenz zu evozieren sucht, ist die Vorstellung einer Subjektkonstitution, in der die – von der Psychoanalyse zwar angedachte, aber infolge ihres Geschlechterbias tatsächlich nicht eingelöste – Gespaltenheit des Subjekts durch die Existenz eines zweiten gegeben wäre: eine intersubjektive Subjektkonstitution, in der jeder der beiden Pole in sich selbst als die ihm eigene Grenze die Kerbe der Alterität des anderen trüge.

Wenn deshalb Luce Irigaray in ihren jüngsten Arbeiten wiederholt von der durch die Zweigeschlechtlichkeit der Natur bereits gegebenen »Negativität« spricht, so ist dies keine leichtfertige oder gar naive Aussage über eine angebliche Wesenheit – weder der Geschlechter noch der Natur –, sondern es ist dies der Versuch, jene von Lacan so bezeichnete *barre*, die Grenze der Unhintergehbarkeit des Anderen zu denken: »Bevor die Frage nach der Notwendigkeit, die Natur zu überwinden, auftaucht, ist es wichtig zu realisieren, dass sie zwei ist. (...) Niemandes Natur kann beanspruchen, mit dem Ganzen der Natur zu korrespondieren. (...) In diesem Sinn existiert eine Art Negativität in der Natur« (1992: 65; Ü.v.m.).[23] Jessica Benjamin weist in ihrem neuesten Buch zurecht daraufhin, dass die gegenwärtig in der feministischen Theorie vorherrschende Fokussierung auf (Fragen der) Identitätskritik mit ihrer Neigung zu einer vorschnellen Identifikation mit dem ›Ausgeschlossenen‹ die »Verschleifung des Anderen« mit dem eigenen Selbst eventuell gerade dadurch wiederholt, dass sie verkennt, dass die Dekonstruktion von Identität allein noch nicht die Negativität des Anderen zu denken vermag.[24]

Es bleibt in der Tat zu klären, wie effektiv ein selbstidentischer Begriff von Subjekt mit all seinen Implikationen von Omnipotenz und realer Gewalt überwunden werden kann. Angesichts der Tatsache, dass die Geschlechter bei der Genese einer herrschaftlichen Subjektposition, epistemologisch gesprochen, nicht dieselbe Funktion innehaben, ist bislang die Frage nicht entschieden, ob die Pluralisierung der Geschlechter jenen geschlechterasymmetrischen Bezug, der der Selbstidentität inhärent ist, tatsächlich eher tangiert als die Einforderung einer bei diesem Prozess negierten weiblichen Subjektposition.[25] Judith Butler scheint dies zu wissen, denn überraschenderweise fragt auch sie: »Werden wir jemals die Frage

23 Vgl. auch: »Das Negative in der sexuellen Differenz ist das Akzeptieren der Begrenztheit meiner Gattung und Anerkennung der Unreduzierbarkeit des/der anderen. (...) Dieses Negative, Hegel kannte es nicht« (1992: 32; Ü.v.m.). In meinem Verständnis betreibt Irigaray in *J'aime à toi* mit dem Einfügen der Spalte der sexuellen Differenz eine Dekonstruktion des Naturbegriffs als Vorstellung von Unmittelbarkeit oder vorgängiger Einheit: »Hegel, wie die meisten Menschen, vergisst, dass die natürliche Unmittelbarkeit in gewisser Hinsicht weder absolute noch einfache Unmittelbarkeit ist. In der Natur selbst begegnet die Natur ihrer Begrenzung.« Und: »Das Universelle ist als *Eins* gedacht. Aber diese *Eins* existiert nicht. Wenn aber diese *Eins* nicht existiert, so ist die Begrenzung in die Natur selbst eingeschrieben. ... Es gibt nicht *die* Natur« (1992: 75; 65; Ü.v.m.).

24 »Allerdings bin ich der Meinung, dass die Herausforderung des autonomen Subjekts mehr erfordert als die Dekonstruktion des Begriffs eines vereinheitlichten Selbst« (2002: 109). Jessica Benjamin betont zurecht, dass der Diskurs der Anerkennung das Konfliktuöse, Dynamische und Destruktive im Spannungsfeld zwischen Selbst und Anderem vernachlässigt (123 f.). Vgl. auch: »Deshalb bleibt es meiner Meinung nach nötig, die unerlässliche Negativität, die der andere beiträgt, genauso zu artikulieren« (119).

25 Es ist entscheidend zu sehen, dass Irigaray mit einer weiblichen Subjektposition nicht einen selbstidentischen Begriff des Subjekts portiert. Vgl. z.B.: »›Ich bin sexuiert‹ bedeutet ›Ich bin nicht das Ganze‹. Mich mit meinem Geschlecht zu identifizieren, läuft deshalb darauf hinaus, in die Welt der Vermittlung einzutreten, insofern ich die Existenz des anderen Geschlechts anerkenne. Es existierte darin nicht mehr einfach Identität meines Willens mit sich selbst, da die Respektierung

beantworten können, ob die sexuelle Differenz die Erlangung einer als Theorie geheiligten melancholischen Heterosexualität ist, oder ob sie nicht schlechthin die Bedingung für Verlust und Bindung aller menschlichen Beziehungen darstellt?« (engl. 1997: 166; Ü.v.m.). Vielleicht können wir diese Frage nicht beantworten, aber wir könnten wenigstens damit beginnen, sie uns zu stellen.

Das Denken der sexuellen Differenz als Bedenken der menschlichen Bedingtheit und Begrenzung von Allmacht – es scheint mir das zu sein, was zu erwägen uns Luce Irigarays Denken auferlegt.

Literatur

Althusser, Louis (1972): Das Kapital lesen, Bd. I+II. Reinbek bei Hamburg: Rowohlt.

Benjamin, Jessica (2002): Der Schatten des Anderen. Intersubjektivität, Gender, Psychoanalyse. Frankfurt/M./Basel: Stroemfeld/Nexus.

Braidotti, Rosi; Butler, Judith (1994): Feminism by Any Other Name. In: differences: A Journal of Feminist Cultural Studies, no. 2+3 (vol. 6), S. 27–61.

Burke, Carolyn; Schor, Naomi und Whitford, Margaret (Hrsg.) (1994): Engaging with Irigaray. New York: Columbia University Press.

Butler, Judith (1991): Das Unbehagen der Geschlechter. Frankfurt/M.: Suhrkamp.

Butler, Judith (1994): Sexuelle Differenz als eine Frage der Ethik. In: Wolfgang Müller-Funk (Hrsg.): Macht, Geschlecht, Differenz: Beiträge zur Archäologie der Macht im Verhältnis der Geschlechter. Wien: Picus Verlag, S. 91–111.

Butler, Judith (1997): Körper von Gewicht. Frankfurt/M.: Suhrkamp.

Butler, Judith (1997a): Das Ende der Geschlechterdifferenz? In: Huber, Jörg; Heller, Martin (Hrsg.): Konturen des Unentschiedenen: Interventionen. Basel/Frankfurt/M.: Stoemfeld, S. 25–44.

Butler, Judith (2001/engl. 1997): Psyche der Macht. Das Subjekt der Unterwerfung. Frankfurt/M.: Suhrkamp.

Cheah, Pheng; Grosz, Elizabeth (1998): The Future of Sexual Difference. An Interview with Judith Butler and Drucilla Cornell. In: diacritics, no. 1 (vol. 28), S. 19–42.

Cheah, Pheng; Grosz, Elizabeth (1998a): Of Beeing Two. Introduction. In: diacritics, no. 1 (vol. 28), S. 2–18.

Deuber-Mankowsky, Astrid (1986): Von neuen Welten und weiblichen Göttern. Zu Luce Irigarays ›Ethique de la différence sexuelle‹. In: Conrad, Judith;

meiner Natur als geschlechtliche Identität der Unmittelbarkeit meines Wollens Beschränkungen auferlegt« (1992: 91; Ü.v.m.).

Konnertz, Ursula (Hrsg.): Weiblichkeit in der Moderne. Ansätze feministischer Vernunftkritik. Tübingen: Edition Diskord, S. 62–74.

Grosz, Elizabeth (1994): Volatile Bodies. Toward a Corporeal Feminism. Bloomington: Indiana University Press.

Gürtler, Sabine (1997): Gipfel und Abgrund – Die Kritik von Luce Irigaray an Emmanuel Lévinas' Verständnis der Geschlechterdifferenz. In: Stoller, Silvia; Vetter, Helmuth (Hrsg.): Phänomenologie und Geschlechterdifferenz. Wien: Facultas.

Hennecke, Susanne (2001): Der vergessene Schleier. Ein theologisches Gespräch zwischen Luce Irigaray und Karl Barth. Gütersloh: Gütersloher Verlagshaus.

Irigaray, Luce (1979/franz. 1977): Frauenmarkt. In: Luce Irigaray: Das Geschlecht, das nicht eins ist. Berlin: Merve.

Irigaray, Luce (1979a): Così fan tutti. In: Luce Irigaray: Das Geschlecht, das nicht eins ist. Berlin: Merve.

Irigaray, Luce (1980): Spekulum. Spiegel des anderen Geschlechts. Frankfurt/M.: Suhrkamp.

Irigaray, Luce (1989): Genealogie der Geschlechter. Freiburg i. Br.: Kore.

Irigaray, Luce (1991): Ethik der sexuellen Differenz. Frankfurt/M.: Suhrkamp.

Irigaray, Luce (1992): J'aime à toi. Paris: Grasset.

Knapp, Gudrun-Axeli (2001): Dezentriert und viel riskiert: Anmerkungen zur These vom Bedeutungsverlust der Kategorie Geschlecht. In: Knapp, Gudrun-Axeli; Wetterer, Angelika (Hrsg.): Soziale Verortung der Geschlechter: Gesellschaftstheorie und feministische Kritik. Münster: Westfälisches Dampfboot, S. 15–62.

Kroker, Britta (1994): Sexuelle Differenz. Einführung in ein feministisches Theorem. Pfaffenweiler: Centaurus Verlag.

Küster, Friederike (1996): Ortschaften. Luce Irigarays Ethik der sexuellen Differenz. In: Orth, Ernst Wolfgang; Lembeck, Karl-Heinz (Hrsg.): Phänomenologische Forschungen, Neue Folge, 1. Halbband. Freiburg/München, S. 44–66.

Kuster, Friederike (1998): Luce Irigaray: Ethik der sexuellen Differenz. Feministische Philosophie jenseits der Dekonstruktion und diesseits der Utopie. In: Heinz, Marion; Kuster, Friederike: Geschlechtertheorie – Geschlechterforschung: ein interdisziplinäres Kolloquium. Bielefeld.

Lacan, Jacques (1991): Encore. Das Seminar. Buch XX (1972–1973). Weinheim/ Berlin: Quadriga.

Lacan, Jacques (1991a): Schriften II. Weinheim/Berlin: Quadriga.

Marx, Karl (2001): Das Kapital. Kritik der politischen Ökonomie, Bd. 1. In: MEW 23. Berlin: Dietz.

Marx, Karl (1990): Zur Kritik der politischen Ökonomie. In: MEW 13, Berlin. Dietz.

Marx, Karl (1857/58): Grundriss der Kritik der politischen Ökonomie. Frankfurt/M./ Wien: Europäische Verlagsanstalt.

Purschert, Patricia (2003): Feministischer Schauplatz umkämpfter Bedeutungen. Zur deutschsprachigen Rezeption von Judith Butlers ‚Gender-Trouble'. In: Widerspruch. Beiträge zu sozialistischer Politik, Heft 44, S. 147–158.

Schwab, Gail (1998): Sexual Difference as Model. An Ethics for the Global Future. In: diacritics, no. 1 (vol. 28), S. 76–92.

Schor, Naomi; Weed, Elizabeth (Hrsg.) (1994): The essential Difference. Bloomington: Indiana University Press.

Soiland, Tove (2002): Mit Foucault gegen Gender. Eine machttheoretische Kritik am Paradigma des sozialen Konstrukts. In: Widerspruch. Beiträge zu sozialistischer Politik, Heft 43, S. 139–151.

Soiland, Tove (2001): Das weibliche Subjekt als dekonstruktiver Einsatz – eine Provokation im Zeitalter von Gender. Zu den sprachphilosophischen Grundlagen von Luce Irigarays Denken der sexuellen Differenz. In: Zeitschrift für Frauenforschung und Geschlechter-Studien, Jg. 19/Heft 4, S. 75–84.

Sommer, Imke (1998): Zivile Rechte für Antigone: Zu den rechtstheoretischen Implikationen der Theorie von Luce Irigaray. Baden-Baden: Nomos Verlag.

Weinbaum, Alys Eve (1994): Marx, Irigaray and the Politics of Reproduction. In: differences: A Journal of Feminist Cultural Studies, no. 1 (vol. 6), S. 98–128.

Whitford, Margaret (1991): Luce Irigaray. Philosophy in the Feminin. London/New York: Routledge.

Was sind sexuierte Positionen?

Anmerkungen zu Judith Butlers Lacan-Rezeption

In der Diskussion um die »soziale Konstruiertheit der Geschlechter« stellt Judith Butler in jüngster Zeit vermehrt Fragen nach der psychischen Dimension der Geschlechtszugehörigkeit in den Vordergrund. So berechtigt die nicht nur von ihr in den 90er Jahren geleistete Kritik an der *sex/gender*-Unterscheidung auch war, hinterließ diese doch ein gewisses Vakuum: Mit der Feststellung, dass auch das ›biologische‹ Geschlecht keine Naturtatsache sei, ging nämlich nicht zwingend auch ein tieferes Verständnis des dabei unterstellten Konstruktionsprozesses mit einher. In dieser Situation beginnt sich heute ein neues Interesse an der Psychoanalyse abzuzeichnen.[1] Dies ist insofern verständlich, machte doch die Psychoanalyse von jeher genau diese Unterscheidung nicht, sondern verfügte stattdessen über einen Begriff von Geschlechtlichkeit, der sich weder an der Biologie noch am Konstruktionsbegriff von *gender* orientierte. Insbesondere die strukturale Psychoanalyse Lacans scheint mit ihrer Fokussierung auf die Sprache und der zentralen Bedeutung, die sie dieser für den Erwerb der Geschlechtlichkeit beimisst, über ein von der feministischen Theorie bislang nicht hinlänglich ausgeschöpftes Potenzial zu verfügen, Fragen der Geschlechtlichkeit anzugehen. Es ist in diesem Zusammenhang zu sehen, dass Butler sich in *Antigones Verlangen* wie teilweise bereits in *Psyche der Macht* mit Lacans Konzeption des Symbolischen beschäftigt, jenen »Schwellenregeln« also, die gemäß Lacan »Kultur erst möglich und verständlich machen und die sich weder vollständig auf ihren gesellschaftlichen Charakter reduzieren noch als dauerhaft vom Sozialen getrennt begreifen lassen« (Butler 2001a: 36 f.). Bekanntlich hatte Lacan mit seinem Begriff des Symbolischen eine Art sprachlicher Grundstruktur vor Augen, die aus dem menschlichen Wesen ein soziales macht, wobei er diese Struktur bezeichnenderweise als regiert durch das »Gesetz des Vaters« bestimmte. Wenn nun Butler die Fra-

1 Neben Butler vgl. z.B. Scott (2001: 50).

ge nach dem Status dieses väterlichen »Gesetzes« stellt, indem sie diesen »Herrschaftsbereich einer universellen und ewigen Regel der Kultur« einer kritischen Prüfung unterzieht (2001a: 41),[2] so ist dies ein Unterfangen, das in seiner Tragweite für die feministische Theorie kaum zu überschätzen ist. Zurecht stellt Butler fest, dass sich in dieser Lacan eigenen Verknüpfung von strukturaler Anthropologie und Linguistik unter der Hand eine bestimmte, nämlich patriarchal organisierte Verwandtschaftsstruktur zu einer universellen Regel der Enkulturation aufschwingt, innerhalb derer einzig Sprachlichkeit und das heißt, die Entstehung von Bedeutung und Intelligibilität möglich erscheint. »Verwandtschaft als Funktion des Symbolischen« zu bestimmen bedeute, sie »rigoros von der Sphäre des Gesellschaftlichen« zu trennen, womit letztlich, so Butlers berechtigte Kritik, sozial Gewordenes doch nicht mehr als Soziales erscheint (ebd.: 53 f.). Allerdings, so ist es die These dieses Aufsatzes, vergibt Butler die Fruchtbarkeit dieser ihrer Kritik an dem Punkt wieder, wo sie sie erneut im Rahmen ihres älteren Performanzansatzes, dem Postulat einer reiterativen Verschiebung der Norm,[3] zu fassen sucht: Die nur allzu berechtigte Frage nach der Wandelbarkeit des psychoanalytischen Gesetzes ist, so werde ich im Folgenden argumentieren, als eine Frage des normativen Wandels kaum adäquat formuliert.

Überblickt man die Entwicklung der *Gender*-Theorie seit den 90er Jahren, lässt sich allgemein eine Tendenz erkennen, Geschlechtlichkeit unter dem Aspekt der Normativität zu verhandeln. Stand *Gender* ursprünglich für den Versuch, das Verhältnis zwischen den Geschlechtern zu thematisieren, herrscht heute ein Erkenntnisinteresse vor, das Geschlechtlichkeit weniger als *Verhältnis*, denn als eine Frage der Geschlechts*zugehörigkeit*

2 »[I]ch glaube, das Symbolische selbst ist nicht nur die Ablagerung gesellschaftlicher Praktiken, sondern radikale Veränderungen in den Verwandtschaftsverhältnissen verlangen eine Neuformulierung der strukturalen Voraussetzungen der Psychoanalyse und damit der zeitgenössischen Sexual- und Geschlechtertheorie« (Butler 2001a: 40).

3 Zum Performanzansatz (vgl. Butler 1997: 137–140) und hier: »Diese Durchsetzung [des Gesetzes T.S.] kommt jedoch nicht ohne eine Reiteration – ein unberechenbares zeitliches Echo – aus, die das Gesetz von seiner Bahn abzuweichen droht. (...) Lässt sich durch diesen Bruch mit dem Gesetz in der Neueinsetzung des Gesetzes selbst eine künftige Verwandtschaft artikulieren, die der strukturalistischen Totalität entgeht, ein Poststrukturalismus der Verwandtschaft?« (2001a: 104 f.); vgl. auch: »Sicherlich kann man die radikale Bedingtheit des Begehrens zugestehen, ohne zu behaupten, (...) diese Strukturen seien einer reiterativen und transformativen Artikulation völlig unzugänglich« (ebd.: 44).

problematisiert.[4] Meist unter Hinweis auf Foucault wird davon ausgegangen, dass Geschlecht sich als Effekt einer »disziplinären Subjektbildung« verstehen lasse, »als disziplinierende Vereindeutigungs- und Vereigenschaftlichungs-Prozesse«, in deren Verlauf »Individuen lernen (...), das eigene Geschlecht möglichst überzeugend ›darzustellen‹« (Maihofer 2002: 106f.).[5] Das Geschlecht erscheint so als Produkt einer mehr oder weniger gelingenden Identifikation mit sozial vorgegebenen Normen, wobei sich diese Vorstellung nicht nur auf die Geschlechterrollen bezieht, sondern ebenso auf die Entstehung des ›biologischen‹ Geschlechtskörpers, dessen Genese nunmehr auf bestimmte Körperpraxen zurückgeführt wird. »Das jeweilige Verständnis vom biologischen Geschlechtskörper wie die Entwicklung ›weiblicher‹ und ›männlicher‹ Körperpraxen, -gefühle, und -vorstellungen werden damit«, so Andrea Maihofer, »zu einem integralen Bestandteil der Geschlechtertheorie« (2002: 107). Was dabei jeweils als normative Vorlage dient, kann je nach theoretischem Interesse variieren. Während beispielsweise die Filmtheoretikerin Theresa de Lauretis (1996) die »Technologien des Geschlechts« im Bereich von Repräsentationen, von Bildern und Darstellungsweisen von Geschlechtlichkeit untersucht, verfolgt das *doing-gender*-Konzept die »Herstellung der Zweigeschlechtlichkeit« (Gildenmeister/Wetterer 1992) anhand sozialer Interaktionen; das Geschlecht als »kulturelle[] Konstruktion« wird hierbei wahrgenommen als etwas, das wir in sozialen Praktiken unseres täglichen Handelns »tun«, womit wir die Ordnung der Geschlechtszugehörigkeit gleichzeitig ebenso herstellen wie bestätigen (Hagemann-White 1993: 68f.). Ob als soziale Interaktion, als Repräsentation oder ausgehend von wissenschaftlichen Diskursen, dieses Verständnis von Geschlechtskonstitution setzt als dessen Zentrum in jedem Fall die Norm, auf deren Veränderbarkeit sich demnach

4 Bspw. in der Frage, wie Zweigeschlechtlichkeit hergestellt wird, vgl. dazu paradigmatisch: Hirschauer (1993) und Nicholson (1994).

5 Zur »disziplinären Subjektbildung« (Butler 2001b: 84). »An Foucaults Beschreibung dieser Disziplinierungen des Körpers haben Feministinnen angeknüpft, um die disziplinäre Erzeugung der Geschlechtszugehörigkeit darzulegen« (ebd.: 82). In der Folge spricht Butler von einer »disziplinäre[n] Hervorbringung des Subjekts« oder gar von einer »disziplinären Heranzüchtung eines Verhaftetseins mit der Unterwerfung« (2001b: 98). Zur Übernahme dieser Vorstellung einer disziplinären Subjektwerdung in Anlehnung an Butler vgl. Meyer (2001: 334), Niekant (1999: 41).

die Kritik konzentriert.[6] Auch dort, wo die Frage nach dem ›Innern‹ der Individuen ins Blickfeld gerät (Maihofer 2003: 434), wird dieses meist als Internalisierung äußerer Bilder und Anforderungen problematisiert oder allenfalls, wie bei Butler, als melancholische Inkorporation des infolge eines gesellschaftlichen Zwangs verworfenen gleichgeschlechtlichen Liebesobjekts (2001b: 158–183). Das Paradigma von *gender,* so lässt sich zusammenfassend sagen, versteht unter ›Konstruktion‹ demnach die Herstellung einer Kohärenz, nämlich die normativer Identitäten und formuliert in der Folge die Problematik von Geschlechtlichkeit als eine der Identitätslogik und der ihr inhärenten Ein-und Ausschlussmechanismen.[7]

Der Rede vom konstruierten Geschlecht haftet in diesem Sinn ein gewisser Evidenzcharakter an, mit dem Konstruktion als Identität, Kritik folglich als Dekonstruktion selbstidentischer Wesenheiten verstanden wird. Dass dies nicht die einzige Weise ist, sich den Konstruktionscharakter von Geschlecht zu denken und, damit verbunden, auch den Ansatzpunkt der Kritik, bedarf einer genaueren Erörterung. Zunächst ist darauf hinzuweisen, dass das Paradigma des sozialen Konstrukts als Chiffre für das historisch Gewordene eigentlich auf eine Tradition rekurriert, die nicht von Identitäten, sondern von Verhältnissen spricht. So hat Marx darauf hingewiesen, dass die soziale Existenz beispielsweise eines Sklaven sich gerade nicht einer bestimmten Geartetheit seiner Seinsweise verdankt, sondern einer Position in einem Verhältnis, eben dem, was Marx ein »Personenverhältnis« nennt.[8] Wenn deshalb die Theorie zur Bezeichnung der sozialen Existenz des Geschlechts so unterschiedliche Begriffe wie Subjekt, Identität, Geschlechterrollen oder Geschlechtsidentität als Synonym für ›Konstrukt‹ verwendet, begibt sie sich der Möglichkeit, das jeweilige Element des Konstruiertseins genauer zu bestimmen. Dass dies

6 Meist als Kritik an normativen Geschlechterrepräsentationen, so z.B. bei Engel (2002), Hark (1993), Lorey (1996).

7 So ausgeführt bei Butler (1997: 160–170). Zu einer Kritik am Ausschlussparadigma vgl. Benjamin (2001) und Van Pelt (2000).

8 Außerhalb von diesem ist der Sklave kein Sklave, also ist seine Identität ausschließlich durch dieses Verhältnis definiert. Vgl. Marx (MEW Bd. 6: 407 und Bd. 13: 21 f.), vgl. dazu auch Rubin (1975). Deshalb ist es meiner Meinung nach wenig sinnvoll, bspw. die Gestik der Geschlechter zu studieren und das geschlechtliche Sein dann an dieser festzumachen, was im Namen des Konstruktionsparadigmas allzu oft geschieht, vgl. z.B. Hagemann-White (1993: 75–78). Die Bedeutung des Unterschieds von Verhältnis und Identität habe ich ausgeführt in Soiland (2003).

zu erheblichen Schwierigkeiten führt, möchte ich anhand Judith Butlers Subjektbegriff darlegen.

Slavoj Žižek hat in seiner Lektüre von Judith Butlers *Psyche der Macht* darauf hingewiesen, dass ihre Verwendung des Begriffs ›Subjekt‹ derjenigen Lacans diametral entgegengesetzt ist, obwohl Butler sich Lacans Terminologie bedient, um das zu bezeichnen, was in ihrem Verständnis eine geschlechtliche Subjektwerdung ist.[9] Der Sinn dieser Klarstellung scheint bisher von der Butler-Rezeption in ihrer Relevanz nicht wirklich verstanden worden zu sein. Folgte man nämlich der von ihr angezeigten Richtung, müsste die Frage neu aufgerollt werden, was in der Rede vom sozial Gewordenen als für die Geschlechtlichkeit konstitutiv zu betrachten sei. Denn macht Butler auch zurecht die Ebene des Symbolischen für die geschlechtliche Subjektwerdung verantwortlich, bleibt gleichwohl zu fragen, ob sie mit ihrer Kritik nicht genau diese verfehlt: Die »symbolische Position«[10] nämlich, von der sie spricht als der normativen *Vorlage* einer Identifikation im eben genannten Sinn, ist genau nicht jene symbolische Position, von der Lacan spricht als dem *Ort*, an den das Subjekt nach seinem Eintritt in die symbolische Ordnung verwiesen ist. Zwar ist auch für Lacan die »Subjektposition« die Voraussetzung der Identifikation mit dem jeweiligen Geschlechterideal (2003: 238), doch heißt ›Voraussetzung‹ hier nicht einfach ›Vorlage‹. Als Funktion des Symbolischen ist das Lacan'sche Subjekt zutiefst von einer Enteignung gekennzeichnet, das Symbolische gerade das, was jede Identität bestreitet. Genau diesen aufschiebenden Gehalt des Symbolischen scheint Butler zu übersehen, wenn sie Lacans »›Position‹ des Subjekts im Symbolischen« als »diskursive Forderung« nach einer »kohärenten Identität« begreift (2001b: 83).[11] »Die Sexuierung des Ichs durch das Symbolische«, schrieb sie bereits in *Körper von Gewicht*, »zielt darauf ab, die[] Instabilität des Ichs, verstanden als eine

9 Žižek (2001: 354; 357–359). Žižeks Lektüre von Butlers *Psyche der Macht* ist als Replik auf ihre in *Körper von Gewicht* (260–285) vorgetragene Kritik an Žižeks Buch *The Sublime Object of Ideology* und dem darin verwendeten Begriff des »Realen« zu verstehen, die ich weitgehend teile, vgl. dazu Anm. 14.

10 Zur symbolischen Position (vgl. 2001a: 42; 55); (1997: 195; 153; 140); (2000: 149). Zu Butlers Anspruch, mit ihrer Kritik das symbolische Gesetz selbst zu tangieren z.B. (1997: 153f.) und (2001a: 40–43/54f.).

11 Wenn Lacan vom Subjekt als einer Sprachwirkung spricht und dadurch das Subjekt als eine Position innerhalb der Signifikantenkette definiert z.B. (1991a: 212–214), so scheint Butler diese Sprachposition als eine primär durch ihren Inhalt und nicht durch ihre sprachliche Struktur charakterisierte zu begreifen.

imaginäre Bildung, abzumildern. Hier ist es ganz wichtig zu fragen, wo und wie die Sprache auftritt, um diese stabilisierende Funktion zu erfüllen, und zwar besonders wo und wie sie zur Festlegung der sexuierten Positionen auftritt« (1997: 194).[12] Die »symbolische Forderung, eine sexuierte Position anzunehmen«, wird hier also zur Forderung, »sich mit einer im symbolischen Bereich vorgesehenen Position zu identifizieren« (ebd.: 140 f.). Während Sprache bei Butler demnach auftritt, um festzulegen,[13] die »sexuierten Positionen im Symbolischen« (ebd.: 119) als eine Art Platzanweiser fungieren und damit eher das darzustellen scheinen, was Lacan dem Register des Imaginären zuweisen würde, ist die sprachliche Funktion für Lacan umgekehrt dadurch gekennzeichnet, dass sie die vermeintliche Einheit dieses imaginären Registers durchbricht. Um dieser Verwechslung der beiden Register des Imaginären und des Symbolischen zu entgehen, schlägt Žižek deshalb vor, Lacans Subjekt *$*, das *sujet barre*, von jener »symbolischen Identifikation« zu unterscheiden, die das »soziosymbolische Feld« reguliert (Žižek 2001: 354; siehe auch: 364; 359).[14] Es ist zentral zu sehen, dass das Wort »sozio-symbolisch« als der Bezeichnung für die Kohärenz unserer sozialen Identität sehr grundlegend nicht dasselbe ist wie jene Funktion, die Lacan dem Symbolischen beimisst als dem Moment un-

12 Bereits hier findet sich, wie weiter unten ausgeführt, eine Verwechslung der beiden Register des Imaginären und des Symbolischen, ist es doch für Lacan gerade das imaginäre Ich (*moi*), das sich durch eine Stabilität auszeichnet, die von der symbolischen Position des Subjekts (*je*) laufend unterwandert wird. Man müsste vielmehr von der destabilisierenden Funktion der Sprache sprechen.

13 Diese Vorstellung kommt in unzähligen Wendungen zum Ausdruck, hier als Auswahl: »Die Fähigkeit der Sprache, solche Positionen festzulegen, das heißt, ihre symbolischen Effekte zu inszenieren, hängt von der Beständigkeit und Festgelegtheit des symbolische Bereichs selbst ab, dem Bereich der Signifizierbarkeit oder des Intelligiblen« (1997: 194 f.). »Was bei Lacan ›sexuierte Position‹ genannt werden würde und was einige von uns einfacher ›soziales Geschlecht‹ [gender] nennen würden, (...) « (ebd.: 160), vgl. weiter auch (ebd.: 156; 102–105).

14 Žižeks Begriff für das, was der symbolischen Identifikation gewissermaßen zugrunde liegt, ist »Fundamentalphantasma«, wobei sich auch dieses Phantasma als eine Abwehr der grundsätzlichen Spalte des Subjekts formiert (364 f.; 399–401). Ich widerspreche Žižek allerdings dort, wo er diese »Lücke (...) in der Seinsordnung, die das Subjekt selbst ›*ist*‹«, zunächst als vor dem Gesetz liegend und damit dem Realen zugehörig charakterisiert (401 f.), nur um sie im selben Zug mit der Metapher der sexuellen Differenz resp. der Kastration auszustatten (374; 378), womit er die Kastration als a-kulturelles Phänomen hypostasiert. Vgl. dazu Butlers auch berechtigte Kritik in (2000: 138–148; 153).

seres Seins, das die imaginäre Kohärenz unserer gesellschaftlichen Existenz laufend unterwandert.[15]

Gleichwohl wäre die Sache zu einfach, wollte man sich mit dieser Unterscheidung zufrieden geben, denn Butler führt triftige Gründe gegen sie ins Feld.[16] In ihrer Kritik an Lacan macht Butler geltend, dass das Konzept des Symbolischen als eine Art Mechanismus fungiere, der die Verknüpfung von väterlichem Gesetz und Sprachlichkeit immunisiere. Eines der zentralen Argumente in *Antigones Verlangen* lautet, dass die mit Lacans Konzeption des Symbolischen notwendig einhergehende Trennung von ›sozial‹ und ›symbolisch‹ nicht nur die Kontingenz bestimmter Verwandtschaftsverhältnisse leugne, indem sie diese als symbolische überhöhe, sondern damit insbesondere auch die durch sie hervorgebrachten sexuierten Positionen als einzig mögliche universalisiere (2001a: 38–42): »Als die Untersuchung der Verwandtschaft mit der strukturalen Linguistik kombiniert wurde, wurden Verwandtschaftspositionen in den Rang einer gewissen Ordnung sprachlicher Positionen erhoben, ohne die keine Signifikation denkbar und keine Intelligibilität möglich war«, schreibt sie (ebd.: 42). Damit aber würde »diesen ›Positionen‹ eine Unwandelbarkeit« zugeschrieben, »die für kontingente soziale Normen nicht« gelte (ebd.: 54). Butlers Weigerung, die Trennung zwischen Symbolischem und Sozialem zu akzeptieren, muss deshalb als bewusster Einsatz verstanden werden, mit dem sie auf die selbstverdinglichenden Effekte der psychoanalytischen Rede vom symbolischen Gesetz aufmerksam machen will:[17]

> »Wenn also eine soziale Norm nicht dasselbe wie eine symbolische Position ist, dann scheint sich die symbolische Position – hier verstanden als sedimentierte Idealität der Norm –von sich selbst zu trennen. Die Unterscheidung ist nicht

15 In diesem Sinn ist die häufig gebrauchte Redewendung einer »sozio-symbolischen Ordnung« ein nur vermeintlicher Rekurs auf die Psychoanalyse. Allerdings trägt Žižek hier zur Klärung nicht unbedingt bei, insofern auch er mit der Wortwahl »symbolische Identität« oder »symbolische Identifikation« (354–356), gar »soziosymbolische Konstruktion« (ebd.: 378) diese Gleichsetzung von soziosymbolisch und symbolisch nahe legt.

16 »Meiner Ansicht nach ist die Unterscheidung zwischen symbolischem und sozialem Gesetz letzten Endes nicht haltbar; ich glaube das Symbolische selbst ist nicht nur die Ablagerung gesellschaftlicher Praktiken, (...)« (Butler 2001a: 40).

17 Butler bezeichnet diese Verdinglichung als »theologischer Impuls in der Theorie der Psychoanalyse, der jede Kritik am symbolischen Vater, dem Gesetz der Psychoanalyse selbst, auszuschließen« suche (ebd.: 42 f.). Vgl. auch Butler (1991: 92 f.).

> wirklich haltbar, denn jedesmal beziehen wir uns doch wieder auf soziale Normen, (…). Die ideale Form ist weiter eine kontingente Norm, aber eine, deren Kontingenz als notwendig erwiesen ist (…)« (2001a: 43).

Verstehbar wird damit aber auch, warum Butler ›symbolische Position‹ mit Normativität übersetzt und damit nicht länger zwischen einer sprachlich vermittelten Subjektposition und der Kohärenz normativer Identitäten unterscheidet, ist Butler doch an jenem Sedimentierungsvorgang interessiert, der Kontingentes in angeblich Notwendiges umzuwandeln vermag. Nun kann gleichwohl gefragt werden, ob diese These von der Sedimentierung sozialer Praxen notwendig auf Normen zurückgreifen muss. Festzustellen, dass Lacans symbolische Ordnung, die als Raster sozialer Intelligibilität auch gleichzeitig geschlechtliche Positionen präfiguriert, auf einer Universalisierung historisch kontingenter Verwandtschaftsstrukturen basiert, diese Feststellung, deren Brisanz ich hier gerade herausstellen möchte, zwingt keineswegs dazu, das Symbolische als Ideal, ja, als etwas Präskriptives zu begreifen. Die Wandelbarkeit symbolischer Positionen zu postulieren, heißt nicht zwingend, sie als Norm zu verstehen. Argumentationstechnisch gesehen hat die Norm für Butler aber genau die Funktion, Historizität zu beweisen. Das heißt genauer: Nur insofern Geschlechtlichkeit als Identifikation mit normativen Positionen verstanden wird, lässt sie sich in den Rahmen ihres Performanzansatzes einfügen, jener Vorstellung also, wonach das Gesetz weit davon entfernt, als unabhängige Wesenheit zu existieren, erst durch sein Zitiertwerden seine Autorität erhält, folglich aber auch durch ein abweichendes Zitieren in seinem Gehalt selbst verändert werden kann.[18]

18 Butler (1997: 38; 154–159). Es ist ein ungelöster Widerspruch Butlers zu behaupten, das Gesetz existiere nicht vor seinem Zitiertwerden und es gleichzeitig als autoritativ resp. in seinem Inhalt gefüllt zu setzen. Vgl. dazu Macherey, der mit seiner These einer »Immanenz der Norm« zu zeigen sucht, dass der Normenbegriff bereits des frühen Foucault weitgehend in Auflösung begriffen ist: »Die Immanenz der Norm zu denken, heißt mit Sicherheit darauf zu verzichten, ihr Wirken als restriktiv anzusehen, als eine in Verbotsformeln gegossene ›Repression‹, (…)« (Macherey 1991: 183). Und: »(U)m dem Mythos der Ursprünge zu entgehen, genügt es nicht, auf das Gesetz und seine Macht die tatsächliche Initiative für ein Handeln zu übertragen, von dem die Praktiken der Sexualität als dessen Konsequenzen abhängen würden« (ebd. 1991: 184 f.). Zu einer Kritik an dem letztlich juridisch-repressiven Machtmodell Butlers vergleiche auch Ott (1998: 110 f.); Lorey (1996); Soiland (2002) und Engel (2002: 210; 220 f.; 71 f.), die in Anlehnung an Foucault feststellt, dass Butler ein Begriff der »flexiblen Normalisierung« fehlt.

Doch sehen wir genauer zu, wie Butler in *Körper von Gewicht* diese Verknüpfung von psychoanalytischem Gesetz und Performanztheorie vollzieht. Es scheint, dass die These der Iterabilität, der Möglichkeit einer verschiebenden Wiedereinsetzung der Norm, Butler dazu führt, die Genese von Geschlechtlichkeit primär anhand der Morphogenese zu studieren, d.h. von dieser aus die Tätigkeit des Gesetzes zu verstehen.[19] Ihr in *Das Unbehagen der Geschlechter* in Angriff genommenes Projekt, *sex* als Teil von *gender* auszuweisen (1991: 24–26), konkretisiert Butler nun anhand des psychoanalytischen Gesetzes: In *Körper von Gewicht* vertritt sie die These, dass das symbolische Gesetz Lacans nicht nur die Heterosexualisierung geschlechtlicher Positionen auferlegt, sondern im selben Zug auch das stiftet, was wir gewohnt sind, als biologische Zweigeschlechtlichkeit zu verstehen.[20] Insofern der Geschlechtskörper sich als Materialisierung von Normen begreifen lässt, ist nicht nur dessen Zitatförmigkeit erwiesen, sondern im gleichen Zug auch jener Raum eröffnet, in welchem seine verschiebende Wiedereinsetzung möglich erscheint. Was in der Tat für den Geschlechtskörper gelten mag, wird in der Folge von Butler aber zu leichtfertig auf die Genese der Geschlechtlichkeit insgesamt übertragen: Indem Butler die imaginäre Morphogenese auf die Stiftung des Gesetzes zurückführt, denkt sie die Genese symbolischer Positionen nicht nur isomorph mit derjenigen des Körpers, womit sie des spezifischen Gehalts der Ersteren verlustig geht, sondern gibt damit dem symbolischen Gesetz eine Funktion, die es bei Lacan gerade nicht hat:

> »Wenn für Lacan der Name das körperliche Ich in der Zeit absichert, es über die Zeit hinweg identisch macht, (...) dann folgt daraus, dass eine Krise im Symbolischen eine Krise in dieser Identität verleihenden Funktion des Namens nach

---

19 »Was Lacan ›Assumtion‹ oder ›Beitritt‹ zum symbolischen Gesetz nennt, kann als eine Art *Zitieren* des Gesetzes gedeutet werden und bietet so eine Möglichkeit, die Frage der Materialisierung des ›Geschlechts‹ mit der Überarbeitung von Performativität als Zitatförmigkeit zu verknüpfen. (...) Wird die Bedeutung von ›Annahme‹ bei Lacan als Zitat gedeutet, dann ist das Gesetz nicht mehr in einer starren Form gegeben, die seiner Zitierung vorgängig ist, (...)« (Butler 1997: 38). Zur Verknüpfung von »*embodyment*« und Iterabilität vgl. ebenfalls Butler (2000: 152).

20 »[D]as Regime der Heterosexualität wirkt dahingehend, dass es die ›Materialität‹ des Geschlechts eingrenzt und konturiert, und diese ›Materialität‹ wird durch und als eine Materialisierung regulierender Normen gebildet und aufrechterhalten, wobei diese Normen zum Teil diejenigen der heterosexuellen Hegemonie sind« (Butler 1997: 40).

sich ziehen wird und damit in der Stabilisierung körperlicher Umrisse entsprechend dem biologischen Geschlecht, die behauptetermaßen vom Symbolischen geleistet wird. Die Krise im Symbolischen, verstanden als eine Krise dessen, was die Grenzen der Intelligibilität konstituiert, wird sich als eine Krise im Namen und in der morphologischen Stabilität, von der es heißt, der Name verleihe sie, bemerkbar machen« (Butler: 1997, 195).

Behauptet wird hier also, dass das Symbolische auftritt, um Körper mittels Verboten und Geboten oder mittels bestimmten »Verbotsbeziehungen« (2001a: 39) zur Identifikation mit sexuellen Idealen zu zwingen, die sich damit gleichsam als eindeutige Geschlechtskörper materialisieren. Insofern das Symbolische als »Name, verstanden als das linguistische Symbol, das das biologische Geschlecht bezeichnet« (1997: 196), fungiert,[21] und sein Gesetz als Drohung, diesen Namen anzunehmen, kann dessen Tätigkeit tatsächlich nur als Herstellung einer »sexuierten Integrität des Körpers« verstanden werden (1997: 195 f.). Doch damit entsteht selbstverständlich ein gravierendes Problem. Wenn Butler die Problematik von Geschlecht als das Problem von Kohärenz begreift, als eine Problematik von mit dem »Anspruch auf (...) Integrität« zwangsläufig einhergehenden Ausschlüssen und Verwerfungen (ebd.: 163), so ist nicht mehr einzusehen, worin sie sich denn von Lacan unterscheidet. Denn auch Lacan spricht im Zusammenhang mit der körperlichen Morphologie von einem imaginären Effekt, dessen vermeintliche Ganzheit und Kohärenz er nicht nur herausstellt, sondern auf deren aggressive und narzisstische Komponente hinzuweisen

21 Vgl. dazu ähnlich: »Lacan besteht darauf, dass der Körper als eine visuelle Projektion oder imaginäre Bildung nicht anders als vermittels der Unterordnung unter einen Namen durchgehalten werden kann, wobei der Name für den ›Namen‹ des Vaters steht, das Gesetz der sexuellen Differenzierung. In ›Das Spiegelstadium‹ bemerkt Lacan, dass das Ich ›auf einer fiktiven Linie‹ erzeugt wird, (...); diese fiktionale Gerichtetheit kommt zum Stillstand und wird unbeweglich infolge des Auftauchens einer symbolischen Ordnung, die sexuell differenzierte Fiktionen als ›Positionen‹ legitimiert« (1997: 194). Diese Vorstellung von der Funktion des Symbolischen scheint Butler einer Stelle aus Lacans *Seminar II* zu entnehmen, in welchem er vom Namen spricht, der der imaginären Bildung ihre Stabilität verleiht. Dieser Name ist in meinem Verständnis aber noch nicht die symbolische Funktion, die Lacan anhand des Namens erst einführt als eine aus ihm entstehende. Das Symbolische, sagt Lacan, ist das, was entsteht, wenn es »ein Minimum an Bezugsglieder« gibt, vgl. z.B. (2003: 309; 275–279). Zur erwähnten Stelle in Lacans Seminar: (1991b: 217) und Butler (1997: 109): »Einen Namen zu haben bedeutet, im Symbolischen einen Platz zu haben, platziert zu sein (...)«.

eigentlich sein ganzes Werk abzielt (z.B. 1996b: 237–245). Und genau in diesem Punkt sieht er in der symbolischen Funktion die Möglichkeit eines anderen Registers angelegt, welches diese Kohärenz durchkreuzt, indem es aus dem Subjekt nicht nur ein gespaltenes macht, sondern eines, das begehrt, und das ist eines, das jenseits seiner Spiegelrelation in eine Beziehung zum Anderen treten kann, den es damit im Prinzip immer verfehlt.[22] Rätselhaft bleibt deshalb, wieso die symbolische Funktion zur Stabilisierung der morphologischen Identität beitragen soll, warum also Butler behauptet, das Symbolische befehlige diese Kohärenz und damit kurz und bündig das Symbolische als »Name«, ja, gar als »linguistisches Symbol« (ebd.) interpretiert.

Zunächst gilt es auch hier wiederum, auf eine Überlegung näher einzutreten, denn selbstverständlich spielt Butler mit diesem »Namen« auf den »Namen des Vaters« an, auf Lacans Diktum also, dass der Phallus nicht nur als Signifikant, sondern als der erste Signifikant überhaupt der Signifikantenkette zu betrachten sei (Lacan 1991a: 126f.; 2003: 266f.; 309). In ihrer Lektüre der beiden Aufsätze Lacans *Das Spiegelstadium als Bildner der Ichfunktion* und *Die Funktion des Phallus* vertritt Butler die These (1997: 109–133), dass durch diese Bestimmung des Phallus als Signifikanten ein Element des Imaginären in Lacans Konzeption des Symbolischen subsistiert, wie Lacan es selbst in seinem Aufsatz über das Spiegelstadium beschreibt: Die Idealisierung des Körpers, wie sie in *Das Spiegelstadium* zum Ausdruck komme, tauche, so ihr Argument, im Zusammenhang mit Lacans Erörterung des Phallus unbeabsichtigt als eine Idealisierung und Symbolisierung der Anatomie wieder auf (ebd.: 113). Im Zuge der sicherlich berechtigten Befragung dieser merkwürdigen Verknüpfung, mit der Lacan das Symbolische an das Auftreten des Phallus bindet, scheint Butler nun aber überhaupt die Unterscheidung zwischen Imaginärem und Symbolischem aufzugeben. Ja eigentlich nicht genau das, sondern sie kehrt nunmehr deren Beziehung zunächst einmal um, indem sie den Phallus zu

22 Zur Spiegelrelation vgl. bspw. aus dem *Seminar II*: (1991b: 309–312); zur Verfehlung des Partners *Seminar XX* (1991c: z.B. 68); und als ein Beispiel für Lacans Verständnis der sprachlichen Struktur, die das Subjekt spaltet (1991a: 213f.): »Die Sprachwirkung ist die ins Subjekt eingeführte Ursache. Vermöge dieser Wirkung ist dieses nicht Ursache seiner selbst; es trägt nur den Wurm der Ursache in sich, der es spaltet. Seine Ursache nämlich ist der Signifikant, ohne den kein Subjekt im Realen wäre. Dies Subjekt ist aber, was der Signifikant repräsentiert, und zu repräsentieren vermag dieser nichts, es sei denn, für einen anderen Signifikanten (...)«.

einem abgrenzenden Prinzip, und mit ihm das Symbolische in seiner Gesamtheit zu einer imaginären Wirkung erklärt:

> »Wenn der Phallus der privilegierte Signifikant des Symbolischen ist, das abgrenzende und ordnende Prinzip für das Bezeichenbare, dann erlangt er sein Privileg, indem er zu einer imaginären Wirkung wird, die ihren eigenen Status als imaginär und als Wirkung durchgängig leugnet. Falls dies für den Signifikanten zutrifft, der den Bereich des Bezeichenbaren im Symbolischen abgrenzt, dann trifft es auf alles zu, was als das Symbolische signifiziert ist. Was also unter dem Zeichen des Symbolischen operiert, sind möglicherweise nichts anderes als genau die Anzahl imaginärer Wirkungen, die als das Gesetz der Signifikation naturalisiert und verdinglicht worden sind« (1997: 118).

Nun ist es nicht das Gleiche festzustellen, dass der Phallus eine imaginäre Herkunft hat – eine Feststellung, die Lacan im Übrigen weitgehend teilt[23] –, und daraus zu schließen, dass das Symbolische insgesamt eine abgrenzende und damit imaginäre Funktion übernimmt. Indem Butler zeigt, dass das Symbolische von einem imaginären Prinzip regiert wird, hat sie damit nicht auch schon den Nachweis erbracht, dass das Symbolische als Prinzip überhaupt imaginär ist. Genau dies jedoch unterstellt sie, wenn sie schreibt: »Wenn der Phallus eine imaginäre Wirkung ist, eine wunschgetragene Umwandlung, dann ist in der Tat nicht lediglich der symbolische Status des Phallus in Frage gestellt, sondern gleich die ganze Unterscheidung zwischen dem Symbolischen und dem Imaginären« (1997:118). Lässt Butler also zunächst die eine Funktion in der anderen aufgehen, indem sie das Symbolische als »abgrenzendes und ordnendes Prinzip« (ebd.) charakterisiert und es damit gleichsam dem Imaginären inkorporiert, scheint sie in der Folge aber doch nicht auf deren Unterscheidung verzichten zu können, sondern stellt das eben Ineinsgesetzte – nun zwar in umgekehrter Form – erneut einander entgegen: In *Psyche der Macht* wird sie so weit gehen, nicht das Symbolische, sondern das Imaginäre als jenes Potenzial zu begreifen, dem die Kraft innewohnen soll, die Kohärenz der nunmehr symbolischen Festschreibungen zu durchkreuzen:

---

23 Vgl. z.B. Lacan (2003: 222–228, insb. 225): »Es gilt, von der Existenz eines imaginären Phallus auszugehen«. Lacan betont hier, dass sich der Phallus nicht aus der Anatomie erklären lässt.

»Für den Lacanianer bedeutet also das Imaginäre die Unmöglichkeit der diskursiven –d.h. symbolischen – Konstitution der Identität. Identität kann durch das Symbolische nie vollständig totalisiert werden, denn was es nicht ordnen kann, erscheint im Imaginären als Unordnung, als Schauplatz, auf dem die Identität bestritten wird. So fasst Jacqueline Rose ganz lacanianisch das Unbewusste als das, was jeden Versuch des Symbolischen zur kohärenten und vollständigen Konstituierung einer sexualisierten Identität durchkreuzt, ein Unbewusstes, auf welches die Fehlleistungen und Lücken verweisen, die die Arbeit des Imaginären in der Sprache kennzeichnen«.[24]

Verwirrlich wird hier, dass Butler diese Umkehrung dem Lacanianer in den Mund legt und damit gleichsam ihr eigenes Argument mit einer gravierenden Fehllektüre vermengt. Halten wir fest: Für »den Lacanianer«, wenn es denn einen solchen geben soll, stellte, wenn schon, nicht das Symbolische, sondern das Imaginäre den Versuch »zur kohärenten und vollständigen Konstituierung einer sexualisierten Identität« dar.[25] Umgekehrt wäre das Unbewusste als jener Schauplatz, der die Kohärenz jedwelcher Identität bestreitet, als das Feld des Symbolischen, als durch das Symbolische konstituiert zu begreifen, sagt Lacan doch, das Unbewusste sei strukturiert wie eine Sprache.[26] Mit anderen Worten totalisiert nicht das Symbolische, sondern das Imaginäre und umgekehrt ist das Symbolische als das zu begreifen, was die Unmöglichkeit einer vollständigen Konstituierung von Identität bewirkt. Hält Butler deshalb einerseits nunmehr zwei sich gegenseitig widersprechende Begriffe des Imaginären in Händen – das Imaginäre als Idealisierung der Anatomie, das damit Festschreibungen vollzieht, und das Imaginäre als Widerstandspotenzial gegen ebendiese Festschreibung – scheint es ihr auf der anderen Seite überhaupt eines Begriffes dessen zu ermangeln, was Lacan in der symbolischen Funktion beschreibt. In der Folge kann Butler Lacans Rede von der sprachlichen Verfasstheit der Geschlechter nur als Totalisierung missverstehen, obwohl Sprachlichkeit als jene Bewegung, die das Subjekt in die Metonymie des Begehrens einführt,

24 (2001b, 93). In dem als Belegstelle angeführten Zitat von Rose figuriert das Unbewusste tatsächlich und auch zurecht als das, was das ›Scheitern‹ der Identität markiert. Butler unterschlägt lediglich, dass das Unbewusste genau in diesem Scheitern sich als Effekt des Symbolischen erweist. Zur Klarstellung, dass nicht die Arbeit des Imaginären, sondern die des Symbolischen für die Lücken und Fehlleistungen zuständig ist (vgl. Žižek 2001: 357 f.).

25 Vgl. z.B. Lacan (1996a: 64; 1991b: 310; 1997: 206–211).

26 Vgl. z.B. Lacan (1991a: 81 f.; 218–224; 1996a: 127; 212 f.).

sehr präzise das nicht meint. Butler ignoriert schlicht jene Unterscheidung, die Lacan macht zwischen dem *moi imaginaire* als dem Effekt einer Identifikation mit sozial vorgegebenen Idealen, beispielsweise des Geschlechts, und dem *je symbolique* als dem Subjekt des unbewussten Begehrens, das den Abschließungen dieser Identifikation stets zuwiderläuft.[27] Lacan macht bereits in seinem Phallus-Aufsatz deutlich, dass er jene Identifizierung mit dem »Idealtypus seines Geschlechts« von der »Einrichtung einer unbewussten Position im Subjekt« unterscheidet, von der er sagt, sie sei die Voraussetzung, ohne die keine Identifizierung stattfinden könne (1991a: 121). Und in seinem *Seminar II* spezifiziert er das *moi* nicht einfach als Teil des »ich«, sondern als dessen Objekt, womit er unmissverständlich die Nachgeordnetheit des *moi* gegenüber dem *je* betont: »Zweifellos ist das wahre *ich/je* nicht Ich/moi. (...) – das Ich ist nicht das *ich*, ist kein Irrtum, in dem Sinn, in dem die klassische Lehre aus ihm eine Teilwahrheit macht. Es ist etwas anderes – ein besonderes Objekt innerhalb der Erfahrung des Subjekts [*je*]. Das Ich ist buchstäblich ein Objekt – ein Objekt, das eine bestimmte Funktion erfüllt, die wir hier imaginäre Funktion nennen«.[28] Die »Erfahrung des Subjekts« scheint also nicht nur nicht mit dem Ideal identisch, sondern sehr viel mehr und anderes zu umfassen, ein Umstand, den zu übergehen Butler zu einer krassen Fehlaussage führt:

> »Lacan beschreibt das [Ichideal] als ›Position‹ des Subjekts im Symbolischen, als Norm, die das Subjekt in die Sprache und damit in die verfügbaren Schemata kultureller Verständlichkeit einführt. Dieses lebensfähige und intelligible Sein,

27 Vgl. bspw. Butler (1997: 113): »Lacan identifiziert dieses spekuläre Bild dann im weiteren mit dem Ichideal (...) und mit dem Subjekt (...) «. Butler weiß zwar um die Unterscheidung zwischen *je* und *moi* (1997: 355–357; 1987: 186–204), doch steht dieses Wissen unverbunden neben ihrer Behauptung, das Symbolische generiere kohärente Identitäten, resp. das Subjekt des Symbolischen zeichne sich durch eine Ganzheit oder Kohärenz aus. Auf dieses Problem weißt auch Van Pelt (2000) hin, die darlegt, dass Butler nicht zwischen dem großen und dem kleinen A/anderen bei Lacan unterscheidet. Vgl. zu dieser Unterscheidung bei Lacan z.B. (1991a: 84–88) und zur Metonymie des Begehrens (1991a: 44; 1991c: 136–139).

28 (1991b: 60f.). Zu dieser Nachgeordnetheit vgl. auch (1996a: 53) und weiter zu dieser Unterscheidung in *Seminar II* (1991b: 306–315). Zwar spricht Butler (1997: 114) von diesem imaginären Ich, aber sie unterschlägt schlicht, dass Lacan das Subjekt von diesem unterscheidet. Zur Gleichsetzung von *moi* und Subjekt bei Butler vgl. auch: »Falls die Identifizierung ein Ich, von dem Freud nachdrücklich vertritt, es sei ›vor allem ein körperliches‹, gemäß einer symbolischen Position herstellen will, (...)« (1997: 153). Butler übersieht hier, dass dieses Ich in Lacans Terminologie gerade nicht das Subjekt, verstanden als symbolische Position, ist.

dieses Subjekt, wird immer um einen Preis hervorgebracht, und alles, was der normativen Forderung widersteht, durch die das Subjekt eingeführt wird, bleibt unbewusst. Die Psyche, die das Unbewusste einschließt, ist somit vom Subjekt ganz verschieden; sie ist genau das, was über die einkerkernden Wirkungen der diskursiven Forderung einer kohärenten Identität, über die diskursive Forderung, ein kohärentes Subjekt zu werden, hinausreicht. Die Psyche ist das, was der Verregelmäßigung entgeht, die Foucault den normalisierenden Diskursen zuschreibt«. (2001b: 83)

Nun ist es selbstverständlich nicht so, dass die Psyche »vom Subjekt ganz verschieden« ist, ist es doch die Errungenschaft Lacans schlechthin, das Subjekt als das Subjekt des Unbewussten zu begreifen.[29] Zwar ist es richtig, dass »die Psyche« der Verregelmäßigung entgeht, doch Butler übersieht, dass Lacan die Psyche als das durch das Symbolische strukturierte Feld des Unbewussten definiert.[30] Was also als Unbewusstes der »normativen Forderung« nach einer kohärenten Identität widersteht, ist eine symbolische Position, ist das durch das Symbolische positionierte Subjekt des unbewussten Begehrens. Macht es deshalb wenig Sinn, das vom Symbolischen strukturierte Unbewusste als Widerstandspotenzial gegen ebendieses Symbolische anzurufen, ist auf der anderen Seite das, was den »normalisierenden Diskursen« entgeht, das vom Symbolischen positionierte Subjekt, was nicht anders zu erklären ist, als dass hier zwei sich gegenseitig widersprechende Diskursbegriffe unbemerkt nebeneinander existieren: Die »einkerkernde Wirkung der diskursiven Forderung« kann unmöglich jener diskursiven Verfasstheit des Subjekts entstammen, die Lacan als eine unbewusste Begehrensposition begreift.[31] Doch ganz offensichtlich macht

29 Vgl. z.B. Lacan (1991c: 127 f.; 95; 1991a: 46). Butler scheint dies wirklich zu übersehen, denn es handelt sich bei der zitierten Stelle nicht um einen einmaligen Lapsus, vgl. z.B.: »Man muss unterscheiden zwischen dem Begriff der Psyche, der den Begriff des Unbewussten mit einschließt, und dem Begriff des Subjekts, dessen Bildung bedingt ist durch den Ausschluss des Unbewussten«. (2001b: 191, Anm. 4).

30 Zur Verknüpfung von Subjekt, Unbewusstem und Symbolischem vgl. z.B. Lacan (1991a: 188–192).

31 Vgl. Lacans oft verwendete Formulierung, dass das Unbewusste der Diskurs des Anderen sei (1991a: 51; 2003: 138–140), wobei dieser großgeschriebene Andere sowohl der andere Schauplatz (1996a, 218–220), also das Unbewusste, wie auch die Struktur der Sprachlichkeit, in der das Begehren als das »Begehren des Andern« situiert ist, meint (1991a: 188–200; 1996a: 165). Dass Lacan diese sprachliche Struktur an den Namen des Vaters bindet (1991a: 85 f.), resp. den Phallus gewis-

eine solche Bestimmung des Symbolischen – die Gleichsetzung von Symbolischem und Unbewusstem, wie Lacan sie vorschlägt – für Butler keinen Sinn, denn dies zu denken würde bedeuten, die Macht der symbolischen Ordnung, ja, vielleicht Macht überhaupt anders denn in Formen normativer Zuschreibungen zu imaginieren. Indem Lacan zwischen dem Subjekt des unbewussten Begehrens und seinem Ideal, zwischen der symbolischen Position und dem Imaginären eine Unterscheidung einführt, verfügt er einerseits bereits über ein Modell, das nahe legt, dass die geschlechtlichen Identitäten von Anbeginn gebrochene sind, insofern die Position des Subjekts jene imaginäre Kohärenz seines eigenen Ideals stets unterwandert. In diesem Modell aber, und das ist der springende Punkt, ist eine zweite, ganz anders geartete und gewissermaßen unterhalb der vordergründigen angelegte Geschlechtermetaphysik enthalten, eben die, die Lacan seiner Konzeption des Symbolischen zugrunde legt: Wahrzunehmen, dass Lacan die Erzeugung des Subjekts auf der Ebene des Symbolischen verortet, die er von der Ebene des Imaginären unterscheidet und der er jenseits der Geschlechtermatrix des Ich-Ideals eine ihr eigene Geschlechtermetaphysik unterlegt, würde ein schwer denkbares Phänomen ins Zentrum rücken, dass nämlich offenbar nicht nur die ›Kohärenz der Identität‹, sondern auch deren ›Brechung‹ eine geschlechtliche Kodierung aufweisen kann: Die eigentliche geschlechtliche Asymmetrie, von der Lacan spricht, ist eine unterschiedliche Positionierung der Geschlechter vis-à-vis der symbolischen *Funktion*, und diese ist insofern unterschiedlich, als Lacan den ersten Signifikanten der Sprachkette als Phallus bestimmt. Wenn Lacan die Kastration als den zentralen Angelpunkt des Eintritts des Subjekts in die Sprache bezeichnet,[32] so bedeutet er damit nicht primär den Imperativ zur Annahme einer irgendwie gearteten geschlechtlichen Identität, sondern eine Positionierung vis-à-vis dessen, was er die Mangelstruktur des Signifikanten nennt.[33] Selbstverständlich spielt deshalb der Phallus die zentrale

sermaßen als Eintritt zu diesem Ort des Anderen bestimmt (1991a: 127–129), ist ein Problem, ändert aber noch nichts am Umstand, dass Lacan das Begehren als sprachlich vermittelt und damit als unbewusst begreift.

32 So spricht Lacan z.B. davon, dass das Mädchen sich gleich wie der Knabe vor dem Eintritt in den Ödipuskomplex mit dem Vater identifiziert, eine Asymmetrie, die nicht die zweier komplementärer geschlechtlicher Identifikationen ist, (vgl. 1997: 204; 209). Dieses »Verhältnis des Subjekts zum Signifikanten« (ebd.: 209) ist, wie Lacan in *Seminar IV* (2003: 225 f.) ausführt, nicht physiologisch zu erklären.

33 Zu dieser Struktur des Signifikanten vgl. bspw. (1991a: 194 f. und 1991c: 33).

Rolle, aber nicht so, wie Butler ihn versteht: als stabilisierendes Prinzip. Denn als solches, als Stiftung lediglich zweier Geschlechtsidentitäten oder morphologischer Kohärenzen, so meine These, wird der Sexismus, der Lacans Rede vom Phallus als Signifikanten anhaftet, massiv unterschätzt.

Um zu verstehen, was diese Anordnung Lacans bedeutet, mit der er vermutlich überhaupt ein zentrales Strukturprinzip der abendländischen Geschlechtermetaphysik zum Ausdruck bringt, ist es unabdingbar, die Bedeutung dieses Signifikanten in Lacans Konzeption des Begehrens zu verstehen. Worin also unterscheidet sich Lacans symbolische Funktion von jenem Konzept der Geschlechterrepräsentation, wie es allgemein in der Gender-Theorie unter dem Paradigma des sozialen Konstrukts zur Anwendung gelangt und wie Butler es in ihrem Verständnis der symbolischen Position perpetuiert? Charles Sheperdson hat in einem überaus klärenden Aufsatz mit dem Titel *The Role of Gender and the Imperative of Sex* darauf hingewiesen, dass die Gender-Theorie in ihrem Rückgriff auf die Psychoanalyse einer entscheidenden subjekttheoretischen Verkürzung unterliegt, indem ihr Begriff des sozialen Konstrukts nicht eigentlich zwischen der Funktion des Bildes und derjenigen der Sprache zu unterscheiden erlaubt: Insofern das Wort ›symbolisch‹ für jegliche Form von kultureller Repräsentation des Geschlechts verwendet wird, lässt sie die Logik der Sprache vollständig in derjenigen des Bildes aufgehen (Shepherdson 1994: 160; 169 f.). Meist wird in Anlehnung an Lacans Theorie des Spiegelstadiums denn auch explizit die geschlechtliche Subjektwerdung auf der Ebene des Imaginären situiert, ja gar von einer imaginären Subjektwerdung gesprochen.[34] Außer Acht gerät dabei, dass die Psychoanalyse den wesentlichen Aspekt der Sexuierung in der Entstehung des Begehrens sieht, in welchem zweifelsohne Repräsentationen eine Rolle spielen, aber in einem anderen Sinn: Wenn Freud die menschliche Sexualität als eine von Grund auf denaturalisierte dem Reich der Instinkte entgegenstellt, indem er sie als der Macht von Bildern unterworfen charakterisiert, so führt Lacan diesen Gedanken weiter,

34 Z.B. Lorey (1996: 129–139). Shepherdson schreibt dazu: »Das Konzept des Körpers, wie ihn die Psychoanalyse versteht, wird deshalb komplett missverstanden, wenn dieser als ein rein imaginärer Körper aufgefasst wird oder, was auf dasselbe herauskommt, wenn das Imaginäre und das Symbolische als auf derselben Ebene liegend, als gemäß der selben Logik funktionierend verstanden werden« (1994: 169, Ü.v.m.). Zu einer entsprechenden Verwendung des Wortes »Repräsentation«, welche die Subjektwerdung als Imitation kultureller Vorlagen auffasst, vgl. bspw. Engel (2002); Lauretis (1996); Niekant (1999).

indem er das Begehren in einem Feld unendlich substituierbarer Repräsentationen und damit gleichsam in einer der Sprache vergleichbaren Struktur eingelassen sieht.[35] Bezüglich dem Wort Repräsentation bleibt deshalb die Gender-Theorie in ihrer Adaption auf halbem Wege stehen, denn offenkundig denkt sie sich die Rolle der Repräsentation nicht in dieser signifikanten Weise – als Ursache einer Metonymie –, sondern als Vorgabe und demnach in der Form einer Abbildfunktion: Die Sexualität, das Begehren, selbst der sexuierte Körper werden hier geformt gemäß einem Vorbild, das den Imperativ zur Imitation vorstellt, womit es letztlich die Sexualität selbst ist, die repräsentiert, nämlich eine gesellschaftliche Konvention. Doch das Unkonventionelle an jenem »Imperativ der Inskription« (Sheperdson 1994: 161), wie ihn sich die Psychoanalyse denkt, ist gerade, dass diese Inskription keine Vorschrift ist,[36] sondern ein Prinzip, wonach die Sexualität zwingendermaßen in ein Feld von Bildern eingeschrieben ist, die sich dem Subjekt gerade entziehen, ja, deren bestimmende Aufgabe es ist, genau dies zu tun. Allenfalls ließe sich deshalb sagen, die Repräsentationen formten die Objekte des Begehrens, aber nicht in dem Sinn, dass sie diesen ihre Konsistenz verleihten, sondern umgekehrt sie als eine Reihe fortlaufender Substitute konstituieren, womit sie die notwendige Schwelle am Übergang zur symbolischen Funktion markieren.[37] Fasst man jedoch die Repräsentation lediglich als Bild und versteht in dieser Weise auch gleich die symbolische Funktion, erliegt man nicht nur jener referenziellen Sprachvorstellung, die die Sprachfunktion als Zeichen missversteht, sondern ermangelt damit schlicht jenem durch den *linguistic turn* gegebenen Sprachverständnis, das Sprache als grundlegend durch Differenzen konstituiert begreift.[38]

35 Im Sinne des »*objet a*« als Ursache des Begehrens: (1991c: 136).

36 Sowohl Žižek wie Shepherdson weisen darauf hin, dass das symbolische Gesetz einen primordialen Verlust bezeichnet, der sich nicht auf den Eingriff eines Verbots reduzieren lässt, sondern dem Umstand geschuldet ist, dass das menschliche Wesen in Abhängigkeit zu anderen entsteht (vgl. Sheperdson: 167 f.; Žižek 2001: 400–402). Dass beide diesen »Mangel« an die Kastration und damit an ein ihnen eigenes Verständnis von sexueller Differenz binden, ist ein Problem, vgl. dazu Anm. 43.

37 So sagt Lacan (z.B. 2003: 247), dass bereits die Vorstellung, dass etwas an- oder abwesend sein kann, eine Symbolisierung voraussetzt, dass das Objekt also in der Tendenz auch immer ein verlorenen Objekt ist, weshalb der Verlust bereits dem Imaginären eingeschrieben ist, resp. die signifikante Ersetzung mit ihm beginnt. Diesen Übergang beschreibt Lacan sehr anschaulich in den Kap. XII-XVI des *Seminars IV*.

38 In diesem Sinn scheint die Gender-Theorie die Funktion der Sprache in der Geschlechtskonstitution wie jene von Wittgenstein so bezeichnete »Namens-

UNRAST VERLAG

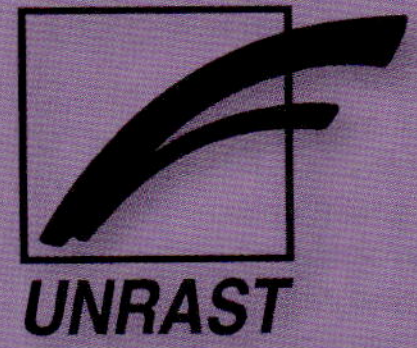

»Das gewalttätigste in einer Gesellschaft sind Ignoranz und Unwissenheit.«

Emma Goldman

Aus den Neuen Sozialen Bewegungen der 80er Jahre entstanden und mit dem Anspruch angetreten, Bücher aus der Bewegung für die Bewegung zu machen, kann der 1989 gegründete UNRAST Verlag mittlerweile auf eine über 30-jährige Geschichte mit mehr als 800 Titeln zurückblicken, in deren Verlauf nicht nur das Programm immer vielfältiger wurde, sondern sich auch die unausgesprochene Verlagspolitik entwickelte, verschiedene Tendenzen innerhalb der Linken miteinander in Kontakt zu bringen.

Alle UNRAST-Bücher gibt es grundsätzlich in allen gut sortierten Buchhandlungen, in Infoläden und auf Büchertischen. *Support your local bookdealer!*

Sollte keine dieser Möglichkeiten in eurer Nähe sein, könnt ihr auch auf unserer Homepage durch unser gesamtes Titelangebot stöbern und dort direkt beim Verlag bestellen. Ebenso haben alle online-Buchläden unsere Bücher, aber meidet dabei bitte möglichst Amazon, den »Elefant im Buchladen …« (Attac).

Das ganze Programm online: unrast-verlag.de

Wenn deshalb Judith Butler von einem »linguistischen Symbol«, einer »symbolischen Anrufung« oder gar einer »Theorie des ›Spiegelns‹ als einer signifizierenden Praxis« spricht[39] – Formulierungen, die für eine sich als Poststrukturalistin verstehende Theoretikerin erstaunlich sind –, so zeigt dies nicht nur ein Sprachverständnis an, das dem 19. Jahrhundert näher steht als dem unsrigen, indem hier Sprache einen klaren Referenten zu haben scheint und damit gleichsam eine Anzeigefunktion. Den Begriff des Symbolischen zu gebrauchen, »um Bilder und Worte in mehr oder weniger derselben Weise anzuzeigen« (ebd.: 170), führt, so Shepherdson, letztlich dazu, das zentrale Anliegen der Psychoanalyse zum Vornherein auszublenden: nämlich das Begehren als grundlegend konstituiert durch einen Anderen zu begreifen.[40] In der Rede von der symbolischen Vermitteltheit der Sexualität meint der Begriff ›symbolisch‹ deshalb nicht ›Zeichen‹, sondern den Umstand einer grundlegenden Verwiesenheit.

Es ist dieser Gehalt der Sprache als Struktur einer Alterität, der unterzugehen droht, wenn Sprache lediglich in ihrer direktiven Funktion erscheint. Die schwer einsehbare Verknüpfung von Sprache und Begehren ist demnach nicht primär so zu verstehen, dass Sprache ein bestimmtes Begehren gebietet. Sie hat ihren Grund vielmehr darin, dass Sprache eine erste Anerkenntnis dieser Unverfügbarkeit des Anderen vorstellt,[41] durch

Täfelchentheorie« zu verstehen, die den Dingen ihren Namen umhängt. Vgl. zu einer Kritik an dieser Vorstellung Lacan: »Es ist falsch, trügerisch und irrig, die Frage nach dem Zeichen zu stellen, wenn es sich um das symbolische System handelt. Von Anfang an ist der Schrei dazu da, dass man von ihm Notiz nimmt (...)« (2003: 223). Und: »Was Freud an der Äußerung des Kindes geltend macht, zeigt, dass der Schrei, um den es geht, nicht als Signal genommen wird. Es geht um den Schrei, insofern er nach seiner Antwort ruft, insofern er, wenn ich das so sagen kann, auf einen Grund von Antwort ruft« (ebd.: 222).

39 (1997: 196; 2001b: 95; 1997: 119). Vgl. zu Lacans Konzeption des Symbolischen als einem Netz aus Differenzen (2003: 275–279 und 1996a: 44–60).

40 Und das heißt auch, durch einen Mangel, den zu benennen die psychoanalytische Rede von der »symbolischen Einschreibung« primär intendiert, vgl. dazu Sheperdson (1994: 167–170). Butler bringt zwar die Fantasie als eine je individuelle Umarbeitung der äußeren Anforderung ins Spiel. Doch bleibt letztere eine rein repressive, womit weder das Element der Verführung noch der Umstand der Verwiesenheit und seine Verknüpfung mit dem Begehren, wie Lacan sie im Zusammenhang mit Repräsentationen denkt, darin erscheinen (2000: 151–158).

41 Vgl. Lacans häufig verwendete Formulierung, dass Sprache die Unmittelbarkeit des Bedürfnisses in die Vermitteltheit des Anspruchs verwandelt, wodurch sich das Subjekt einem anderen anheim stellt, der verweigern kann oder auch nicht, z.B. (2003: 146; 215; 1991a: 126f.; 189f.; 1996a: 218).

deren Artikulation sich das Subjekt deshalb in die Struktur des Begehrens einfügt, weil erst sie, die Anerkennung, das unabhängige Sein eines Anderen garantiert, zu dessen Existenzbedingung es somit gehört, für das Subjekt in gewisser Weise unerreichbar zu bleiben. Deshalb kann Lacan dann sagen, dass sich das Begehren stets an ein Objekt richtet, das in seiner Mitte die Möglichkeit eines Verlustes, ja, eines grundsätzlichen Mangels trägt (1991c: 68 f.). Jene »viel tiefsitzendere[n] einschränkende[n] und konstitutive[n] symbolischen Forderungen«, die die Sexualität formieren, wie Butler an Lacan orientierte Positionen zusammenfasst (1997: 140), sind also nicht dem Umstand geschuldet, dass sich hier Forderungen nach einer normativen Identität als symbolische überhöhen und sich damit gleichsam für die Psyche »zu Figuren des Gesetzes« verdichten (200la: 54). Ihre Insistenz gründet sich vielmehr darin, dass sich das Begehren grundsätzlich in einem Feld der Unverfügbarkeit des Anderen situiert, der das Subjekt in Form einer Alterität, einer Struktur von Sprachlichkeit durchzieht.

Was aber hat es zu bedeuten, wenn Lacan ebendieser Struktur eine geschlechtliche Dramaturgie unterlegt, indem er deren Entstehung an die Kastration, das heißt, an den symbolischen Phallus und damit an die ödipale und also patriarchale Familienstruktur bindet? Wenn die symbolische Vermitteltheit der Sexualität also nicht dahingehend zu verstehen ist, dass ›symbolisch‹ hier die Funktion einer Anweisung übernimmt, was dann hat Lacans kryptische Anordnung zu bedeuten, mit der er die Geschlechter im Verhältnis zum Signifikanten einer Verfehlung platziert? Was Lacan in den beiden geschlechtlichen Positionen als *Habens-* resp. *Seinsrelation* im Bezug auf den Phallus beschreibt (1991a: 130), ist weder ein geschlechtlicher Idealtypus noch eine bestimmte sexuelle Präferenz,[42] sondern zwei Positionen vis-à-vis jener Struktur, die in einer Gesellschaft Alterität organisiert. Lacan bringt damit zum Ausdruck, dass via der für das gesellschaftliche Zusammenleben notwendigen Organisation einer Anerkennungsstruktur sich ein geschlechtlicher Code portiert, von dem zu klären bleibt, was genau er mit den Geschlechtern tut. Denn dass die Strukturen des symbolischen Tausches als einem grundlegenden gesellschaftlichen Organisationsprinzip das Signum der Männlichkeit tragen, heißt nicht, dass deren Wirkung sich zwangsläufig in der Produktion normativer Zweigeschlechtlichkeit

42 (1991c: 79). In *Encore* macht Lacan deutlich, dass die beiden Positionierungen vis-à-vis des Signifikanten unabhängig vom ›anatomischen‹ Geschlecht bezogen werden können (vgl. 1991c: 37; 79; 87).

realisiert. Zumindest in seinem Spätwerk (1991c: 85–90) lässt Lacan keinen Zweifel daran, dass diese paternale Kodierung der Sprachstruktur gerade nicht bedeutet, den beiden Geschlechtern ein je unterschiedliches Begehren zuzuweisen. Umgekehrt scheint jene Kodierung vielmehr darin zu resultieren, – und genau das besagt auch Freud in seinem Diktum, dass die Libido männlich sei – das Subjekt des Begehrens ausschließlich männlich zu konnotieren (1991c: 87). Jene *Seins*relation zum Phallus, die Lacan »dem Part, genannt Frau« (ebd.) attestiert, ist deshalb gerade keine Subjektposition, sondern muss als eine Art Co-Funktion des männlichen Begehrens verstanden werden:[43] als dessen Aufschub oder aufschiebendes Moment, dessen einzige Funktion darin besteht, »zum Reden zu bringen das sprechende Sein«, das Lacan hier explizit als männliches spezifiziert (ebd.: 106).

Denkt deshalb Lacan in seiner Konzeption des Symbolischen bereits jenes aufschiebende Moment, welches Butler in ihrem Performanzansatz zu fassen sucht, indem nicht nur das Objekt des Begehrens sich laufend verschiebt, sondern auch die sexuierte Position eigentlich nie an ihrem Ziel ankommt, so subsistiert gleichwohl eine geschlechtliche Asymmetrie, paradoxerweise nun aber genau bezüglich des Moments dieser Verfehlung. Indem das Weibliche als Aufschub, ja, als die eigentliche Mangelstruktur des männlichen Subjekts konzipiert ist, handelt es sich bei dieser Asymmetrie, die damit offenbar ›unterhalb‹ derjenigen von *gender* subsistiert, gerade nicht um die zweier komplementär aufeinander bezogener Repräsentationen, steht hier doch die eine Position in einer nicht-reversiblen Form in Funktion der anderen. Nichts anderes besagt letztlich Claude Lévi-Strauss, wenn er den Frauentausch als die in den Verwandtschaftsverhältnissen inkarnierte Grundlage des symbolischen Tausches bezeichnet. Wenn deshalb Butler zurecht die Frage stellt, ob nicht auch andere Verwandtschaftsverhältnisse als die ödipalen in der Lage sind, Strukturen der Unverfügbarkeit des Anderen zu generieren (2002: 38), und vor allem,

43 In diesem Sinn unterscheidet sich meine Position grundlegend von derjenigen Žižeks und Shepherdsons, die von der sexuellen Differenz als »realer« sprechen und damit in Lacans Anordnung weder eine Geschlechtermetaphysik noch die grundlegende Asymmetrie, die diese für die beiden Geschlechter bedeutet, sehen. Beide machen damit vom Begriff der sexuellen Differenz einen Gebrauch, den ihre Begründerin, Luce Irigaray (1991), ihr gerade nicht gibt, insofern für Irigaray die sexuelle Differenz nicht unabhängig von der ödipalen Struktur existiert, von der sie in paradoxer Weise angerufen *und* gleichzeitig verneint wird (vgl. Soiland: 2001).

worüber sich der Universalitätsanspruch von letzteren hält, so bleibt zu vergegenwärtigen, dass Verwandtschaften nicht primär Identitäten stiften, sondern Verhältnisse, Verhältnisse des Tausches in diesem Fall, und das heißt letztlich, die grundlegenden Organisationsprinzipien einer Gesellschaft. Die Brisanz der von Butler in *Antigones Verlangen* aufgeworfenen Frage nach jenem Mechanismus der Universalisierung (2001a: 74–77), von dem Lacans Verknüpfung von strukturaler Anthropologie und Linguistik zeugt, kann ihre Wirkung nur entfalten, wenn gegenwärtig bleibt, dass sich die Universalisierung der ödipalen Struktur via einer Anordnung in den Strukturen des symbolischen Tausches portiert.

Es bleibt einer Weiterentwicklung der Gender-Theorie vorbehalten zu verstehen, welche Konsequenzen aus dieser Anordnung folgen und vor allem, wie der in diesem Tauschverhältnis eingeschriebene Universalisierungsmechanismus tatsächlich zu tangieren wäre. Meines Erachtens verfehlt das Konzept eines *»undoing gender«*, insofern darunter die Dekonstruktion von Repräsentationen normativer Geschlechtlichkeit verstanden wird, die spezifische Problematik jener im symbolischen Tausch verankerten Asymmetrie und den durch sie portierten Mechanismus der Universalisierung. Denn dass Lacan in der spezifischen Form, die er der Funktion des Symbolischen gibt, den Mechanismus einer kulturellen Hypostasierung ebenso beschreibt wie gleichzeitig selbst von Neuem vollzieht, soll hier gerade nicht in Abrede gestellt, sondern umgekehrt behauptet werden, dass die Gender-Theorie diesen Mechanismus der Universalisierung nur ungenügend in ihr Blickfeld bekommt, wenn sie sich lediglich auf die Kritik an kulturellen Repräsentationen normativer Geschlechtlichkeit konzentriert.

Literatur

Benjamin, Jessica (2002): Der Schatten des Anderen. Intersubjektivität, Gender, Psychoanalyse. Frankfurt/M., Basel: Stroemfeld/Nexus.

Butler, Judith (1987): Subjects of Desire. Hegelian Reflections in Twentieth-Century France. New York: Duke University Press.

Butler, Judith (1991): Das Unbehagen der Geschlechter. Frankfurt/M.: Suhrkamp.

Butler, Judith, (1997): Körper von Gewicht. Frankfurt/M.: Suhrkamp.

Butler, Judith; Laclau, Ernesto; Žižek, Slavoj (2000): Contingency, Hegemony, Universality. Contemporary Dialogues on the Left. London/New York: Verso.

Butler, Judith (2001a): Antigones Verlangen. Frankfurt/M.: Suhrkamp.

Butler, Judith (2001b): Psyche der Macht. Das Subjekt der Unterwerfung. Frankfurt/M.: Suhrkamp.

Butler, Judith (2002): Is Kinship Always Already Heterosexual? In: differences: A Journal of Feminist Cultural Studies, vol.13/no.1, S.14–44.

Engel, Antke (2002): Wider die Eindeutigkeit. Sexualität und Geschlecht im Fokus queerer Politik der Repräsentation. Frankfurt/M./New York: Campus.

Gildenmeister, Regine; Wetterer, Angelika (1992): Wie Geschlechter gemacht werden. In: Knapp, Gudrun Axeli; Wetterer, Angelika (Hrsg.): Traditionen Brüche. Freiburg/Br.: Kore, S. 201–254.

Hagemann-White, Carol (1993): Die Konstrukteure des Geschlechts auf frischer Tat ertappen? In: Feministische Studien, Jg. 11/Nr. 2, S.68–78.

Hark, Sabine (1993): Queer Interventionen. In: Feministische Studien, Jg. 11/Nr. 2, S.103–109.

Hirschauer, Stefan (1993): Dekonstruktion und Rekonstruktion. Plädoyer für die Erforschung des Bekannten. In: Feministische Studien, Jg. 11/Nr. 2, S. 55–67.

Irigaray, Luce (1991): Ethik der sexuellen Differenz. Frankfurt/M.: Suhrkamp.

Lacan, Jacques (1991a): Schriften II. Weinheim/Berlin: Quadriga.

Lacan, Jacques (1991b): Das Ich in der Theorie Freuds und in der Technik der Psychoanalyse. Das Seminar. Buch II (1954–1955). Weinheim/Berlin: Quadriga.

Lacan, Jacques (1991c): Encore. Das Seminar. Buch XX (1972–1973). Weinheim/Berlin: Quadriga.

Lacan, Jacques (1996a): Schriften I. Weinheim/Berlin: Quadriga.

Lacan, Jacques (1996b): Die Ethik der Psychoanalyse. Das Seminar. Buch VII (1959–1960). Weinheim/Berlin: Quadriga.

Lacan, Jacques (1997): Die Psychosen. Das Seminar. Buch III (1955–1956). Weinheim/Berlin: Quadriga.

Lacan, Jacques (2003): Die Objektbeziehung. Das Seminar. Buch IV (1956–1957). Wien/Berlin: Turia + Kant.

Lauretis, Teresa de (1996): Die Technologie des Geschlechts. In: Scheich, Elvira (Hrsg.): Vermittelte Weiblichkeit. Feministische Wissenschafts- und Gesellschaftstheorie. Hamburg: Hamburger Edition, S. 57–93.

Lorey, Isabel (1996): Immer Ärger mit dem Subjekt. Theoretische und politische Konsequenzen eines juridischen Machtmodells Judith Butler. Tübingen. Edition diskord.

Macherey, Pierre (1991): Für eine Naturgeschichte der Normen. In: Ewald, Francois; Waldenfels. Bernhard (Hrsg.): Spiele der Wahrheit. Michel Foucaults Denken. Frankfurt/M.: Suhrkamp, S. 171–162.

Maihofer, Andrea (2002): Von der Frauen- zur Geschlechterforschung: ein Schritt zurück? In: Brüchert, Oliver; Resch, Christine (Hrsg.): Zwischen Herrschaft und Befreiung. Münster: Westfälisches Dampfboot, S. 99–110.

Maihofer, Andrea (2003): Geschlecht. In: Haug, Frigga (Hrsg.): Historisches Wörterbuch des Feminismus. Hamburg: Argument, S. 423–435.

Meyer, Katrin (2001): Resignifications. Figuren der ›immanenten Kritik‹ im postfeministischen Diskurs. In: Brander, Stefanie; Schweizer, Rainer J.; Sitter-Liver, Beat (Hrsg.): Geschlechterdifferenz und Macht. Reflexion gesellschaftlicher Prozesse. Freiburg: Universitätsverlag, S. 333–342.

Nicholson, Linda (1994): Was heißt ›gender‹. In: Institut für Sozialforschung Frankfurt (Hrsg.): Geschlechterverhältnis und Politik. Frankfurt/M.: Suhrkamp, S. 188–220.

Niekant, Renate (1999): Zur Krise der Kategorien ›Frauen‹ und ›Geschlecht‹. Judith Butler und der Abschied von feministischer Identitätspolitik. In: Bauhardt, Christine; Wahl, Angelika von (Hrsg.): Gender and Politics. ›Geschlecht‹ in der feministischen Politikwissenschaft. Opladen: Leske + Budrich, S. 29–45.

Ott, Cornelia (1998): Die Spur der Lüste. Sexualität, Geschlecht und Macht. Opladen: Leske + Budrich.

Rosenberg, Jordana, 2003: Butler's ›Lesbian Phallus‹; or, What can Deconstruction Feel? In: GLQ: A Journal of Lesbian and Gay Studies 9.3, S. 393–414.

Rubin, Gayle (1975): The Traffic in Women. Notes on the ›Political Economy‹ of Sex. In: Reiter, Rayna R. (Hrsg.): Toward an Anthropology of Women. New York/London: Monthly Review Press, S. 157–210.

Scott, Joan W. (2001): Die Zukunft von *gender.* Fantasien zur Jahrtausendwende. In: Honegger, Claudia; Ami, Caroline (Hrsg.): Gender. Die Tücken einer Kategorie. Zürich: Chronos, S. 39–63.

Shepherdson, Charles (1994): The *Role* of Gender and the *Imperative* of Sex. In: Copjec, Joan (Hrsg.): Supposing the Subject. London/New York: Verso, S. 158–184.

Soiland, Tove (2001): Das weibliche Subjekt als dekonstruktiver Einsatz – eine Provokation im Zeitalter von Gender. Zu den sprachphilosophischen Grundlagen von Luce Irigarays Denken der sexuellen Differenz. In: Zeitschrift für Frauenforschung und Geschlechterstudien, Jg. 19/Heft 4, S. 75–84.

Soiland, Tove (2002): Mit Foucault gegen Gender. Eine machttheoretische Kritik am Paradigma des sozialen Konstrukts. In: Widerspruch, Heft 43 (22. Jg./2. Halbjahr), S. 139–152.

Soiland, Tove (2003): Irigaray mit Marx lesen. Eine Rehabilitierung des Denkens der sexuellen Differenz. In: Widerspruch, Heft 44 (23. Jg./l. Halbjahr), S. 159–172.

Van Pelt, Tamise (2000): Otherness. In: Postmodern Culture PMC 10.2

Žižek, Slavoj (2001): Die Tücken des Subjekts. Frankfurt/M.: Suhrkamp.

Was heißt Konstruktion?

Über den stillschweigenden Bedeutungswandel eines zentralen Paradigmas der Geschlechtertheorie

1. Verwirrende Befunde: Eine Gender-Flexibilisierung bei gleichzeitiger Stabilität der Geschlechterordnung

Vorliegender Beitrag geht von der These aus, dass die Frage, was überhaupt geschlechtliche Positionen präfiguiert, in keiner Weise geklärt ist. Gleichwohl wird in der Politik meist davon ausgegangen, dass dieses Problem gelöst sei und es nunmehr lediglich noch um die zu entwickelnden Instrumentarien zur effizienten Durchsetzung eines klar formulierten Ziels, der Herstellung von Geschlechtergerechtigkeit, gehe. Angesichts des Eindrucks, dass sich die Gleichstellungspolitik zunehmend an einem ganz bestimmten, nämlich dem in den *Cultural Studies* entwickelten Konzept von *Gender* orientiert, möchte ich im Folgenden gleichsam einen Schritt zurücktretend nochmals nach den theoretischen Grundlagen dieses Konzepts von *Gender* fragen, das gerade im Begriff ist, im Rahmen der sich institutionalisierenden *Gender Studies* zum vorherrschenden zu werden.

Was ich also im Folgenden problematisieren möchte, heißt meist *Gender,* verbirgt sich vielleicht auch unter *Gender*, unter einer Art *Gender-Alltagswissen,* Alltagswissen nun nicht der ›gewöhnlichen Leute auf der Straße‹ über ihr Geschlecht, sondern der Forscherinnen selbst über die Weise, wie Geschlecht zu theoretisieren sei. Für einmal soll also nicht danach gefragt werden, welche Vorstellungen von Geschlecht eine bestimmte Disziplin, eine Institution oder Praxis hervorbringen. Befragen möchte ich vielmehr den Leitbegriff der *Gender Studies* selbst. Und diese Befragung hat – der Titel sagt es bereits – etwas mit dem Begriff der Konstruktion zu tun.

Was heißt Konstruktion? Angesichts der Omnipräsenz der Formel vom Geschlecht als ›sozialem Konstrukt‹ wird niemand die Legitimität einer solchen Frage bestreiten. Gewiss kann man sich in Bezug auf die Geschlechtertheorie heute nicht nur diese Frage stellen, sondern mit Ian Hacking auch fragen: Konstruktion eigentlich von was? (Vgl. Hacking 1999) Mit der im Untertitel angesprochenen Behauptung allerdings, dass ein Paradigma eine Bedeutung habe, die sich wandeln könne, und dann erst noch stillschweigend, ist es schon schwieriger. Denn selbstverständlich hat weder ein Paradigma eine Bedeutung, noch kann es sich wandeln – im Normalfall wechselt ein Paradigma einfach. Gleichwohl steckt hinter dieser, ich gebe es zu, terminologischen Ungereimtheit eine Absicht, denn sie hat, bis zu einem gewissen Grad wenigstens, etwas mit der Sache selbst zu tun: Ich meine nämlich, dass die feministische Theorie von Beginn an, das heißt, seit Anfang der Zweiten Frauenbewegung, davon ausging, dass Geschlechter, in welcher Weise auch immer, ›hergestellt‹ werden. Nun hat dieser Begriff der ›Konstruktion‹ heute aber eine ganz bestimmte Färbung, und es ist die These dieses Beitrags, dass sich unter diesem Konstruktionsbegriff ein immenser theoretischer Wandel verbirgt, der als solcher nie in Erscheinung trat. Es hat sich hier sozusagen unter der Hand etwas verschoben, eine Verschiebung, die nie als eine solche thematisiert und von daher auch nicht der Reflexion zugänglich gemacht werden konnte. Lediglich der Effekt davon ist bekannt, er ist sozusagen unüberhörbar in dieser Formel vom Geschlecht als sozialem Konstrukt, die zu einem allgemein akzeptierten Standard, ja, sagen wir, zu einer Art DIN-Norm der Geschlechterforschung geworden ist. Doch die Selbstevidenz des Konstruktionsbegriffs sollte nicht darüber hinwegtäuschen, dass diese Vorstellung von Konstruktion und die damit einhergehende Annahme, Geschlechter würden in »Bedeutungszuweisungen« (Dietze 2006: 60) entstehen und seien folglich als Problem von »Festschreibungen« oder »Zuschreibungen« adäquat verstanden, auf theoretisch äußerst kontingenten Grundlagen aufruhen.

Allerdings scheinen genau diese heute zunehmend selbst zu einem Problem zu werden. Denn von welchen Festschreibungen will man noch ausgehen? Ausgehend von dieser Frage tut sich gegenwärtig in der Geschlechtertheorie eine gewisse Verwirrung kund. Denn dass wir es seit etwa Ende der 1980er Jahre mit einer eindrücklichen Modernisierung tradierter Geschlechterstereotypien zu tun haben, diese Kunde hat auch vor den Toren der Geschlechterforschung nicht halt gemacht. So wird beispielsweise mit Hinweis auf die europäische Gleichstellungspolitik, aber auch allgemein auf den eindrücklichen sozialen Wandel zurecht konzediert, dass an die Stelle der »Semantik der Differenz« längst eine »Semantik der Gleichheit« getreten sei (Heintz 2001 in Gildemeister 2004: 138). Begriffe wie »Geschlechterrollen-Nivellierung« oder »Genus-Verlust« (Hirschauer 1993: 351) beschäftigen die Forschung, es wird von einer »Dethematisierung von Geschlecht« (vgl. Pasero 1995), ja, gar vom »Ende« oder der »Auflösung der Geschlechterdifferenz« gesprochen (vgl. Butler 1997a; Heintz 1993). Da naturalisierende Begründungszusammenhänge kaum mehr ernst genommen würden und die Essenzialismuskritik somit ihren Gegenstand verloren habe, so fasst Renate Hof diese Situation zusammen, habe in der Geschlechtertheorie eine Fokusverlagerung stattgefunden: gefragt werde nunmehr nach der Möglichkeit, die Geschlechterdifferenz selbst zu überwinden. Dass diese Fokusverlagerung allerdings nicht ohne theoretische Friktionen vor sich geht, die eine der Rede vom sozialen Konstrukt inhärente Schwierigkeit manifest werden lässt, bringt ihre Formulierung prägnant zum Ausdruck:

> »Diese veränderten Fragestellungen entwickelten sich vor dem Hintergrund einer paradoxen Situation, in der einerseits die abnehmende soziale Bedeutung der Geschlechterdifferenz postuliert wird, in der andererseits jedoch ›die Konstruktion einer asymmetrischen Zweigeschlechtlichkeit weiterhin eine strukturierende Rolle spielt‹. (...) Obwohl man davon ausgeht, dass soziale Konstruktionen wandelbar sind und obwohl Personen heute zunehmend funktional und nicht geschlechtsspezifisch betrachtet werden und sich immer weniger Gründe dafür finden lassen, die Differenz der Geschlechter noch als eine grundlegende Ordnungsform anzusehen, ist dennoch eine eigentümliche Zählebigkeit der zweigeschlechtlichen Ordnung zu verzeichnen. Mit anderen Worten: Die gegenwärtige Situation ist gekennzeichnet durch eine bisher nie dagewesene Flexibilität der Gender-Konstruktionen bei gleichzeitiger Stabilität der Geschlechterordnung, (...)« (Hof 2005: 30).

Konstatiert wird hier also ein Bedeutungsverlust von Geschlecht bei gleichzeitiger Stabilität der Geschlechterordnung. Doch wenn die Flexibilisierung der *Gender*-Konstruktionen keinerlei Auswirkung auf die Geschlechterordnung hat, muss man daraus schließen, dass die Geschlechterordnung demnach nicht durch Geschlechter-Konstruktionen hergestellt wird? Wodurch aber würde sie sonst hergestellt? Und was wäre in diesem Fall der Sinn der Vorstellung von der Geschlechter-Konstruktion, wenn diese auf die Geschlechterordnung keinerlei Auswirkung hat? Wenn Renate Hof vom »paradoxen Nebeneinander von zunehmender sozialer Dysfunktionalität und beharrlicher Präsenz der Geschlechterdifferenz« spricht (vgl.

Hof 2005: 30), so gibt sie damit die gängige Vorstellung wieder, dass das eigentliche *pièce de résistance*, quasi der letzte Hort des Modernisierungswiderstandes in der Vorstellung selbst von der Zweigeschlechtlichkeit liege.[1] Eine ähnliche Vorstellung findet sich auch im ethno-methodologischen Umkreis, wenn beispielsweise Regine Gildemeister schreibt, dass angesichts des tendenziellen Irrelevantwerdens von Geschlecht heute deutlicher denn je zu Tage trete, dass Geschlecht erst »relevant gemacht werden« (Heintz/ Nadai 1998 in Gildemeister 2004: 138), respektive »immer wieder aufs neue hergestellt werden« müsse (Villa 2004: 143). Dem jedoch steht auf der anderen Seite eine eindrückliche Persistenz geschlechtlicher Ungleichheit gegenüber. Und so scheint es, so könnte man etwas polemisch formulieren, dass die einzigen, die mit der Relevanz von Geschlecht bis heute offenbar keinerlei Mühe bekunden, die Statistiken sind: Diese nämlich fahren unbehelligt von dieser Diskussion damit fort, die Geschlechter entlang der ungleichen Verteilung der Ressourcen Zeit, Geld und Entscheidungsmacht zu konstruieren.

Wenn man hier zum Schluss gelangen kann, dass der Bedeutungsverlust von Geschlecht offenbar keine Bedeutung hat – zumindest nicht für das Geschlecht; nicht für die Zweigeschlechtlichkeit und nicht für die Geschlechterhierarchie, die wiederum doch maßgeblich verantwortlich ist für die Konstruktion von Geschlecht –, wenn wir es hier also mit dem Phänomen eines irgendwie bedeutungslosen Bedeutungsverlustes zu tun haben, so liegt dies womöglich daran, dass Geschlecht als Bedeutung überhaupt inadäquat verhandelt wird. Anstatt jedoch in die Reflexion mit aufzunehmen, dass der normative Wandel auf grundlegende Parameter, die das Geschlechterverhältnis strukturieren, bisher nur sehr wenig bis gar keinen Einfluss gehabt hat, wird dieser Umstand heute in Wendungen wie ›Wandel und Persistenz‹, ›Die Ungleichzeitigkeit des Gleichzeitigen‹, ›Paradoxien in den Geschlechterverhältnissen‹ gefasst.[2] Ich möchte stattdessen vorschlagen, diese angeblichen Paradoxien als Hinweis auf eine theoretische Inkonsistenz in der Konzeptualisierung selbst von Geschlecht zu lesen. Haben wir mit der Kritik an Geschlechtszuschreibungen, an normativen

1 Allerdings äußert sich Hof mit Hinweis auf die berechtigte Kritik von Seiten der Psychoanalyse auch kritisch zu diesem Verständnis der Geschlechterdifferenz (2006:109–114; aber auch hier 2005: 31 f.).

2 So die Titel von Tagungen respektive Veranstaltungsreihen zu diesem Thema in der Schweiz.

Geschlechtsidentitäten, -festschreibungen und Bedeutungszuweisungen womöglich Strukturen ins Visier genommen, die für die ›Herstellung‹ von Geschlecht heute gar nicht mehr zentral sind? Ja, mehr noch, kann diese Rahmung nicht ihrerseits geschlechtersegregierende Wirkung entfalten, indem sie in der Tendenz einer individualisierenden Perspektive Vorschub leistet, die jede Person selber für ihre Positionierung verantwortlich macht? In diesem Sinn werde ich weiter unten die These vertreten, dass diese Vorstellung von Konstruktion, wie sie sich im Rahmen eines bestimmten, sich an die *Cultural Studies* anlehnenden Verständnisses von *Gender* herausgebildet hat, möglicherweise längst selbst zum Bestandteil des gegenwärtigen Geschlechterregimes geworden ist.

Vor diesem Hintergrund aber scheint mir das, was ich das Hegemonialwerden der Frage nach der Herstellung der Zweigeschlechtlichkeit nennen würde, besonders problematisch. Hegemonial nenne ich diese Frage, weil sie mittlerweile das gesamte Theoriefeld von *Gender* strukturiert. So würde ich auch Sabine Harks jüngst geäußerte These (Hark 2005: 269 ff.) eines Ausschlusses von *Queer*-Ansätzen aus dem akademisch werdenden Feminismus widersprechen. Auch wenn die *Queer Studies* bisher wenig institutionalisiert sind, so hat sich im Rahmen der Institutionalisierung der *Gender Studies* doch eine Fortschrittserzählung fest etabliert, in deren Horizont *Queer* als der weitreichendste oder zumindest politisch radikalste Standpunkt erscheint. Es ist jedoch nicht nur diese implizite Rangordnung politischer Subversivität, die ich hier mit Hegemonie verbinde; brisant scheint mir vielmehr der Effekt, der in einer Art theoretischen Fundierung eine sehr spezifische Problematisierungsweise von Geschlecht universalisiert. In dieser Unterlegung eines Layers, in welchem alle weiteren Konzepte aufgehoben erscheinen, sehe ich die größte theoretische Verschiebung. Denn in ihr erscheinen nun beide Geschlechter als gleichermaßen konstruiert. Nicht als gleiche, denn auch sie spricht noch von Asymmetrie, doch als gleichermaßen konstruiert, und das ist entscheidend. Eine kategoriale Asymmetrie in der Herstellung von Geschlecht, wie sie in den 1980er Jahren beispielsweise im Konzept der Männlichkeit der Subjektposition angedacht wurde, ist hierin nicht mehr denkbar. Was mich an dieser Frage nach der Herstellung der Zweigeschlechtlichkeit frappiert, ist, wie rasch und umfassend darin diese andere Diagnose, nämlich die, dass wir es mit einer Ordnung der Eingeschlechtlichkeit zu tun haben, in der das einzig existierende Subjekt das männliche ist, verloren ging. Fragen, wie sich diese beiden Diagnosen zueinander verhalten, ob es Sinn macht, zwei Geschlechter zu dekonstruieren, wenn nur eines existiert, und was in je beiden Ansätzen unter Existenz von Geschlecht überhaupt verstanden wird, wurden nie diskutiert. Stillschweigend – eben doch – hat sich hier ein ganz bestimmtes Machtverständnis durchgesetzt, das Macht nicht länger als Machtverhältnis zwischen den Geschlechtern thematisiert. Macht wird nun vordringlich in der Zuweisung von Geschlecht, in der als Zumutung empfundenen Festschreibung kohärenter geschlechtlicher Identität verortet, von welcher konsequenterweise dann beide Geschlechter gleichermaßen betroffen sind. Das Unrechtsempfinden richtet sich auf die, in Judith Butlers Worten, »Gewalt des Ausschlusses« (Butler 1997b: 84), die jede Festlegung von Identität angeblich mit sich bringt. Obwohl es sich hierbei um eine sehr spezifische Rahmung der Problemlage handelt, wird deren Grundannahmen auch von potenziellen Skeptikerinnen kaum widersprochen. Allenfalls wird konzediert, es handle sich hierbei um einen »epistemologischen« Zugang (vgl. Knapp 2001: 40; Hof 2005), neben welchem der gesellschaftsanalytische beibehalten werden müsse. Die Verschiebung, die ich hier anvisiere, geht jedoch nicht in dieser Gegenüberstellung auf. Wenn ich im Folgenden argumentiere, dass Geschlechter als Identitäten überhaupt inadäquat verhandelt sind, so nicht, weil ich ihnen die Ebene der Gesellschaftstheorie gegenüberstelle, sondern weil ich zu einer der Wurzeln des Konstruktions-Diskurses zurückkehren will: dem französischen Poststrukturalismus. Ich möchte mit anderen Worten zum französischen Subjektverständnis und zu den Ansätzen geschlechtlicher Subjektivierung zurückkehren, wie sie sowohl vom späten Foucault wie auch im Umfeld der französischen Psychoanalyse entwickelt wurden, weil meines Erachtens die Schlüsse, die der amerikanische Dekonstruktivismus aus diesen zog, nur schwerlich mit diesen Ansätzen zu begründen sind. Das heißt aber auch, dass ich mich im Folgenden auf das dekonstruktive *Gender*-Verständnis konzentriere, das ich sozusagen mit seinen Grundlagen konfrontiere. Ich kritisiere diesen *Gender*-Ansatz also nicht von einem Standpunkt der Kritischen Theorie aus, sondern ausgehend vom Poststrukturalismus selbst. Ja, mehr noch, ich hoffe, damit diese für den deutschsprachigen Raum spezifische Dichotomie zwischen gesellschaftsanalytischer Kritischer Theorie und angeblich ›ungesellschaftsanalytischem‹ Poststrukturalismus etwas zu lockern, ist es doch in der französischen Marxrezeption, als die ich den Poststrukturalismus verstehe, selbstverständlich, Subjektivierung als Bestandteil der Produktionsverhältnisse zu betrachten. Wenn ich deshalb im

Folgenden zwischen Subjekt und Identität unterscheide, um diesen französischen Kontext zu reaktivieren, so möchte ich damit zum einen einen Beitrag zur Vermittlung dieser Gegenüberstellung leisten. Zum anderen möchte ich damit darauf hinweisen, dass meines Erachtens erst in der Übernahme dieses Subjektbegriffs durch die *Cultural Studies* und damit durch den Übergang in den englischsprachigen Raum dieses Subjekt zu jener Identität wurde, an der sich heute manche Sozialwissenschaftlerinnen zurecht stoßen. Das französische *Sujet* ist nicht dasselbe wie die englische *Identity*, nur wird dies heute kaum mehr gewusst.

Dass Subjektivierung auch anders denn als Problem von Festschreibungen thematisiert werden kann, wird deutlich, wenn wir einen Blick außerhalb der *Gender Studies* werfen. Hier gibt es bereits vielfältige Ansätze, von Subjektivierung zu sprechen, in welchen deren Problematik gerade nicht als die normativer Identitäten verhandelt wird. So würde niemand von einer Arbeitssoziologin, die neoliberale Subjektivierungsweisen untersucht, behaupten, ihr Forschungsgegenstand liege im Bereich der Identitätspolitik. Für das Forschungsfeld des Postfordismus ist denn auch längst nicht mehr die Norm, sondern die *Norm der Abweichung* (vgl. von Osten 2003) der Ausgangspunkt von Verstehensversuchen, deren Gegenstand die paradoxe Herrschaftsförmigkeit neuartiger ›Praxen der Freiheit‹ ist. Neben diesen soziologischen Zeitdiagnosen, in denen vom *Zwang zum souveränen Selbst* (vgl. Rau 2005), ja gar von der *Müdigkeit, man selbst zu sein* (vgl. Ehrenberg 2000) die Rede ist, nimmt sich die Festschreibungskritik der *Gender Studies*, diese Leidenschaft für den »Abbau von Identitätszwängen« (Bührmann/Wöllmann 2006: 190), merkwürdig altertümlich aus, wirkt ihr Anspruch auf Radikalität in eigentümlicher Weise anachronistisch. In einem nächsten Schritt möchte ich deshalb fragen, warum Michel Foucault, der für diese Denker eines Übergangs zu »postdisziplinären bzw. postfordistischen Regulationsformen« (Lemke 2003: 266) von so unerhörter Fruchtbarkeit war und ist, für die *Gender Studies* der Theoretiker der Disziplinarmacht geblieben ist. Während Foucault in den Sozialwissenschaften heute als Gesellschaftstheoretiker gilt, der als einer der ersten vom Ende der Disziplinargesellschaft sprach (Foucault 2003: 671) und sich im Rahmen seiner unter dem Namen Gouvernementalitätsstudien bekannt gewordenen Analysen spätkapitalistischer Gesellschaften anderen Regulationsformen als der Disziplin zuwandte, scheint der dekonstruktive *Gender*-Ansatz, der sich in seiner Identitätskritik doch maßgeblich auf Foucault beruft, diese Weiterentwicklung seiner Machtanalytik bis heute nicht wirklich zur Kenntnis genommen zu haben. Da Foucault in seinem Spätwerk auf der Ebene des Individuums, und mit unzweideutigem Hinweis auf die Psychoanalyse, anstelle von einem disziplinären nun vom Begehrenssubjekt spricht, ohne dies allerdings in Bezug auf das Geschlechterverhältnis auszuarbeiten, frage ich in einem dritten und abschließenden Teil meines Beitrages, was Jacques Lacan unter diesem Begehrenssubjekt versteht. Insbesondere werde ich dabei Judith Butlers Vorstellung von der sprachlichen Verfasstheit der Geschlechter, mit der sie vorgibt, sich auf Lacan zu beziehen und die für ihre These einer sprachlichen Verschiebbarkeit von Geschlecht von so zentraler Bedeutung ist, einer kritischen Prüfung unterziehen.

2. Foucaults Gouvernementalitätsanalyse und das Subjekt des Begehrens

Es ist also meine These, dass die *Gender Studies* in ihrem Rekurs auf Foucault eine wichtige Weiterentwicklung seiner Machtanalytik nicht mitvollzogen und insbesondere die machttheoretischen Implikationen dieser Weiterentwicklung nicht in ihr Konzept geschlechtlicher Subjektivierung aufgenommen haben. Dies ist jedoch nicht einfach eine akademische Frage, denn ich glaube, dass in dieser Weiterentwicklung ein Schlüssel läge zu einem besseren Verständnis dieses merkwürdigen Umstandes, dass die ›*Gender*-Flexibilisierung‹ bisher nicht wirklich eine namhafte Auswirkung auf die Geschlechterordnung hatte. Foucaults Gouvernementalitätsanalyse lässt es vielmehr wahrscheinlich erscheinen, dass sich gerade in dieser Flexibilisierung eine nunmehr vielleicht modernisierte Variante geschlechtlicher Hierarchisierung einrichten kann. Diese Vermutung äußere ich im Anschluss an die Machttheorie des späten Foucault, weil diese den Blick freilegt für eine andere Einbindungsweise der Subjekte in Macht, die irgendwo unterhalb des normativen Geschehens wirkt und die von der Kritik an der Zuschreibung normativer Geschlechtlichkeit deshalb nicht eingeholt werden kann. Ja, mehr noch: Im Lichte der Machttheorie des späten Foucault erscheint diese Weise der Problematisierung von Geschlecht selbst als Gegenstand einer politischen Rationalität, das in Aussicht Stellen der Gestaltbarkeit des eigenen *Genders* als Bestandteil einer neuartigen Form von »Menschenregierungskünsten« (Foucault 1992: 10), die die Individuen gerade mithilfe dieses Freiheitsversprechens in die Erfordernisse spätkapitalistischer Produktion und Reproduktion einpassen. Diese These möchte ich im Folgenden anhand der Entwicklung von Foucaults Machtanalytik ausführen, die ich hier allerdings nur sehr summarisch darstellen kann.[3]

Es ist das große Verdienst Thomas Lemkes, Ende der 1990er Jahre für den deutschsprachigen Raum erstmals gezeigt zu haben, dass Foucaults Hinwendung zu Fragen des Subjekts nicht, wie bis dahin stets angenommen, einem ethischen Anliegen geschuldet war, sondern im Rahmen seines umfassenden Projekts verstanden werden musste, die Genealogie des modernen Staates und die Genealogie des Subjekts zusammenzudenken (vgl. Lemke 2000: 10; 1997). Foucault wollte verstehen, wie Menschen vermittels bestimmter Formen der Subjektivierung in Macht eingebunden werden und zwar aufgrund seiner Vermutung, dass Macht als reine Negativität falsch verstanden sei (vgl. Foucault 1994a). Stattdessen lag ihm daran, das zu erfassen, was er die »Positivität der Macht« nannte (Foucault 1977: 18). Allerdings ist es in der Frage, wie diese Positivität zu fassen sei, so, dass Foucault sich immer wieder von neuem genötigt sah, seine eigenen Annahmen zu revidieren, weil ihn seine Antworten nicht länger befriedigten. Die Unterscheidung dreier verschiedener Machtformen, die Foucault gegen Ende seines Schaffens vornimmt, ist in diesem Zusammenhang zu sehen: Hatte Foucault in seinem Bemühen, zu verstehen, wie Macht nicht lediglich *repressiv*, sondern *produktiv* wirkt, zunächst der Rechtsnorm die disziplinäre Norm entgegengestellt, indem er seit dem 19. Jahrhundert eine zunehmende Kolonisierung des Rechts durch Mechanismen der Disziplinierung diagnostizierte, so postuliert er für spätkapitalistische Gesellschaften die Vorherrschaft eines anderen Machttypus, der eine gewisse Abstinenz im Bezug auf die unmittelbare oder direkte Formung der Individuen erkennen lässt. Gegenüber den von ihm nunmehr als ›archaisch‹ empfundenen, weil wenig effizienten Machtformen von Souveränitätsmacht und Disziplinarmacht postuliert Foucault für die Funktionsweise spätkapitalistischer Gesellschaften eine Machtform, die auf dem »Möglichkeitsfeld, in das sich das Verhalten der handelnden Subjekte eingeschrieben hat«, operiert (Foucault 1987: 255). Diese Fokusverlagerung, die die Einbindung der Individuen in Macht primär anhand von Praktiken studiert, die Menschen an sich selbst vollziehen, Selbststeuerungsmechanismen also, die nicht primär

3 Ich habe die Entwicklung von Foucaults Machtanalytik andernorts sehr viel ausführlicher dargestellt (vgl. Soiland 2005).

als Internalisierung äußerer Anforderungen zu verstehen sind, sondern als induziert durch ein ganzes System von Anreizungen und Versprechen, wird heute unter dem Begriff der »Selbsttechnologien« in den Sozialwissenschaften breit rezipiert. Obwohl Foucault diesen drei Machttypen je eine historische Regierungsform zuordnet –absolutistischer Staat, Polizeistaat und Liberalismus –, ist die Unterscheidung dieser drei Machttypen nicht so zu verstehen, dass die eine Machtform die andere historisch abgelöst hätte (Foucault 2004 I: 161–165). Vielmehr erscheint es so, dass Foucault erst allmählich durch die Ausdifferenzierung seines Analyseinstrumentariums überhaupt in der Lage war, andere Einbindungsweisen ins Visier zu bekommen und damit quasi zu tieferliegenden Schichten von Subjektivierung vorzudringen, die sich mit Begriffen von Unterdrückung und Disziplinierung nicht länger erfassen ließen. Ich habe für mich das Verhältnis dieser drei Machtformen in das Bild dreier konzentrischer Kreise gebracht, deren innerster quasi erst sichtbar werden konnte, nachdem Rechte weitgehend erstritten und eine sich als liberal verstehende Gesellschaft Disziplinierungszumutungen weitgehend abgestreift hatte, sei es auch nur, weil die von der Kreativität der Menschen lebende Kapitalverwertung mit normierten Individuen nicht länger etwas anzufangen wusste. In diesem innersten Kreis nun findet sich das, was Foucault schlicht das Begehrenssubjekt nennt. Seiner historischen These folgend, dass der moderne Staat auf säkularisierten Führungstechniken des christlichen Pastorates aufruht (vgl. Foucault 1993a; 2004 I, Vorlesung 5–8; 1987: 249 f.), spricht er in diesem Zusammenhang auch von einer hermeneutischen Subjektkonstitution, Hermeneutik deshalb, weil es sich um ein Subjekt handelt, das um seine eigene innere, stets zu entziffernde Wahrheit kreist, eine Wahrheit, deren Wesensmerkmal es allerdings ist, sich in ihrem Kern zu entziehen. Es ist die so gestellte Frage, »wie die Menschen dahin gelangten, sich als Subjekt einer Sexualität anzuerkennen« und »zwischen sich und sich ein Verhältnis einzurichten, das sie im Begehren die Wahrheit ihres Seins entdecken lässt«, die Foucault dazu bringt (Foucault 1986: 10, 12), Machtbeziehung nun als Generierung eines Selbstverhältnisses zu verstehen und dieses ausgehend von den Selbsttechniken zu untersuchen: »das Führen von sich durch sich in seiner Verbindung mit der Beziehung zum anderen« (Foucault 1994a: 214) nennt Foucault diesen Aspekt der Gouvernementalität, den er nun explizit von seinen älteren Vorstellungen abgrenzt. Er habe, als er Asyle und Gefängnisse untersuchte, vielleicht zu sehr auf der Disziplin insistiert, die in diesen Institutionen tatsächlich wichtig seien, aber nicht unbedingt geeignet, die Funktionsweise von Macht in spätkapitalistischen Gesellschaften zu verstehen (vgl. Foucault 1984: 36).

Das heißt aber auch, dass Foucault das Wort Subjektivierung in seinem Spätwerk wieder sehr viel näher an Sexualität heranführt und Subjekt und Geschlecht miteinander verbindet, als dies in seinen Studien zu Gefängnis, Schulen und Psychiatrie der Fall war. In dieser Hinsicht bleibt Foucault also seiner frühen Vermutung treu, dass die Sexualität eine zentrale Rolle in der abendländischen Subjektkonstitution spielt; jedoch denkt er deren Verknüpfung jetzt in einer sehr anderen Weise. Denn mit dem Subjekt des Begehrens respektive der Hermeneutik löst er jene ältere Vorstellung einer Disziplinierung der Seelen ab, wie er sie in *Überwachen und Strafen* und teilweise auch noch in *Sexualität und Wahrheit I* formulierte.[4] Foucault würde also nicht sagen, dass in spätkapitalistischen Gesellschaften Disziplinierungstechnologien keine Rolle mehr spielen; aber er würde sehr wohl sagen, dass Sexualität so nicht länger zu erfassen sei. Und hier erscheint es mir eben besonders paradox, dass ausgerechnet die *Gender Studies*, für die doch diese Frage von besonderer Bedeutung wäre, diese Verschiebung nicht zur Kenntnis nehmen, sondern in ihrem Rekurs auf Foucault damit fortfahren, Sexualität und Disziplinierung miteinander zu verknüpfen. Dazu ist allerdings zu sagen, dass die Rezeption generell Foucaults Rede vom Begehrenssubjekt und seinen unter diesem Begriff angestellten Überlegungen zur Subjektkonstitution wenig Beachtung schenkt, sondern sich im Allgemeinen auf jenen Aspekt seiner Gouvernementalitätsanalyse konzentriert, den Foucault mit dem Begriff der Kontrollgesellschaft zu fassen suchte. Und hier gibt es vermutlich ein terminologisches Missverständnis, dem auch jene *Gender*-Theoretikerinnen, die sich auf Foucaults Spätwerk beziehen, unterliegen:[5] Tatsächlich nämlich verwendet Foucault den Begriff

4 *Sexualität und Wahrheit I* bleibt in diesem Punkt ambivalent: Zum einen thematisiert Foucault hier bereits sehr eindrücklich die Kontingenz der inneren Wahrheit (Foucault 1977: 89) und erörtert sein Verständnis der Diskursivierung des Sexes als eine Anreizung und explizit nicht als eine Festschreibung (Foucault 1977: 21, 125, 127–129); auf der anderen Seite thematisiert er das Geständnis als Bestandteil normierender Eingriffe (Foucault 1977: 790).

5 So beispielsweise Lorey (1996: 143 ff.), Bublitz (2001: 256–259, 263, 265–276), aber auch Engel (2002: 72 ff., 201, 210 f.). Mein Verständnis des späten Foucault unterscheidet sich in erster Linie bezüglich des Wahrheitsbegriffs von den genannten Autorinnen: In meinem Verständnis ist das machtintegrierende Moment jenes von Foucault so genannten »Wahrheitsregimes« in seinen Spätschriften gerade nicht

der »Normalisierung« auch in seinem Spätwerk weiterhin (vgl. Foucault 2004 I: 88 ff., insbesondere 90). Nur bezeichnet er hier die Regulation von Makrogrößen wie Sterblichkeitsraten, Epidemien oder Warenströmen. Er nimmt dabei gegenüber der Vorstellung von der disziplinären Norm nicht nur einen beinahe konträren Sinn an, sondern, was hier noch zentraler ist, er bezieht sich überhaupt nicht mehr auf Individuen: Foucault meint mit »Normalisierung« nun ein regulierendes Eingreifen, das die Elemente der Realität, weit davon entfernt, diese entlang einer normativen Vorgabe auszurichten, so zueinander in ein Verhältnis bringt, dass diese sich im Rahmen einer Bandbreite selber regulieren. Dementsprechend will dieses *laissez faire* auch das Verhalten der Individuen nicht selber leiten, sondern lediglich auf ihr Umfeld Einfluss nehmen in einer Weise, dass deren latente Ungewissheit von sich aus das Verhalten der Individuen bestimmt. Diese Machttechnologie muss nicht nur darum besorgt sein, sich die Freiheit der Individuen zu erhalten, sondern sie wird diese als die für sie wichtigste Ressource gleich selber verordnen (vgl. Foucault 2004 II: 96 f.; 2004 I: 76 f.; 1987: 256). Wenn Foucault also im Zusammenhang mit der neoliberalen Regulation von »Kontrollgesellschaft« spricht und in diesem Zusammenhang von »Sicherheitstechnologien« oder einem »Sicherheitsdispositiv« (vgl. Foucault 2004 I: 96 ff.), so meinen diese Begriffe gerade nicht eine rigide Kontrolle der einzelnen Individuen, sondern ganz im Gegenteil die aktive Schaffung von Kontingenzen, in welchen sich die Individuen vermittels ihrer Kreativität selber zurechtzufinden haben. Es ist also zentral festzuhalten, dass für den späten Foucault das Pendant zur Normalisierungsgesellschaft nicht das »normalisierte Subjekt« ist, sondern ein Subjekt, das sich um eine Offenheit herum konstituiert: auf der Ebene des Individuum ist die »Freiheit«, nicht die Disziplin, das Korrelat des »Sicherheitsdispositivs« (vgl. Foucault 2004 I: 78 f.). Wie weit sich diese Vorstellung Foucaults vom Ausschluss-Diskurs der *Gender*-Theorie entfernt hat, zeigt eine Beschreibung aus den Vorlesungen zur Gouvernementalität, die ich kurz zitieren will:

mehr auf dessen festschreibende Wirkung, sondern umgekehrt auf die Offenheit der darin involvierten Wahrheit zurückzuführen. Vgl. dazu auch Butler (2003: 31–38/123), die hier ebenfalls und trotz ihres Anspruchs, Foucaults dritte Schaffensperiode zu rezipieren, diesen späten Wahrheitsbegriff primär als festschreibend liest. Anders jedoch Pühl/Schulz (2001), die den Gouvernementalitätsansatz in fruchtbarer Weise für eine Analyse des Geschlechterverhältnisses in spätkapitalistischen Gesellschaften erschließen.

> »[Sie sehen], dass das, was am Horizont einer solchen Analyse erscheint, überhaupt nicht das Ideal oder das Projekt einer erschöpfenden disziplinarischen Gesellschaft ist, in der das Netzwerk der Gesetze, das die Individuen umschließt, von, sagen wir, normativen Mechanismen fortgesetzt und verlängert würde. Es ist auch keine Gesellschaft, in der ein Mechanismus der allgemeinen Normalisierung und des Ausschlusses des Nicht-Normalisierbaren erforderlich wäre. Im Gegenteil haben wir in diesem Horizont das Bild, die Idee oder das programmatische Thema einer Gesellschaft, in der es eine Optimierung der Systeme von Unterschieden gäbe, in der man Schwankungsprozessen freien Raum zugestehen würde, in der es eine Toleranz gäbe, die man den Individuen und den Praktiken von Minderheiten zugesteht (...)« (Foucault 2004 II: 359).

Wenn Foucault Ende der 1970er Jahre nun in Hinblick auf postfordistische Gesellschaften die Toleranz gegenüber den Praktiken von Minderheiten als eine ihrer Regulationsformen bezeichnet, so rekurriert er damit auf seine andernorts geäußerte Vermutung, dass das, was er die Gouvernementalisierung des modernen Staates nennt (vgl. Foucault 2004 I: 163), sich durch ein komplexes Ineinandergreifen von »Individualisierungstechniken und Totalisierungsverfahren« auszeichnet (vgl. Foucault 1993c: 186). Die Integration des sich gouvernementalisierenden Staates, so Foucault, resultiere gerade »aus der stetigen Korrelation zwischen einer wachsenden Individualisierung und der Stärkung eben dieser Totalität« (Foucault 1987: 248). Wenn es, so betrachtet, aber gerade das Individuelle ist, das machtintegrierend wirkt, dann scheint die Klage über Festschreibungszumutung, über den Ausschluss alternativer, z.B. *queerer* Lebensweisen in eigentümlicher Weise ins Leere zu greifen. Dass das Selbstverständnis von Subversivität möglicherweise selbst Bestandteil des aktuellen Machtdispositivs ist, diese Einsicht in die Wandelbarkeit des Ansatzortes von Macht, es scheint mir das zu sein, was wir von Foucault auch in Bezug auf die Frage von Geschlecht zu lernen haben. Erinnern wir uns daran, dass Foucault nicht müde wurde, die Protagonisten der sexuellen Revolution davor zu warnen, dass ihre Vorstellung einer befreiten Sexualität integraler Bestandteil des Sexualitätsdispositivs selbst sei. Wenn Foucault die sozialen Bewegungen darauf hinwies, dass sie in ihrem Kampf um Emanzipation womöglich der Selbsterzählung des je zu einer Zeit vorherrschenden Machtdispositivs folgten, deren Funktion es gerade ist, das Wesen ihrer eigenen Machttechnologie zu kaschieren; wenn er uns dafür sensibilisieren wollte, dass die Wirkung eines Dispositivs gerade darin besteht, unsere Aufmerksamkeit auf die Machttechnologien der voraufgehenden Epoche zu lenken, so frage ich mich eben, ob nicht unsere Vorstellung, uns an einer disziplinären Geschlechternorm abarbeiten zu müssen, genau der Struktur dieser Problematik folgt: Meines Erachtens hat das Konzept von *Gender* das Geschlechterregime des Fordismus vor Augen, und übersieht dabei, dass wir längst mit massiven Deregulierungsanforderungen an unser Verhalten konfrontiert sind, der die Forderung nach einer Flexibilisierung der *Gender*-Norm, weit davon entfernt, deren Kritik zu sein, gerade zuarbeitet. Indem es uns glauben macht, wir müssten uns gegen Festschreibungen wehren, lässt uns das Konzept von *Gender* genau jene Fähigkeiten erwerben, die es uns erlauben, die divergierendsten, ja sich vielleicht gegenseitig auch ausschließende Anforderungen unter einen Hut zu bringen. Die These vom Geschlecht als sozialem Konstrukt und die damit verbundene Vorstellung von der Verhandelbarkeit des eigenen *Genders* scheint damit selbst zu einer »politischen Technologie der Individuen« (vgl. Foucault 1993c) geworden zu sein. Nicht das *Doing,* sondern das Konzept von *Gender* wäre demnach Bestandteil postfordistischer Subjektivierung. Während in den *Gender Studies* das Konzept der Selbsttechnologie meist so verstanden wird, dass diese die kohärente Performierung des zugeschriebenen *Genders* bezeichnet, würde ich, meine These zuspitzend, jetzt vielmehr umgekehrt sagen: die Selbsttechnologie des gegenwärtigen Geschlechterregimes ist gerade nicht mehr die kohärente Performierung des zugewiesenen *Genders,* sondern ist das Know-how, das wir uns erwerben, wenn wir uns gegen Festschreibungen wehren: die Selbsttechnologie ist das zu flexibilisierende *Gender.*

Versuchen wir, eine erste Bilanz zu ziehen: Das Konzept der Subjektivierung ermöglicht es Foucault also, Macht anders denn in Formen von Normierung oder Zuschreibung zu verhandeln. Das Wort Subjektivierung dient Foucault vielmehr dazu, Einbindungsweisen in Macht zu denken, die über die Schaffung von Kontingenzen operiert. Sein im Zusammenhang mit der hermeneutischen Subjektkonstitution verwendeter Begriff der »Wahrheitsakte« (vgl. Foucault 1993a; 1994b: 125; 1984: 36) rekrutiert denn auch nicht länger auf eine feststehende Wahrheit, sondern auf eine, die integral von ihrer Offenheit lebt. Im Gegensatz zur Wahrheit der Norm, die festschreibt, ist die Wahrheit der Hermeneutik der Anstoß zu einer unabschließbaren Selbstsuche: das Subjekt des Begehrens konstituiert sich um seine eigene, innere, kontingente Wahrheit herum. Für Foucault ist damit nicht die Herstellung von Kohärenz, sondern die Induzierung einer Kontingenz das Element, das in Macht einbindet. Dies jedoch tangiert eine für die Dekonstruktion der Zweigeschlechtlichkeit zentrale Grundannahme: nämlich, dass das, wogegen sich die Dekonstruktion zu richten habe, zunächst kohärent sei. Nur unter der Voraussetzung, dass das Problem der Herstellung von Geschlecht als Problem der Herstellung kohärenter geschlechtlicher Identitäten adäquat erfasst sei, macht das Anliegen der Dekonstruktion, auf die untergründig latente Inkonsistenz der Zweigeschlechtlichkeit hinzuweisen, um diese so gegen sie ins Feld zu führen, überhaupt Sinn. Oder nochmals anders: Wenn es, etwas salopp formuliert, die Kontingenz ist, die in Macht einbindet, dann ist der Nachweis der Inkonsistenz, beispielsweise des Geschlechtskörpers, ja, der Kontingenz der körperlichen Zweigeschlechtlichkeit überhaupt, für eine Veränderung des Geschlechterverhältnisses möglicherweise von gar nicht so zentraler Bedeutung. Zwischen der Frage, wie der körperliche »Dimorphismus« (vgl. Dietze 2006) hergestellt wird und der gesellschaftlichen Existenz von Geschlecht besteht möglicherweise gar kein so direkter Zusammenhang, wie dies heute in der *Queer*-Theorie selbstverständlich vorausgesetzt wird. Denn während der körperliche Dimorphismus zweifelsohne auf der Herstellung von Eindeutigkeit basiert, scheint Geschlecht auf gesellschaftlicher Ebene oder als gesellschaftliche Kategorie – und nichts anderes meint das Wort Subjekt – sich anders zu konstituieren. Was ich damit sagen will: Um zu ›dekonstruieren‹, muss man die Ebene kennen, auf der ›konstruiert‹ wird. Und genau diese Ebene ist offenbar weniger klar als zunächst angenommen. Es stellt sich mit anderen Worten die Frage: Trifft man überhaupt die Ebene, wo Geschlechter hergestellt werden, wenn man Kohärenzen dekonstruiert, zum Beispiel, indem man den Nachweis erbringt, dass diese nur vordergründig kohärent erscheinen? Oder stehen wir nicht vielmehr vor dem Problem, eine Geschlechterproblematik denken zu müssen, die gerade wegen der Kontingenz funktioniert.

3. Lacan: Was heißt sprachliche Verfasstheit von Geschlecht?

Die eben genannte Problematik spitzt sich weiter zu, wenn wir die Psychoanalyse nach ihrem Geschlechterverständnis befragen. Wenn ich mich abschließend und leider in allzu knapper Form Jacques Lacans Vorstellung geschlechtlicher Subjektivierung zuwende, so, weil Lacan, und dies maßgeblich im Zuge von Judith Butlers Lacan-Rezeption, zum zweiten wichtigen Referenzpunkt des dekonstruktiven *Gender*-Verständnisses wurde.[6] Und eben auch hier meine ich, dass die Kunde, die via die USA zu uns gelangt ist, so nicht stimmt: Von Lacan, so lautet diese in etwa, könne die *Gender*-Theorie lernen, dass die Geschlechter sprachlich verfasst seien, woraus dann die für Butlers These von der Resignifizierbarkeit von Geschlecht zentrale Annahme abgeleitet wird, dass die Bedeutung von Geschlecht und damit Geschlechter selbst auf der Ebene von Sprache verschiebbar seien. Wenn Geschlechter sprachlich verfasst sind, so das Argument, lasse sich das differenzielle Moment der Sprache gegen die Verfestigung geschlechtlicher Positionen ins Spiel bringen. Nun lässt sich diese Annahme allerdings nur schwerlich mit Lacan begründen, denn für Lacan gehört genau diese Instabilität integral zur geschlechtlichen Positionierung. Wir haben hier also ein Phänomen, das dem bezüglich Foucault eben beschriebenen vergleichbar ist: Während im Anschluss an Judith Butler von dekonstruktivistischen und zunehmend auch sozialkonstruktivistischen Ansätzen die latente Instabilität geschlechtlicher Positionen als subversives Potenzial angesehen wird, das gegen die bestehende Geschlechterordnung ins Feld geführt werden kann, ist diese Instabilität für Lacan integraler Bestandteil der geschlechtlichen Positionierung selbst. Mit anderen Worten ändert für Lacan die Nicht-Kohärenz nichts an der Stabilität geschlechtlicher Positionen. Von einem Lacan'schen Standpunkt aus erstaunt es deshalb wenig, dass die zu Beginn herausgestellte Flexibilisierung auf der Ebene der *Gender*-Identität das Geschlechterarrangement nicht wirklich tangiert, spielt sich doch diese Flexibilisierung auf jener Ebene ab, die Lacan das Imaginäre nennt. Wenn er davon die Ebene des Symbolischen unterscheidet, so deshalb, weil sich seines Erachtens hier eine nochmals anders geartete Geschlechterkonstellation findet.

Ich meine, dass Lacans Unterscheidung der beiden Register des Imaginären und des Symbolischen aus genau diesem Grund für die feministische Theorie von Bedeutung ist. Doch genau diese Unterscheidung geht in Butlers Lacan-Rezeption verloren, indem sie die symbolische Positionierung der Geschlechter als Repräsentation auffasst: das Symbolische symbolisiert, nämlich zwei Geschlechter, die dann als imperative Vorlage zur Herstellung der Zweigeschlechtlichkeit dienen (vgl. Butler 1997b: 102 ff.,

6 Ich habe diesen Punkt ausführlich dargestellt in Soiland (2004).

140 ff.; 2001b: 83; 2001a: 39 f.). Diese Vorstellung, wonach das Symbolische als eine Art sprachlicher Platzanweiser fungiert, ist zwar für die These von der performativen Verschiebbarkeit von Geschlecht konstitutiv, doch wird in ihr das Symbolische auf die Ebene des Bildes zurückgeführt.[7] Das Symbolische in dieser Weise als Repräsentationsfunktion aufzufassen, läuft aber in einem letztlich wenig poststrukturalistischen Verständnis auf eine referenzielle Sprachvorstellung hinaus, die die Funktion von Sprache als Anzeigefunktion und Sprache damit überhaupt als Zeichensystem missversteht. Dass das Symbolische repräsentiert, ist denn auch eine weitverbreitete Meinung in der amerikanischen Lacan-Rezeption. Doch was Lacan auf der Ebene des Symbolischen beschreibt, geht gerade nicht in dieser Repräsentationsfunktion auf. Lacan sagt gerade nicht, dass die Geschlechter zwei Positionen im Symbolischen sind (vgl. Copjec 2004: 238 f.). Lacan sagt vielmehr, dass die Geschlechter bezüglich der symbolischen Funktion unterschiedlich angeordnet sind, und zwar in einer grundlegenden, nämlich kategorialen Asymmetrie (vgl. Lacan 1986: 85 ff.). Wenn Lacan formuliert, dass das Subjekt qua Sprache das Subjekt des unbewussten Begehrens sei (vgl. Lacan 1991b), so bezeichnet er damit keine fixierte Position, sondern vielmehr umgekehrt die grundlegend dezentrische Seinsweise des Subjekts, die er durch den Umstand der Sprachlichkeit des Menschen gegeben sieht: dass das Subjekt Subjekt des Signifikanten sei, will heißen, dass dieses grundlegend der Tatsache von deren Differentialität untersteht, womit ihm ein wesentlicher Teil seiner selbst entgeht. Wenn Lacan nun die Geschlechter in Funktion der Sprache unterscheidet, so, weil er das differenzielle Moment dieses sprachlichen Aufschubs selbst weiblich konnotiert. Sehr vereinfacht ließe sich deshalb sagen, dass Lacan das Weibliche mit der Sprachfunktion gleichsetzt, was das Subjekt, das dieser Sprachfunktion unterstellt ist, zwangsläufig männlich konnotiert (vgl. Lacan 1991b: 106); das meinen in etwa und natürlich sehr verkürzt, die beiden Positionen des Phallushabens respektive -seins, die Lacan in seinem Aufsatz *Die Bedeutung des Phallus* unterscheidet (vgl. Lacan 1991a: 130); und das meint er insbesondere in seinem Spätwerk, wenn er die phallische Funktion, das heißt

7 Das Subjekt des unbewussten Begehrens ist gerade das, was das normative Bild unterwandert. In diesem Sinn denkt Lacan das, was Butler als das subversive Potenzial ausmacht, bereits als konstitutiv für die geschlechtliche Positionierung (vgl. zur Unterscheidung von Bild und Sprache sehr anschaulich auch Shepherdson (1994)).

die signifikante Funktion mit der Nicht-Existenz der Frau gleichsetzt (vgl. Lacan 1986: 80, 76).

Wenn also für Lacan die Geschlechter vis-à-vis der symbolischen Funktion unterschiedlich angeordnet sind, so heißt dies gerade nicht, dass das Symbolische zwei Geschlechter festschreibt. Wenn schon, dann schriebe das Symbolische fest, dass die Subjektposition männlich ist. Aber die Tätigkeit des Symbolischen scheint mir als Festschreibung grundsätzlich inadäquat erfasst. Das Symbolische ist ein gesellschaftliches Austauschverhältnis. Und die geschlechtliche Codierung eines gesellschaftlichen Austauschverhältnisses lässt sich nicht als Zuschreibung verstehen. Wenn wir von einer Sedimentierung sprechen wollten, dann würde ich sie hier und nicht im Geschlechtskörper verorten: in der geschlechtlichen Kodierung gesellschaftlicher Organisationsformen, die nicht mehr als personale Identitäten zu fassen ist, obwohl sie gleichwohl die Weise der Subjektivierung von Männern und Frauen bestimmt.

Ich denke deshalb, dass ausgehend von Lacans Subjektverständnis die Dekonstruktion geschlechtlicher Positionen sehr anders gedacht werden müsste. Anders als die meisten Lacanianer sage ich also nicht, dass Geschlechter nicht dekonstruiert werden können. Ich folge in diesem Punkt also keineswegs der Lacan'schen Sichtweise, die diese asymmetrische Positionierung der Geschlechter vis-à-vis der Funktion von Sprache als Grundvoraussetzung für die Entstehung von Kultur betrachtet. Ich lese sie vielmehr als Auskunft über eine spezifische Geschlechtermetaphysik, wie sie unsere Kultur hervorgebracht hat, eine Diagnose, die sich allerdings grundlegend von derjenigen unterscheidet, wie sie sich, wenn auch kaum ausformuliert, am Grunde des dekonstruktiven *Gender*-Verständnisses findet. Anstatt deshalb bezüglich dieses *Gender*-Ansatzes von einer Weiterentwicklung zu sprechen, wie dies heute meist geschieht (vgl. Maihofer 2006), würde ich, wenn schon, vielmehr dafür plädieren, diese beiden Diagnosen miteinander in einen Dialog treten zu lassen. Ich sage nicht, dass das unter *Gender* als sozialem Konstrukt Verhandelte nicht existiert. Aber ich würde definitiv sagen, es ist eine Verkürzung, in der Frage der Herstellung von Geschlecht nur noch von *Gender* zu sprechen. *Gender* ist nur ein Aspekt dessen, was Geschlecht herstellt, und um meine These abschließend etwas provokativ zuzuspitzen: Ich halte ihn für den gegenwärtig am wenigsten relevanten. Ja, ich frage mich sogar, ob das Konzept von *Gender* seinen Erfolg nicht daraus bezieht, dass es, indem es diese so definierte Geschlechterproblematik als handhabbar erscheinen lässt, uns von einer weit komplexeren und sehr viel weniger leicht durchschaubaren Geschlechterproblematik ablenkt.

Literatur

Bublitz, Hannelore (2001): Geschlecht als historisch singuläres Ereignis: Foucaults poststrukturalistischer Beitrag zu einer Gesellschafts-Theorie der Geschlechterverhältnisse. In: Knapp, Gudrun-Axeli; Wetterer, Angelika (Hg.): Soziale Verortung der Geschlechter. Gesellschaftstheorie und feministische Kritik. Münster: Westfälisches Dampfboot, S. 256–287.

Butler, Judith (1997a): Das Ende der Geschlechterdifferenz? In: Huber, Jörg; Heller, Martin (Hg.): Konturen des Unentschiedenen: Interventionen. Basel/ Frankfurt/M.: Stoemfeld, S. 25–43.

Butler, Judith (1997b): Körper von Gewicht. Frankfurt/M.: Suhrkamp.

Butler, Judith (2001a): Antigones Verlangen. Frankfurt/M.: Suhrkamp.

Butler, Judith (2001b): Psyche der Macht. Das Subjekt der Unterwerfung. Frankfurt/M.: Suhrkamp.

Butler, Judith (2003): Kritik der ethischen Gewalt. Frankfurt/M.: Suhrkamp.

Bührmann, Andrea D.; Wöllmann, Torsten (2006): Geschlechterforschung = Frauenforschung + Männerforschung? Anmerkungen zur Normalisierung der Kategorie Geschlecht. In: Aulenbacher, Brigitte; Bereswill, Mechthild; Löw, Martina; Meuser, Michael; Mordt, Gabriele; Schäfer, Reinhild, Scholz, Silke (Hg.): FrauenMännerGeschlechterforschung. State of Art. Münster: Westfälisches Dampfboot, S. 180–193.

Copjec, Joan (2004): Das Geschlecht und die Euthanasie der Vernunft. In: Copjec, Joan: Lies mein Begehren. Lacan gegen die Historisten. München: P. Kirchheim Verlag, S. 233–267.

Dietze, Gabriele (2006): Schnittpunkt. Gender Studies und Hermaphroditismus. In: Dietze, Gabriele; Hark, Sabine (Hg.): Gender kontrovers. Genealogien und Grenzen einer Kategorie. Königstein/Taunus: Ulrike Helmer Verlag, S. 46–68.

Ehrenberg, Alain (2000): Depression. Die Müdigkeit man selbst zu sein. In: Hegemann, Carl (Hg.): Endstation Sucht. Kapitalismus und Depression 1. Berlin, S. 103–139.

Engel, Antke (2002): Wider die Eindeutigkeit. Sexualität und Geschlecht im Fokus queerer Politik der Repräsentation. Frankfurt/M./New York: Campus.

Foucault, Michel (1977): Der Wille zum Wissen. Sexualität und Wahrheit 1. Frankfurt/M.: Suhrkamp.

Foucault, Michel (1984): Sexualität und Einsamkeit. In: Foucault, Michel: Von der Freundschaft. Michel Foucault im Gespräch. Berlin: Merve, S. 25–54.

Foucault, Michel (1986): Der Gebrauch der Lüste. Sexualität und Wahrheit 2. Frankfurt/M.: Suhrkamp.

Foucault, Michel (1987): Das Subjekt und die Macht. In: Dreyfus, Hubert L.; Rabinow, Paul: Jenseits von Strukturalismus und Hermeneutik. Frankfurt/M.: Athenäum Verlag, S. 241–261.

Foucault, Michel (2003): Dits et Ecrits/Schriften (1976–1979) III. Frankfurt/M.: Suhrkamp.

Foucault, Michel (1992): Was ist Kritik? Berlin: Merve.

Foucault, Michel (1993a): About the Beginning of the Hermeneutics of the Self. Two Lectures at Dartmouth. In: Political Theory, no. 2 (vol. 21). London/New Delhi: Sage, S. 198–227.

Foucault, Michel (1993b): Technologien des Selbst. In: Martin, Luther H.; Gutman, Huck; Hutton, Patrick H. (Hg.): Technologien des Selbst. Frankfurt/M.: Fischer Verlag, S. 24–62.

Foucault, Michel (1993c): Die politische Technologie der Individuen. In: Martin, Luther H.; Gutman, Huck; Hutton, Patrick H. (Hg.): Technologien des Selbst. Frankfurt/M.: Fischer Verlag, S. 168–187.

Foucault, Michel (1994a): Les mailles du pouvoir. In: Foucault, Michel: Dits et ecrits IV (1980–1988). Paris: Gallimard, S. 182–201.

Foucault, Michel (1994b): Du Gouvernement des vivants. In: Foucault, Michel: Dits et ecrits IV (1980–1988). Paris: Gallimard, S. 125–129.

Foucault, Michel (2004): Die Gouvernementalität, Band I+II. Frankfurt/M.: Suhrkamp.

Gildemeister, Regine (2004): Doing Gender. In: Becker, Ruth; Kortendiek, Beate (Hg.): Handbuch Frauen- und Geschlechterforschung. Theorie, Methoden, Empirie. Wiesbaden: VS Verlag für Sozialwissenschaften, S. 132–140.

Hacking, Ian (1999): Was heißt soziale Konstruktion? Frankfurt/M.: Fischer Verlag.

Heintz, Bettina (1993): Die Auflösung der Geschlechterdifferenz. Entwicklungstendenzen in der Theorie der Geschlechter. In: Bühler, Elisabeth; Meyer, Heidi; Reichert, Dagmar; Scheller, Andrea (Hg.): Ortssuche. Zur Geographie der Geschlechterdifferenz. Zürich/Dortmund: eFeF-Verlag, S. 17–49.

Hirschauer, Stefan (1993): Die soziale Konstruktion der Transsexualität. Über die Medizin und den Geschlechtswechsel. Frankfurt/M.: Suhrkamp.

Hark, Sabine (2005): Dissidente Partizipation. Eine Diskursgeschichte des Feminismus. Frankfurt/M.: Suhrkamp.

Hof, Renate (2005): Einleitung: Geschlechterverhältnis und Geschlechterforschung – Kontroversen und Perspektiven. In: Bußman, Hadumod; Hof, Renate (Hg.): Genus / Geschlechterforschung. Gender Studies in den Kultur-und Sozialwissenschaften. Stuttgart: Alfred Kröner Verlag, S. 3–41.

Hof, Renate (2006): Geschlechter(in)differenz: Einige Bemerkungen zur sozialen Konstruktion der ›Geschlechtervielfalt‹. In: Müller, Sabine Lucia; Schülting, Sabine (Hg.): Geschlechter/Revisionen. Zur Zukunft von Feminismus und Gender

Studies in den Kultur-und Literaturwissenschaften. Königstein/Taunus: Ulrike Helmer, S. 101–115.

Knapp. Gudrun-Axeli (2001): Dezentriert und viel riskiert: Anmerkungen zur These vom Bedeutungsverlust der Kategorie Geschlecht. In: Knapp, Gudrun-Axeli: Wetteret, Angelika (Hg.): Soziale Verortung der Geschlechter: Gesellschaftstheorie und feministische Kritik. Münster: Westfälisches Dampfboot, S. 15–62.

Lacan, Jacques (1986): Encore. Das Seminar. Buch XX (1972–1973). Weinheim/ Berlin: Quadriga.

Lacan, Jacques (1991a): Die Bedeutung des Phallus. In: Schriften II. Weinheim/Berlin: Quadriga, S. 121–132.

Lacan, Jacques (1991b): Subversion des Subjektes und Dialektik des Begehrens. In: Schriften II. Weinheim/Berlin: Quadriga, S. 165–204.

Lemke, Thomas (1997): Eine Kritik der politischen Vernunft. Foucaults Analyse der modernen Gouvernementalität. Berlin/Hamburg: Argument.

Lemke, Thomas et al. (2000): Gouvernementalität, Neoliberalismus und Selbsttechnologien. In: Bröckling, Ulrich; Krasmann, Susanne; Lemke, Thomas (Hg.): Gouvernementalität der Gegenwart. Studien zur Ökonomisierung des Sozialen. Frankfurt/M.: Suhrkamp, S. 7–40.

Lernke, Thomas (2003): Andere Affirmationen. Gesellschaftsanalyse und Kritik im Postfordismus. In: Honneth, Axel; Saar, Martin: Michel Foucault. Zwischenbilanz einer Rezeption. Frankfurt/M.: Suhrkamp, S. 259–274.

Lorey, Isabell (1996): Immer Ärger mit dem Subjekt. Tübingen: edition discord.

Maihofer, Andrea (2006): Von der Frauen- zur Geschlechterforschung – Ein bedeutsamer Perspektivenwechsel nebst aktuellen Herausforderungen an die Geschlechterforschung. In: Aulenbacher, Brigitte; Bereswill, Mechthild; Löw, Martina; Meuser, Michael; Mordt, Gabriele; Schäfer, Reinhild; Scholz, Silke (Hg.): FrauenMännerGeschlechterforschung. State of Art. Münster: Westfälisches Dampfboot, S. 64–77.

Osten, Marion von (Hg.) (2003): Norm der Abweichung. Zürich/New York: Edition Voldemeer.

Pasero, Ursula (1995): Dethematisierung von Geschlecht. In: Braun, Friederike; Pasero, Ursula (Hg.) Konstruktion von Geschlecht. Pfaffenweiler: Centaurus, S. 50–66.

Pühl, Katharina; Schulz, Susanne (2001): Gouvernementalität und Geschlecht – Über das Paradox der Festschreibung und Flexibilisierung der Geschlechterverhältnisse. In: Hess, Sabine; Lenz, Ramona (Hg.): Geschlecht und Globalisierung. Ein kulturwissenschaftlicher Streifzug durch transnationale Räume. Königstein/ Taunus: Ulrike Helmer Verlag, S. 101–127.

Rau, Alexandra (2005): Psychopolitik als Regierungsweise. Zur Subjektivierung von Arbeit. In: Widerspruch 49, Jg. 25, Nr. 2, S. 49–60.

Shepherdson, Charles (1994): The Role of Gender and the Imperative of Sex. In: Copjec, Joan (Hg.): Supposing the Subject. London/NewYork: Verso, S. 158–184.

Soiland, Tove (2004): Was sind sexuierte Positionen? Anmerkungen zu Judith Butlers Lacan-Rezeption. In: Zeitschrift für Frauenforschung und Geschlechterstudien. Heft 1, 22. Jg., S. 3–18.

Soiland, Tove (2005): Kritische Anmerkungen zum Machtbegriff in der Gender-Theorie auf dem Hintergrund von Michel Foucaults Gouvernementalitätsanalyse. In: Widersprüche Heft 95, März, S. 7–25.

Villa, Paula-Irene (2001): Soziale Konstruktion. Wie Geschlecht gemacht wird. In: Hark, Sabine (Hg.): Diskontinuitäten: Feministische Theorie. Opladen: Leske und Budrich, S. 17–23.

Villa, Paula-Irene (2004): (De)Konstruktion und Diskurs-Genealogie: Zur Position und Rezeption von Judith Butler. In: Becker, Ruth; Kortendiek, Beate (Hg.): Handbuch Frauen-und Geschlechterforschung. Theorie, Methoden, Empirie. Wiesbaden: VS Verlag für Sozialwissenschaften, S. 141–152.

Villa, Paula-Irene (2006): Sexy Bodies. Eine soziologische Reise durch den Geschlechtskörper, 3. Auflage. Wiesbaden: VS Verlag für Sozialwissenschaften.

Eine andere Geschlechtertheorie

Anja Nora Schulthess im Gespräch mit Tove Soiland über Luce Irigarays Denken der sexuellen Differenz

Anja Nora Schulthess: *Wie bist du überhaupt auf das Thema deiner Dissertation gekommen?*

Tove Soiland: Ich bin bereits in den 80er Jahren auf Luce Irigaray gestoßen, und zwar in einer Lesegruppe, die wir damals zu den französischen PhilosophInnen, also zu der ganzen Poststrukturalismus-Diskussion, begonnen haben. Da hat mich ein Mann auf Irigaray aufmerksam gemacht und ich habe zuerst gedacht, »Das lese ich nicht. Das ist biologistisch und dieses Reden über Körper, pfui!« Aber dann haben wir ihre Texte in der Gruppe genauer studiert und ich habe gemerkt, dass ich Irigaray vorschnell unter Biologismus abgetan habe und ich war zunehmend fasziniert von der Weise, wie sie schreibt.

ANS: *In deiner Arbeit schreibst du darüber, wie Irigaray heute im deutschsprachigen Raum gelesen und rezipiert wird. Das ist ein ähnliches Bild, wie jenes, das du anfangs von ihr hattest ...*

TS: Es ist ja eigentlich eine Nicht-Rezeption. Diese Abwehr hat es von Anfang an gegeben, im deutschsprachigen Raum. Es gab zwar so etwas wie eine kurze Öffnung während den 1980er Jahren, die ist dann aber mit der Rezeption von Judith Butler relativ abrupt beendet worden, als ihr Buch *Gender Trouble* auf Deutsch erschien. Da ist Irigarays Denken, also ihr Ansatz der Geschlechterdifferenz respektive der sexuellen Differenz, ganz in den Hintergrund getreten. Und mit der Übernahme des Ansatzes von Butler hat sich die Meinung durchgesetzt, dass Irigaray eine Festschreibung der Geschlechterordnung mache, wie sie nun von Butler kritisiert wurde. Das hat sich bis heute gehalten: Im deutschsprachigen Raum ist nur ein Drittel ihrer Werke übersetzt worden, und wenn man beispielsweise die Gender Studies oder Bücher zur Einführung in die Gender Studies anschaut, dann kommt Irigaray nicht mehr oder nur noch irgendwo in einer Fußnote vor. Da steht dann, das sei ein überholter Standpunkt.

ANS: *Was ist denn anders gelaufen im englischsprachigen Raum? Dort wird sie ja gelesen.*

TS: Die Ironie der Geschichte ist, dass genau 1991, als bei uns Butler mit *Gender Trouble* so eingeschlagen hat, im englischsprachigen Raum eine breite Rezeption von Irigaray einsetzte. Während man bei uns (mit dem Hinweis auf den englischsprachigen Raum) sagte, Irigaray sei passé, kam in England, ebenfalls 1991, ein Buch von Margaret Whitford heraus, *Philosophy in the Feminine*, das sie Luce Irigarays Werk widmete und in dem sie aufzeigt, dass dieser Essenzialismus- oder Biologismus-Vorwurf so nicht haltbar ist. Dies hat im englischsprachigen Raum eine Rezeption ausgelöst, die bis heute anhält und in der nicht nur die Frühschriften von Irigaray, sondern ganz dezidiert auch das Denken der sexuellen Differenz unter einem poststrukturalistischen Gesichtspunkt rezipiert wird: Eine Rezeption, die sagt, das Denken der sexuellen Differenz sei ein Standpunkt innerhalb des Poststrukturalismus, innerhalb der poststrukturalistischen Subjektkritik. Bei uns hat man demgegenüber gesagt: Aufgrund der poststrukturalistischen Subjektkritik kann man nicht mehr von der sexuellen Differenz reden, während man im englischsprachigen Raum nun davon ausging, dass das ein Missverständnis sei, und dazu überging, das Denken der sexuellen Differenz selber als eine Subjektkritik zu lesen.

ANS: *Möchtest du denn in deiner Arbeit vor allem aufzeigen, was im englischsprachigen Raum zu Irigaray passiert ist, oder ist das, was du machst, nochmal ganz etwas Neues?*

TS: Beides. Für mich war es eine Art List aufzuzeigen, dass wir uns immer am englischsprachigen Raum orientieren und dass Irigaray mit diesem Argument bei uns völlig aus der Rezeption heraus gefallen ist. Da war es der erste Schritt zu sagen, also wenn schon englischsprachiger Raum, dann schaut euch doch bitte diese Debatte an! Das hat mich aber auch selber geleitet: Ich habe mir diese Texte selber angeschaut und bin dort in meinem eigenen Verständnis von Irigaray weitergekommen. Zum Beispiel bin ich überhaupt dazu gekommen, das dekonstruktive *gender*-Verständnis von Butler und Irigarays Denken der sexuellen Differenz als zwei Ansätze zu sehen, da orientiere ich mich am englischsprachigen Raum. Bei uns wird das als eine Fortschrittserzählung wiedergegeben. Der neuste Stand der Wissenschaft bei uns heißt: Nach *gender* kann man nicht mehr von sexueller Differenz sprechen. Aber im englischsprachigen Raum ist das eine Debatte. Butler streitet mit VertreterInnen des Ansatzes der sexuellen Differenz und umgekehrt. Eine direkte Auseinandersetzung zwischen Irigaray und Butler gab es allerdings noch nie. Es wäre eigentlich ein Wunsch von mir, die beiden Philosophinnen einmal noch zusammen an einen Tisch zu bringen.

ANS: *Und wie bist du durch diese Texte in deinem eigenen Verständnis von Irigaray weitergekommen?*

TS: Ich habe gemerkt, wenn ich das so vergleiche mit Texten aus dem englischsprachigen Raum, dass ich gleichwohl nochmals eine andere Leseart von Irigaray habe. Ich lese Irigaray sehr viel mehr ausgehend von ihrem eigenen psychoanalytischen Hintergrund. Allerdings hat Irigaray selbst eine nicht ganz einfache Geschichte mit der Psychoanalyse. Ihre Habilitation, in welcher sie sowohl das Werk Freuds wie die Schriften Lacans einer eigenen kritischen Lektüre unterzieht, wurde von der Universität Vincennes, wo sie lehrte, maßgeblich durch den Einfluss Jacques Lacans abgelehnt, was ihre weitere universitäre Laufbahn jäh beendete. Gleichwohl meine ich, dass diese Erfahrung sie nicht davon abgehalten hat, an zentralen Grundaussagen der Psychoanalyse, insbesondere was deren Subjektverständnis betrifft, festzuhalten. Denn sie schreibt bis heute, dass die Psychoanalyse neben dem Marxismus ihr wichtigster theoretischer Hintergrund sei. Und ich denke, diesem psychoanalytischen Hintergrund wird in der englischsprachigen Rezeption zu wenig Rechnung getragen. Es gibt nur wenige Texte, die sich mit ihrer Freud-Rezeption beschäftigen und es gibt noch viel weniger Texte – Margaret Whitford war eine der ersten – die sich mit ihrer Lacan-Rezeption beschäftigen. Mich hat dieser Aspekt angefangen zu interessieren, weil ich gesehen habe, dass man viele ihrer Texte als Lacan-Lektüre lesen kann, respektive dass viele ihrer Texte unverständlich bleiben, wenn man sie nicht als Replik auf Lacan versteht.

ANS: *Der Untertitel deiner Arbeit heißt »Eine dritte Position im Streit zwischen Lacan und den ›Historisten‹«. Ist das ein Streit zwischen der Psychoanalyse und der Dekonstruktion?*

TS: Ja, die Kritik an der Dekonstruktion kommt von psychoanalytisch orientierten AutorInnen, die versuchen, Lacan mit dem Marxismus zu verbinden. Und sie nennen die VertreterInnen der Dekonstruktion etwas böswillig »Historisten« – Joan Copjec hat diesen Begriff in Umlauf gesetzt. Nicht im alten Sinn der Historisten des 19. Jahrhunderts, sondern sie wollen damit diese Vorstellung kritisieren, das alles historisch bedingt sei. Also das alles quasi in einem Fluss von Geschichtlichkeit aufgelöst werden kann, wo dann die Dekonstruktion das einzig Ungeschichtliche ist.

ANS: *Könntest du das am Beispiel der Geschlechterfrage noch etwas näher erklären?*

TS: Wenn man das übersetzen will, dann kann man sagen, dass die ganze Vervielfältigung der Geschlechtlichkeit, also der Wunsch, der Geschlechterdifferenz keine Grenze mehr aufzuerlegen, sondern sie in eine Pluralisierung der Geschlechtlichkeit übergehen zu lassen, dieser Wunsch ist nicht etwas anderes, er ist nicht etwas Subversives zum gegenwärtigen Zeitgeist. Es ist durchaus genau das, was gegenwärtig überhaupt gefragt und gefordert ist. Es ist eigentlich das, was heute in der Soziologie als neoliberale Subjektivierungsweise bezeichnet wird, also der Umstand, dass Menschen möglichst flexibel sein sollen, dass sie ihre eigene Persönlichkeit anpassen können müssen und dass auch ihr Geschlecht eine frei flotierende Humanressource sei, die sie je nach Gelegenheit so oder anders einsetzen können müssen.

ANS: *Das ist die Kritik an der Dekonstruktion, oder den »Historisten«, aber um nun noch die andere Seite, nämlich die Kritik an der Psychoanalyse, zu erläutern, musst du vielleicht erst den psychoanalytischen Begriff des »Negativen« erklären, der auch in deiner Dissertation eine große Rolle spielt.*

TS: In der Psychoanalyse meint das Negative den Umstand, dass das menschliche Wesen auf andere angewiesen ist. Wir werden abhängig geboren, wir sind auf Pflege angewiesen, wir sind emotional auf andere angewiesen, wir sterben. Und dieser ganze Bereich der Verwiesenheit – Lacan nennt ihn auch einfach »der Mangel« – ist eine große narzisstische Kränkung. Freud hat gesagt, wir seien nicht Herr im eigenen Haus. Der Umstand, dass wir angewiesen sind auf andere, ist eigentlich die große Kränkung, die in unserer Kultur beständig auch zu negieren versucht wird. Man kann sagen, das ganze bürgerliche Subjekt des 19. Jahrhunderts sei der Versuch, diesen Umstand auszutricksen, indem der Mensch versucht, durch Disziplin, durch irgendwelche Selbsttechnologien, Meister über sich selber zu werden. Das bürgerliche Subjekt ist aber damit einhergegangen, dass dieser Bereich, der nicht dazu gepasst hat, quasi abgespalten wurde. Dieser Bereich ist in die eigens dafür erfundene ›Privatsphäre‹ abgeschoben worden, und die Frauen waren dann dafür zuständig. Sie waren dafür zuständig, den kränkenden Bereich der Menschen zu pflegen. Gleichzeitig hat man aber diesen Bereich und ihre Tätigkeit in diesem Bereich abgewertet oder überhaupt negiert. Diesen Bereich gibt es eigentlich gar nicht. Es ist eine Abspaltung, eine Verleugnung und eine Abtrennung, sodass am Schluss das männlich bürgerliche Subjekt so aussehen konnte, als könne es ohne Abhängigkeit leben.

ANS: *Und welche Position nimmt Irigaray nun in diesem Streit zwischen Psychoanalyse und Dekonstruktion ein?*

TS: Die Negativität, die mir wichtig ist und von der ich denke, dass sie eben auch Irigaray wichtig ist: In der Psychoanalyse ist sie immer phallisch, männlich, väterlich konnotiert. Und bei der Dekonstruktion, bei Derrida und Foucault, gibt es sie nicht mehr. Aber Irigaray, und das finde ich ihre Errungenschaft, in der sie einmalig ist, sie nimmt eine dritte Position ein, indem sie sagt, sie wolle nicht auf den Begriff des Negativen verzichten, sie halte diesen für zentral für das menschliche Wesen. Sie verteidigt den Begriff des Negativen, aber löst ihn von dieser Koppelung an die väterliche Metapher ab, ja, ihre eigentliche Aussage ist es, dass diese Koppelung letztlich erneut die Negativität verstellt. Das ist ihre Kritik an der Psychoanalyse.

ANS: *Wie steht dies in Zusammenhang mit der Dekonstruktion und Butler?*

TS: Der zentrale Unterschied ist, dass beim Ansatz von *gender* Männer wie Frauen einen Konstruktionscharakter haben. Gender, übersetzt als Geschlechtsidentität, heißt: Männlein sieht so aus, Weiblein sieht so aus. Sie sind zwar unterschiedlich, aber der Ort, wo sie konstruiert werden, ist auf der gleichen Ebene. Irigaray würde sagen, die Konstruktion laufe so, dass das männliche Subjekt konstruiert wird und sein Abfall, alles was daran nicht aufgeht, ist etwas anderes – das ist dann die Weiblichkeit. Diese ist aber gar keine Subjektposition. Sie ist etwas angeblich Immanentes.

ANS: *Falls das Weibliche diese Subjektposition einnehmen könnte und die sexuelle Differenz, die laut Irigaray gar nicht existiert, eintreten wür-*

de, müsste man dann nicht wieder mit Butler kommen und die sexuelle Differenz dekonstruieren?

TS: Das Problem ist, dass das, was Butler anvisiert, bereits im Rahmen dieses Modells, wie es jetzt ist, verwirklicht ist. Das ändert aber an der bestehenden Geschlechterordnung nicht wirklich etwas. Es gibt ein paar wenige Textstellen, wo Irigaray sagt, wenn die sexuelle Differenz existieren würde – irgendwann – dann könnte sie auch überwunden werden. Ich würde aber nicht sagen, dass das das ist, was Butler bereits jetzt vorschlägt. Weil ich nicht sehe, wie man mit ihrer Dekonstruktion die lange Tradition der männlich konnotierten Subjektposition aufbrechen kann. Und weil ich nicht sehe, wie Butler eine Antwort auf die Frage hat, wie man das unmittelbar Weibliche, was bei uns mit Materie oder womit auch immer konnotiert wird – was Simone de Beauvoir »die Immanenz« nennt – wie man dieses aus ihrer Immanenz herausholt. Mit der Dekonstruktion von Geschlechtscharakteren ist diese weibliche Immanenz und die Tradition der Männlichkeit der Subjektposition noch nicht tangiert.

ANS: *Letzte Frage: Warum braucht es deine Dissertation, oder wieso braucht es dieses neue Verständnis von Irigaray?*

TS: Mir ist es sicher einmal darum gegangen, diese Hegemonie, von der ich wirklich finde, sie sei eine Hegemonie, des dekonstruktiven oder des queeren *gender*-Ansatzes aufzubrechen. Und zwar, indem ich sage, dies werde erstens an anderen Orten ganz anders diskutiert und zweitens, dass ich diese Hegemonie für eine Sackgasse halte. Also, ich hätte gar nichts gegen diesen Ansatz, wenn er plural neben anderen existieren würde! Aber so wie es bei uns gelehrt wird, so wie ich selber gezwungen bin, auch zu lehren, dass dies der neuste Stand der Wissenschaft sei, das finde ich wirklich ein Problem. Und warum es meine Kritik auch inhaltlich braucht: Ich bin davon überzeugt, dass es nach wie vor, oder dringender denn je wieder eine kollektive Artikulation der Position von Frauen braucht. Das war eigentlich mein Anliegen, mein Motiv für die Arbeit. Weil man nach 15 Jahren der Dekonstruktion feststellen muss: Auf die nach wie vor bestehende Hierarchisierung und Segregation zwischen den Geschlechtern hat sie nicht groß Einfluss genommen. Und um dies ändern zu können, muss man wieder dazu übergehen, Anliegen von Frauen im Sinne eines kollektiven Anliegens zu formulieren. Aber es ist ein wahnsinnig großer moralischer Druck entstanden dadurch, dass alle Formen von kollektiver Artikulation von Interessen von Frauen unter dieses Verdikt gestellt worden sind, sie würden dem Heterosexismus dienen und sie würden irgendwelche Gruppierungen ausschließen. Aber ich glaube, dass dieser Bereich, den *gender* anvisiert, dass dies nur einen Teil, ich würde sogar sagen nur einen kleinen Teil, der Konstruktionsweise der Geschlechter ausmacht.

Kontingenz als Ideologie unserer Zeit

Dass es nicht *den* Feminismus gibt, sondern wir von Feminismen nur im Plural sprechen können, diese Suppe ist, so meine ich, gegessen. Frauen haben nicht alle und nicht weltweit dieselben Interessen, es gibt Differenzen, ja Hierarchien zwischen ihnen, und es kann nicht im Dienste einer emanzipatorischen Sache sein, das eine Anliegen über das andere zu stellen. Der emphatischen Überbringung dieser Botschaft könnte man allenfalls noch zufügen, dass diese Erkenntnis, werden die historischen Quellen zu Hilfe genommen, so alt ist wie die Zweite Frauenbewegung selbst. Ich möchte deshalb die Dinge für einmal auf den Kopf stellen und fragen, warum eigentlich es der feministischen und Frauenbewegung so schwer fällt, ihr Subjekt zu artikulieren. Man könnte sich für diese Frage Slavoj Žižeks einleuchtender These bedienen, dass die generelle Rede von Kontingenz vielleicht überhaupt die Form der Ideologie unserer Zeit darstellt und damit das Auftauchen der Vorstellung von Kontingenz selbst zeitgeschichtlich verorten. Die Koinzidenz jedenfalls ist bemerkenswert, dass ein nicht unwesentlicher Teil der linken Theoriebildung sich gerade in der Zeit für Prozesse der Bedeutungsgenerierung als der Grundlage politischer Konstellationen zu interessieren beginnt, um daraus abzuleiten, dass diese folglich der Logik der Kontingenz folgen, wo der Kapitalismus im Zuge der Globalisierung in rasantem Tempo bis in alle unsere Lebensbereiche vordringt und damit tatsächlich immer unkontingenter wird. Man kann sich Žižeks Bedenken aber auch aus einem spezifisch feministischen Erkenntnisinteresse nähern und fragen, ob der Standpunkt der Kontingenz nicht der historischen Positionierung von Frauen entspricht, die schon immer Mühe bekundeten, ihre Anliegen aus dem Reich des angeblich Privaten in den Status eines gesamtgesellschaftlichen Problems zu erheben. Warum ist es dem Feminismus von Anbeginn so schwer gefallen, ein Subjekt des Feminismus zu artikulieren? Und warum zum Beispiel, so könnte man fragen, war das für die männlichen Arbeiter nicht so?

Die Frage der *feministischen studien*, die uns zu einer Antwort aufruft: »Was ist und wozu heute noch feministische Theorie?«, fällt in eine Zeit, in der von unterschiedlicher Seite das Phänomen thematisiert wird, dass viele der von der Frauenbewegung einst aufgestellten Forderungen heute nicht nur scheinbar eingelöst sind, sondern nunmehr als Anforderungen von außen an uns gestellt werden, wenn nicht sogar gegen uns zurückkommen – in einer Form allerdings, die wir so nicht vorhergesehen haben und auch nicht wollten (Fraser 2009; Duden 2011). In bizarrer Weise hat sich die Forderung eines Teils der Zweiten Frauenbewegung nach »Lohn für Hausarbeit« in einem prekarisierten und oftmals von illegalisierten Migrantinnen ausgefüllten Arbeitsmarkt »realisiert«, ist das Recht auf generative Selbstbestimmung in die Anforderung eines selbstverantwortlichen Entscheidungszwangs verkehrt worden und der Zugang zur Erwerbssphäre für alle Frauen zum »Dual-adult-worker«-Modell des aktivierenden Wohlfahrtsstaates, verbunden mit einem zunehmend radikalen Schwinden jeglicher Sicherung für die individuelle Reproduktion, mutiert.

Meine Rückfrage an die von den *feministischen studien* formulierte Frage wäre deshalb: Gibt es einen Zusammenhang zwischen dieser Entwendung und der genannten Schwierigkeit, ein Subjekt des Feminismus zu artikulieren? Und ist es Zufall, dass es der Bereich der Reproduktion ist, der nicht nur aus der frauenpolitischen Agenda, sondern insbesondere auch aus der feministischen Theorie weitgehend verschwunden ist? Wenn ich die Frage in dieser Weise stelle, so folge ich damit nur bedingt Nancy Frasers Appell, zu Fragen der Ökonomie zurückzukehren. Für mich ist die Frage vielmehr, warum trotz einer nach wie vor erdrückenden kollektiven Involviertheit von Frauen in die Problematik, der der Bereich der sozialen und individuellen Reproduktion ausgesetzt ist, solange er im Rahmen kapitalistischer Produktionsweisen organisiert werden muss, es so schwierig ist, dieses Kollektiv zu artikulieren; eine Schwierigkeit, die sich auch und gerade in der feministischen Theorie abbildet, die nicht müde wird zu betonen, dass es dieses Kollektiv nicht gibt. Wenn eine subjekttheoretische Frage zu stellen ist, dann doch die, warum Frauen die ersten sind, ihre eigenen Anliegen zu dethematisieren. Dies ist also durchaus auch ein ideologietheoretisches Problem.

Verständlich ist, dass eine gewisse Skepsis gegenüber der männlich dominierten marxistischen Tradition feministische Theorie oftmals in Distanz gehen ließ zu den »Großerzählungen« linker Gesellschaftstheorie. Die Thematisierung eines asymmetrischen Geschlechterverhältnisses schien in deren Kategorien kaum Platz zu finden, weshalb ein Teil der feministischen

Theoriebildung sich darauf verlegte, deren kontingente Setzungen nachzuweisen. Die Attraktivität dekonstruktiver Zugangsweisen schien daher zunächst darin zu liegen, dass viele feministische Anliegen überhaupt erst über diesen Zug Eingang in die Diskussion fanden. Der Effekt davon jedoch ist, dass heute feministische Theorie oftmals überhaupt gleichgesetzt wird mit dem Standpunkt des Kontingenten. Damit jedoch entsteht ein gravierendes Problem. Merkwürdig nämlich muss dabei erscheinen, dass trotz der scheinbaren Unmöglichkeit, eine kollektive Involviertheit von Frauen theoretisch zu begründen, es statistisch gesehen dieses Kollektiv durchaus gibt. So sprechen die ökonomischen Fakten eine Sprache, die infolge dieser Entwicklung innerhalb der feministischen Theorie theoretisch kaum mehr zu erfassen sind. Wenden wir uns also diesen Fakten zu.

Laut einer Berechnung der feministischen Ökonomin Mascha Madörin werden in der Schweiz vier Fünftel aller bezahlten und unbezahlten persönlichen Dienstleistungen, also die Arbeit im sog. *Care*-Sektor, von Frauen ausgeführt. Knapp die Hälfte der gesamten weiblichen Erwerbsarbeit findet in diesem Wirtschaftszweig, dem bezahlten *Care*-Sektor, statt, oder anders ausgedrückt, drei Viertel des Personals im persönlichen Dienstleistungssektor sind Frauen. Dieser Sektor ist auch nationalökonomisch von großer Bedeutung: In der Schweiz macht er von seinem Arbeitsvolumen her ca. 25% der gesamten Erwerbsarbeit aus. Dass Frauen den größeren Teil auch der unbezahlten Haus-, Pflege- und Sorgearbeit ausführen, ist seit Langem bekannt. Nach wie vor übersteigt das unbezahlte Arbeitsvolumen in den Haushalten dasjenige der Erwerbsarbeit: In Deutschland wird in Haushalten unentgeltlich 1,7 mal mehr gearbeitet als in der Erwerbsarbeit, der Löwenanteil davon, rund zwei Drittel, wird von Frauen getätigt. Diese Zahlen treffen *grosso modo* für alle weitentwickelten westlich-kapitalistischen Wirtschaften zu und sie sind die Ursache für den skandalösen Umstand, dass Frauen in allen westlich-kapitalistischen Ländern deutlich mehr Stunden bezahlt und unbezahlt arbeiten als Männer, aber seit 30 Jahren konstant nur ca. zwei Drittel am Anteil des gesamten Lohnvolumens erhalten.

Diese Zahlen sind allerdings nicht einfach Ausdruck einer Diskriminierung. Sie sind zutiefst in die kapitalistische Produktionslogik eingelassen, die dort gute Gewinne zu erzielen vermag, wo es sich um Produktionszweige handelt, die für technische Innovationen zugänglich sind, also in der Güterproduktion. In weitentwickelten westlich-kapitalistischen Gesellschaften nimmt jedoch der Anteil an wertschöpfungsschwachen Arbeiten beständig zu. In die Logik der privatwirtschaftlichen Kapitalakkumulation übersetzt heißt das, dass diejenigen Wirtschaftszweige, mit denen sich gute Profite erzielen lassen, in ihrem Anteil am gesamten Wirtschaftsleben beständig schrumpfen. Die Antwort des Kapitals ist klar: Heute wird mit managerialen Instrumenten wie dem *New Public Management* versucht, den *Care*-Sektor an die Logik der Güterproduktion anzupassen, um die staatlichen Ausgaben für diesen Bereich der Reproduktion möglichst gering zu halten und diejenigen Teile, die mittels Produktivitätssteigerung noch Profite abwerfen können, zu privatisieren – was letztlich nur funktionieren kann um den Preis einer massiven Verschlechterung der Arbeitsbedingungen der darin Tätigen, zumeist Frauen. Im Wesentlichen bedeutet dies einen konstanten und massiven Druck auf die Löhne. Der bezahlte *Care*-Sektor ist heute denn auch der am meisten deregulierte und damit prekarisierte Arbeitsbereich. Dass er zum informellen Arbeitsmarkt für illegalisierte Menschen geworden ist, hat im Wesentlichen darin seinen Grund.

Aufgrund dieser ökonomischen Dynamik, die nicht primär mit Diskriminierung zu erklären ist, sondern im Rahmen kapitalistischer Produktionsweise zwangsläufig auftritt, ist heute der Bereich der Reproduktion, sowohl was den bezahlten *Care*-Sektor wie die Belastung der unbezahlten Arbeit in den privaten Haushalten angeht, vermutlich einer der zentralsten Kampfschauplätze der *New Economy* in ihren vielfältigen Formen des Zugriffs auf die Bevölkerung. Silvia Federici geht deshalb davon aus, dass das, was Marx einst die Reproduktion der Ware Arbeitskraft genannt hat, heute weltweit gesehen einem tiefgreifenden Strukturwandel unterliegt, und sie spricht in diesem Zusammenhang von einer »Restrukturierung der Reproduktion der Arbeitskraft in der globalen Ökonomie«. Diese weltweit vor sich gehende Restrukturierung der Reproduktionsarbeit kann als eine Art *hidden agenda* einer stillschweigenden Strukturanpassung für den Bereich der individuellen und sozialen Reproduktion bezeichnet werden, als Versuch, die Kosten der Ware Arbeitskraft zu senken, nun jedoch nicht mittels der Senkung der Kosten für die Güter des täglichen Gebrauchs, sondern durch eine massive Mehrbelastung der Reproduktionsarbeit bei gleichzeitigem Abzug von Ressourcen aus diesem Bereich. Diese Restrukturierung geht jedoch weitgehend unbemerkt vor sich: Unter dem Deckmantel der individuellen Existenzsicherung und dem Versprechen auf Unabhängigkeit von einem als bürokratisch dargestellten Staat zieht sich dieser zunehmend von seinen Beiträgen an die individuelle und soziale Reproduktion zurück und verpflichtet so alle dazu, unabhängig von ihren reproduktiven Verpflichtungen hundertprozentig dem Arbeitsmarkt zur Verfügung zu stehen. Die im Zuge der Globalisierung durchgesetzte Wettbewerbsfähigkeit basiert also in wesentlichen Teilen auch auf dieser großangelegten Reorganisation der Reproduktion, und nicht lediglich auf einem *Outsourcing* oder einer Standortverlagerung der Produktion. Anders als die Verschuldungskrisen und die daraufhin zur Anwendung gelangten Strukturanpassungsprogramme der 1980er Jahre, die vor allem Länder des Südens betrafen, findet diese Krise daher heute in den Ländern des Nordens statt: Ein Teil der Budgetdefizitprobleme weitentwickelter westlicher Staaten ist darauf zurückzuführen, dass der Staat bislang versucht hat, die relativ zu den Kosten der Güterproduktion stetig steigenden Kosten der Reproduktion mittels Transferzahlungen und anderen Formen der Subventionierung auszugleichen. Die gegenwärtigen Restrukturierungen zwingen ihn nun, genau dies nicht mehr zu tun, indem dieser Bereich nun nicht länger von staatlichen Institutionen angeboten, sondern dem ›privaten‹ Markt überlassen werden soll. Silvia Federici spricht deshalb in diesem Zusammenhang von einer neuen Form primitiver Akkumulation, einer Form von Landnahme oder ganz einfach Enteignung, die jedoch kaum thematisiert wird, insbesondere auch im Rahmen linker Kapitalismuskritik nicht.

Zwar ist mit David Harvey und Klaus Dörre in jüngster Zeit die von den Bielefelder Soziologinnen bereits in den 1970er Jahren formulierte These aufgegriffen worden, dass das Akkumulationsregime fortgeschrittener Kapitalismen nicht primär auf Mehrwertakkumulation basiert, sondern dass deren große Stabilität nur damit erklärt werden kann, dass diese offenbar auch in fortgeschrittenem Stadium – anders als Marx meint – weiterhin auf Formen der primitiven Akkumulation zurückgreifen. Aber diese Diskussion um »neue Landnahme« thematisiert unter diesem Stichwort vor allem Formen von Enteignungen von öffentlichen Gütern wie Wasser, Luft oder öffentliche Infrastrukturen. Dass heute möglicherweise weltweit gesehen die größte Enteignung im Bereich der Reproduktion stattfindet, findet hier keine Erwägung.

Silvia Federici und Nancy Hartsock machen zu Recht geltend, dass die Reproduktion noch nie ein Ort linker Artikulation war, obwohl die von Maria Mies so bezeichnete »fortwährende ursprüngliche Akkumulation«, die in diesem Bereich stattfindet, heute vielleicht sogar der zentrale Ort ist, von dem sich der Kapitalismus nährt und über den er sich hält. Während die Hausarbeitsdebatte und die Bielefelder Soziologinnen in den 1970er Jahren jedoch nur die unbezahlte Arbeit in den Haushalten als einen solchen Ort der primitiven Akkumulation thematisierten, trägt die heutige Diskussion den veränderten Umständen Rechnung, indem sie nicht nur die unbezahlte Reproduktionsarbeit, sondern auch diesen riesigen neu entstehenden Arbeitsmarkt eines *Care*-Prekariats thematisiert, der frühkapitalistische Ausbeutungsformen aufweist, obwohl er ein genuin spätkapitalistisches Phänomen darstellt (Chorus 2013). Was hier entsteht, ist das, was Veronika Bennhold-Thomsen bereits zum Beginn der 1980er Jahre als »marginale Masse« bezeichnet hat: Es ist nicht länger der männliche Lohnarbeiter, von dessen Ausbeutung der Kapitalismus lebt. Vielmehr ist ein immer größerer Teil und zunehmend die Mehrheit der erwerbstätigen Bevölkerung in deregulierten Arbeitsverhältnissen, oftmals des *Care*-Bereichs, tätig, der sich, und das ist der springende Punkt, mehrheitlich außerhalb von Lohnverhältnissen reproduziert. Die von Marx aufgestellte Gleichung, dass der Lohn wenigstens die Reproduktionskosten der Ware Arbeitskraft deckt, stimmt hier längst nicht mehr. Die »marginale Masse« steht dem Kapital weit unter ihrem Reproduktionsniveau zur Verfügung. Und eine verwickelte Kombination von deregulierter *Care*-Arbeit und unbezahlter Reproduktionsarbeit bilden zusammen eine Subsistenzwirtschaft, die dies ermöglicht und unterhält und damit vollständig in die kapitalistische Wirtschaft integriert ist, obwohl sie scheinbar außerhalb von dieser steht.

Dass diese vermutlich neuartige Form primitiver Akkumulation bisher weitgehend unbemerkt von linker Theoriebildung vor sich geht, hat damit zu tun, dass sie primär den Bereich des angeblich »Privaten« tangiert, in Privathaushalten stattfindet oder zumindest »private« Belange betrifft und von den dort Arbeitenden, meist Frauen, in irgendeiner Weise aufgefangen wird. Für mich jedoch ist es eine subjekttheoretische Frage, warum auch Frauen, obwohl sie aus historischen Gründen der von Federici und anderen beschriebenen Strukturanpassung am meisten ausgesetzt sind, diese Lage nicht artikulieren.

Aus Angst, auf diesen Bereich festgeschrieben zu werden, wollten auch Frauen nach dem Aufbruch der 1970er Jahre bald einmal nichts mehr mit Themen wie Hausarbeit, Mutterschaft und dem (Be)Dienen zu tun haben. Wir sind diese Themen auf diese Weise offenbar nicht losgeworden. Selbstverständlich will ich damit nicht sagen, Frauen sollen endlich ihr

Los akzeptieren, und sich für diese Arbeiten zuständig fühlen. Ich will nur sagen, dass diese mit der generellen Distanznahme keiner gesellschaftlichen Lösung zugeführt werden konnten und deshalb »unbemerkt«, aber umso wirkungsvoller, an uns hängen geblieben sind. Es braucht eine gesellschaftliche Diskussion darüber. Und dazu ist eine politische Artikulation eines Kollektivs notwendig.

Vergegenwärtigen wir uns – und damit komme ich zur Frage der Kontingenz zurück –, was eine Artikulation ist. Die Stärke von Marx' Mehrwertanalyse bestand ja gerade darin, dass er etwas zu einem Gegenstand machte, das nicht »existiert«. Der Mehrwert lief nicht auf der Straße herum, wo er beschrieben und dekonstruiert werden konnte. Marx' Analyse zielte umgekehrt auf einen Mechanismus, dessen Kern gerade darin bestand, unfassbar hinter einem formal-rechtlichen Gleichheitsanspruch und innerhalb von diesem zu wirken. Damit ermöglichte seine Analyse die Artikulation einer Betroffenheitslage, die sich primär dadurch auszeichnete, dass sie nicht sichtbar, scheinbar inexistent war. Genau eine solche Analyse fehlt für den Reproduktionsbereich und die dort heute stillschweigend vor sich gehenden Enteignungen. Wir haben es damit mit Formen von Enteignung zu tun, für die es kein theoretisches Konzept gibt. Eine gewisse Tragik in der Entwicklung der feministischen Theorie, die mit der Dekonstruktion exakt die umgekehrte Bewegung vollzieht, nämlich, auf die kontingenten Grundlagen des Sichtbaren und Existierenden zu zielen, sehe ich deshalb darin, dass sie ungewollt dieser Unerfasstheit dient. Die generelle Rede von Kontingenz, die Bestreitung der theoretischen Möglichkeit einer Setzung, kann diese mehrheitlich Frauen betreffenden Formen von Enteignung nicht nur nicht erfassen; sie schreibt sie vielmehr weiterhin in dem dieser Enteignung historisch gesehen schon immer zukommenden Zustand des Desartikulierten fest. Mit dem Argument der Verschiedenheit unter Frauen scheint die Existenz eines solch generellen Mechanismus überhaupt widerlegt. Mir jedoch scheint dieses Argument eine nur subjekttheoretisch zu verstehende Schwierigkeit zu kaschieren, die der historischen Positionierung von Frauen eignet, die Schwierigkeit nämlich, ein theoretisches Konzept im Sinne eines Allgemeinen für ihre Belange zu finden. Die Kritik am Allgemeinen, die der Standpunkt der Kontingenz mit sich führt, bedürfte so betrachtet dringend einer historischen Reflexion.

Zwar ist es wahr, dass durch die Überführung eines Teils der *Care*-Arbeit in die Lohnförmigkeit die Lasten neu verteilt werden. Es bleibt aber, dass insgesamt diese Kommerzialisierung einen massiven Ressourcen-Abzug aus dem gesamten Bereich der Reproduktion bedeutet und dass die Lasten hauptsächlich zwischen Frauen verschoben werden. Wenn feministische Theoretikerinnen daraus ableiten, dass es zwischen ihnen keine zu artikulierende Gemeinsamkeit, sondern nur noch Unterschiede gibt, so tun sie damit, was Frauen schon immer getan haben: Sie verhandeln ein Problem, dass sie zur Bearbeitung zurück an die Gesellschaft geben sollten, zwischen sich. Und dies meist moralisch.

Ich meine deshalb, dass die zu dekonstruierende weibliche Position die ist, die diese Artikulation verhindert.

Literatur

Bennholdt-Thomsen, Veronika (1981): Subsistenzproduktion und erweiterte Reproduktion. Ein Beitrag zur Produktionsweisendiskussion. In: Gesellschaft: Beiträge zur Marxschen Theorie 14. Frankfurt/M., S. 30–51.

Chorus, Silke (2013): Care-Ökonomie im Postfordismus. Perspektiven einer integralen Ökonomietheorie. Münster: Westfälisches Dampfboot.

Dörre, Klaus (2009): Die neue Landnahme. Dynamiken und Grenzen des Finanzmarktkapitalismus. In: ders.; Lessenich, Stephan; Rosa, Hartmut: Soziologie, Kapitalismus, Kritik. Eine Debatte. Frankfurt/M.: Suhrkamp, S. 21–86.

Duden, Barbara (2011): »Gleichstellung« oder Feminisierung der Lasten des neosozialen Umbaus? Thesen zur Zeitgeschichte von Prekarisierung und Geschlecht. Vortrag gehalten am Historischen Seminar der Universität Hannover, Jan. 2011 (nicht-veröffentlichtes Manuskript).

Federici, Silvia (2012): Die Reproduktion der Arbeitskraft im globalen Kapitalismus und die unvollendete feministische Revolution. In: dies: Aufstand aus der Küche. Reproduktionsarbeit im globalen Kapitalismus und die unvollendete feministische Revolution. Kitchen Politics – Queerfeministische Interventionen, Bd I, Münster: edition assamblage, S. 21–86.

Nancy Fraser (2009): Feminismus, Kapitalismus und die List der Geschichte. In: Blätter für deutsche und internationale Politik, Jg. 54, Heft 8, S. 43–57.

Hartsock, Nancy (2006): Globalization and Primitive Accumulation: The Contributions of David Harvey's Dialectical Materialism. In: Castree, Noel; Gregory, Derek (Hrsg.): David Harvey: A Critical Reader. New York: Wiley-Blackwell.

Harvey, David (2005): Der Neue Imperialismus. Hamburg: VSA.

Harvey, David (2004): Die Geographie des ›neuen‹ Imperialismus. In: Zeller, Christian (Hrsg.), 2004: Die globale Enteignungsökonomie. Münster. Westfälisches Dampfboot, S. 183–216.

Luxemburg, Rosa (1978 [1912]): Die Akkumulation des Kapitals. Ein Beitrag zur ökonomischen Erklärung des Imperialismus. In: dies.: Gesammelte Werke Band 5, Ökonomische Schriften. Berlin: Dietz.

Mies, Maria (2009): Hausfrauisierung, Globalisierung, Subsistenzproduktion. In: Linden, Marcel von der; Roth, Karl Heinz (Hrsg.): Über Marx hinaus. Hamburg: Assoziation A, S. 255–290.

Madörin, Mascha (2007): Neoliberalismus und die Reorganisation der Care-Ökonomie. Eine Forschungsskizze. In: Baumann, Hans; Ringger, Beat; Schatz, Holger; Schöni, Walter; Walpen, Bernhard (Hrsg.): Denknetz Jahrbuch 2007: Zur politischen Ökonomie der Schweiz. Eine Annäherung. Zürich. edition 8, S. 141–162.

Madörin, Mascha (2011): Das Auseinanderdriften der Arbeitsproduktivitäten: Eine feministische Sicht. In: Baumann, Hans; Ringger, Beat; Schatz, Holger; Schöni, Walter; Walpen, Bernhard (Hrsg.): Denknetz Jahrbuch 2011: Gesellschaftliche Produktivität jenseits der Warenform. Zürich: edition 8, S. 56–70.

Žižek, Slavoj (2000): Class struggles or Postmodernism? Yes please! In: Butler, Judith; Laclau, Ernesto; Žižek, Slavoj: Contingency, Hegemony, Universality. Contemporary Dialogues on the Left. London/New York: Verso, S. 90–135.

Žižek, Slavoj (2004): Appendix I + II. In: ders.: Iraq. The borrowed kettle. London/New York: Verso, S. 67–188.

Subversion, wo steckst Du?

Eine Spurensuche an den Universitäten

1. Subjekt oder Struktur? Eine Einleitung

Es mag so oder anders gewesen sein. Jedenfalls fühlte ich mich bei der Lektüre der Fragestellung zum Band *Geschlecht zwischen Struktur und Subjekt* (Graf/Ideler/Klinger 2013) unwillkürlich in den Seminarraum eines Diplomandenkolloquiums versetzt, wo sich ungefähr folgende Szene abspielt: Studentin A stellt ihre soziologische Untersuchung vor, in welcher sie feststellt, dass heute mehrheitlich Frauen in prekarisierten Verhältnissen des sogenannten Care-Sektors arbeiten. Studentin B wirft ein, dass dies eine unzulässige Verallgemeinerung sei, da dies nicht primär Frauen, sondern MigrantInnen betreffe, die Kategorie Geschlecht hier folglich fehl am Platz sei. Studentin A verteidigt sich, das sei einerlei; Hauptsache sei, dass der Kapitalismus diese Arbeiten nicht honoriere, woraufhin Student C einwirft, dass es einen solch globalen Kapitalismus nicht gebe, dass ihn zu postulieren eine diskursive Festschreibung sei. Student*_(in?) doppelt nach, dass er/sie die Gewaltförmigkeit dieser Großkategorien – ob Geschlecht oder Kapital sei ihm da völlig egal – satt habe und fordert stattdessen eine Ethik des Nichtausschlusses. Das Ganze artet in einen allgemeinen Tumult aus, in welchem die einen den anderen weißen, heterosexuellen Rassismus vorwerfen, während die anderen, bereits etwas in die Defensive gedrängt, in die Waagschale werfen, dass selbst während der StudentInnen-Proteste, mit welchem I auch immer geschrieben, es wiederum Frauen waren, die von ihren männlichen Kollegen sexuell belästigt wurden. In die Theoriesprache rückübersetzt lautete dies dann in der Anfrage an mich – deutlich gesitteter: So reklamieren die einen die Notwendigkeit einer gesellschaftstheoretischen Verortung von Geschlechtertheorien. Andere hingegen werfen einer solchen Perspektive vor, dass sie hiermit die Ausdifferenziertheit gesellschaftlicher Verhältnisse negieren, und bestehen auf einer subjekttheoretischen Verortung.[1]

Dass angesichts der Brisanz dieser Debatte der Wunsch entsteht, hier eine Vermittlung herzustellen und die subjektorientierte Ebene auf die gesamtgesellschaftlichen und damit strukturellen Verhältnisse zurückzubeziehen, kann ich gut verstehen. Meine Verwunderung rührt daher, dass ich nicht verstehe, wie diese beiden Ebenen, die subjekttheoretische und die gesellschaftstheoretische, überhaupt auseinandertreten konnten. In der Tat werfen die Herausgeberinnen damit eine triftige und mehr als berechtigte Frage auf, denn der Streit – mag er sich nun so oder anders zugetragen haben – und das theoretisch Unbefriedigende daran hat seine Wurzeln tatsächlich in der Entwicklung der feministischen Theoriebildung selbst. Dass der Fokus auf das Subjekt keine strukturelle Dimension hat resp. dieser Fokus überhaupt die Vorstellung einer kohärenten Kategorie Geschlecht fraglich werden lassen soll, diese Schlussfolgerung erscheint mir in der Tat problematisch.[2]

Ich werde deshalb in diesem Beitrag nicht nur argumentieren, dass es immer genuin gesellschaftliche Strukturen sind, die subjektivieren, und dass folglich die Weise der Subjektivierung nur gesellschaftstheoretisch zu erfassen ist. Vielmehr wird es mir darum gehen, die These stark zu machen, dass diese neue Unübersichtlichkeit – die Vorstellung also, wonach die angebliche Eindimensionalität im Fokus auf Geschlecht der Komplexität der gesellschaftlichen Verhältnisse nicht gerecht werde – selbst als Bestandteil einer nunmehr veränderten Weise der Subjektivierung zu betrachten ist. Dass wir uns selbst als kontingente Subjekte der Pluralität wahrnehmen und erfahren, beispielsweise angesichts individueller Spielräume vis-à-vis von geschlechtlichen Zuschreibungen, dieses Denken erscheint so betrachtet selbst als Bestandteil einer nunmehr veränderten Subjektivierungsweise. So betrachtet erweist sich aber auch die – sich in der Theorie abbildende – Trennung von Subjekt und Struktur bereits als genuiner Bestandteil dieser veränderten Form der Subjektivierung.

Mit dieser Sichtweise stütze ich mich maßgeblich auf eine neuere, an Marx orientierte Lacan-Rezeption, wie sie sich ursprünglich im Umfeld der *Ljubljana School of Psychoanalysis* entwickelt hat und heute in unter-

1 Vgl. dazu *Einleitung: Subjekt und Struktur – Ansatzpunkte für den Wandel von Geschlechterverhältnissen!?* (Graf/Ideler/Klinger 2013a).

2 Vgl. ebd.*: Subjekt und Struktur – Ansatzpunkte für den Wandel von Geschlechterverhältnissen!?* (Graf/Ideler/Klinger 2013a).

schiedlichsten internationalen Kontexten weiterverfolgt wird.[3] Gemeinsam ist diesen Ansätzen der Versuch, die in fortgeschrittenen kapitalistischen Gesellschaften seit Ende der 1960er Jahre feststellbaren Veränderungen in den Subjektstrukturen zu thematisieren und sie dabei auf den fundamentalen Wandel in diesen Gesellschaften insgesamt und hier insbesondere auf die veränderten Produktionsbedingungen zurückzubeziehen. Gerade bei diesem Anliegen scheinen mir diese Ansätze einen neuen Blickwinkel zu eröffnen auf die von den Herausgeberinnen herausgestellten Probleme, indem sie die Frage ins Zentrum rücken, was überhaupt Subjekte und Prozesse der Subjektivierung sind.

Anstatt gesellschaftstheoretische und subjekttheoretische Zugänge zur Analyse der Geschlechterverhältnisse einander entgegenzustellen, werde ich deshalb im Folgenden dafür plädieren, die gegenwärtig in den *Gender Studies* des deutschsprachigen Raumes vorherrschenden Konzepte geschlechtlicher Subjektivierung selbst zu überdenken, um den gegenüber dem Fordismus veränderten Weisen der Subjektivierung gerecht zu werden. Während die Geschlechterforschung allgemein davon ausgeht, dass geschlechtliche Subjektpositionen durch die – von den Individuen zu leistende – Übernahme normativer Vorgaben entstehen,[4] weshalb die Verweigerung solcher Übernahmen als subversiv erscheint, vertritt der Beitrag die These, dass die ideologischen Anrufungsweisen heute gerade machtwirksam sind, weil sie von Geschlecht abstrahieren. Der Beitrag vertritt damit die These, dass auch die De-Thematisierung von Geschlecht eine Subjektivierungsweise sein kann, und zwar eine, die paradoxerweise die Hierarchisierung zwischen den Geschlechtern weiter verschärfen wird.

Wenn ich in dieser Weise die Entwicklung in der Theorie und die gesellschaftlichen Strukturen der Subjektivierung in ein Verhältnis zueinander bringe, so möchte ich dies im Folgenden anhand von einem, wenn nicht sogar dem zentralen Strang innerhalb der feministischen Theoriebildung tun, der maßgeblich zur Herausbildung dieser Kontroverse beigetragen hat. Diese nahm ihren Ausgang ursprünglich in den US-amerikanischen

3 Für eine erste Orientierung vgl. z.B. die Website www.lacan.com.

4 Ich gehe hier von einer Art Grundkonsens aus, wie er sich in den gängigen Einführungen in *Gender Studies* zur Frage der Geschlechtsannahme resp. geschlechtlicher Subjektivierung findet; vgl. hierzu bspw. die Eintragungen zu ›Gender Studies/Gender-Forschung‹, ›Geschlechterforschung‹ und ›Geschlechterforschung und Gender Studies‹ im Metzler Lexikon *Gender Studies. Geschlechterforschung* und hier weiter unten Abschnitt 2.

Cultural Studies, die im Zuge des *cultural turns* den traditionellen Gesellschaftswissenschaften vorwarfen, mit ihren Großkategorien unzulässige Verallgemeinerungen vorzunehmen. Slavoj Žižek, Ernesto Laclau und Judith Butler haben diesen Streit in ihrem gemeinsamen Buch *Contingency, Hegemony, Universality* in die beiden Pole »Universalismus« versus »Kontingenz« gebracht. Grob vereinfacht stünde hier das Subjekt auf der Seite der Kontingenz, indem es, in seiner vermeintlichen oder tatsächlichen Vielfalt, die Universalität der gesellschaftlichen Großkategorien anficht. Worum es hier also geht, ist der Vorwurf der sogenannten ›Essenzialisierung‹ an die Adresse der kritischen Gesellschaftstheorie, deren Kategorien aus der Perspektive dieses Vorwurfes zu »dekonstruieren« sind. Im Falle des Geschlechts führte dies bekanntermaßen zu den vielfältigen Infragestellungen einer einheitlichen Kategorie, wie sie beispielsweise in der Intersektionalitätsforschung zum Ausdruck kommen.

Was im deutschsprachigen Raum bisher jedoch kaum zur Kenntnis genommen wurde, sind die bereits vorhandenen dezidierten Antworten auf diese Herausforderung. Eine davon, eben jene aus dem Umfeld der neueren Lacan-Rezeption stammende Replik, möchte ich im Folgenden vorstellen. Dabei wird es mir vor allem auch darum gehen, die diese Essenzialismuskritik leitenden, jedoch oftmals nur implizit gesetzten theoretischen Grundannahmen darüber, was geschlechtliche Subjektpositionen sind, genauer herauszuarbeiten und sie dabei einer Prüfung zu unterziehen.

Der Grund, warum Slavoj Žižek, aber auch andere gesellschaftskritische Theoretikerinnen wie beispielsweise Alenka Zupančič oder Joan Copjec sich an Lacan orientieren, ist, dass Lacan selbst in seinen späten Seminaren eine an einem psychoanalytischen Subjektbegriff orientierte Ideologiekritik nahelegt, indem sein Subjektverständnis es erlaubt, Weisen der Subjektivierung nicht nur als Bestandteil der Ideologie zu verstehen, sondern diese auch in ihrem historischen Wandel zu denken. Jacques Lacan hat einen wesentlichen und im deutschsprachigen Raum bisher kaum rezipierten Beitrag dazu geleistet, Strukturen der Subjektivierung in ihrem historischen Wandel überhaupt denkbar zu machen. Ähnlich wie dies Michel Foucault in seinen Gouvernementalitätsvorlesungen tat, spricht nämlich auch Lacan in seinen späten Seminaren von einem historischen Wandel in dem, was er als »*lien social*« (1986: 60) – also als ein gesellschaftliches Band – bezeichnet, womit er die Doppelung einer Struktur meint, die sowohl die gesellschaftliche Kohäsion garantiert wie damit gleichzeitig die Weise der Subjektivierung vorzeichnet. Diese Doppelung geht von der Prämisse aus, dass Menschen mittels Subjektivierung in die bestehenden Machtstrukturen eingebunden werden, diese Strukturen jedoch, insofern sie gesellschaftlich sind, gleichzeitig einem historischen Wandel unterliegen. Diese Verknüpfung von Macht und Subjektivierung hat einen ihrer Vorläufer im Freudomarxismus. Doch während der Freudomarxismus mit seiner Vorstellung einer befreienden Wirkung der Libido eine Kulturdiagnose formulierte, die wohl eher die fordistische Gesellschaft vor Augen hatte, geht es dieser heutigen internationalen marxistischen Lacan-Rezeption darum, die späten Seminare Lacans für eine Gesellschaftstheorie postfordistischer Gesellschaften fruchtbar zu machen. An diesen Lacan-Marxismus möchte ich im Folgenden anschließen, um die Einbettung der Subjekte in die gesellschaftlichen Strukturen unserer Gegenwart zu verstehen.[5] Dabei wird sich zeigen, dass eine an Lacan orientierte Analyse zum Ergebnis kommt, dass das machterhaltende Moment in der Subjektivierung heute nicht länger in normativen Festschreibungen zu suchen ist, sondern dass wir es umgekehrt gerade mit der Herrschaftsförmigkeit von neuartigen ›Praxen der Freiheit‹ zu tun haben, denen das kritische Selbstverständnis der *Gender Studies*, weit davon entfernt, deren Kritik zu sein, eher zuarbeitet, als dass es sie in ihrer Wirkungsweise durchschauen könnte.

2. Verständnis geschlechtlicher Subjektivierung in den Gender Studies

Bevor ich mich dieser neueren Lacan-Rezeption und ihrer Kritik zuwende, möchte ich deshalb, wenn auch sehr verallgemeinernd, kurz zusammenfassen, was in Anlehnung an die US-amerikanischen *Cultural Studies* auch in den *Gender Studies* des deutschsprachigen Raumes gegenwärtig unter geschlechtlichen Subjektpositionen verstanden wird. Was hier »subjekttheoretischer Zugang« genannt wird, lässt sich von seinen Grundannahmen her etwa folgendermaßen zusammenfassen: Geschlechtliche Positionen verdanken sich einem Set von normativen Anrufungen, Zuschreibungen und Festlegungen, die sowohl in sprachlichen als auch in habituellen

5 Zu dieser Lacan-Rezeption gehören neben Žižek bspw. Zupančič (2006); MacCannel (2006); Vanier (2001); Dolar (1991, 1998); Miklitsch (1998); Parker (2007) und die Beiträge in Psycho-Marxism: Marxism and Psychoanalysis Late in the Twentieth Century. The South Atlantic Quarterly, vol. 97, no. 2 (Spring).

Formen vermittelt von den Subjekten angeeignet werden, die sich in dieser Aneignung, oder in der Distanz zu ihr, allererst konstituieren. Dabei wird davon ausgegangen, dass diesen Normen, die sich auf unterschiedlichsten institutionellen Niveaus festsetzen, die Aufgabe zukommt, die Menschen in eine Ordnung der Zweigeschlechtlichkeit einzuteilen resp. einzupassen und dass diese Einpassung der eigentliche Effekt der Macht sei. Damit einher geht demnach die Annahme, dass der Effekt von in Machtverhältnissen wirksamen Ideologien in der Hervorbringung kohärenter geschlechtlicher Identitäten liege: Ideologien sind normativ und sie zielen auf die Herstellung von Kohärenz und Eindeutigkeit. Das kritische Selbstverständnis, das sich daran anschließt, besagt folglich, dass Strategien zur Vereindeutigung geschlechtlicher Positionen, und allgemeiner der Pluralisierung von Identitäten, sowohl politisch wie theoretisch ein subversives Potenzial zukommt: Machtkritik und Subversion wird in der Überschreitung oder Transgression der Geschlechtergrenzen gesehen, die auf die Aufweichung einer als rigide vorgestellten Ordnung der Zweigeschlechtlichkeit zielt. Die Ausweisung der Kontingenz jeder identitären Setzung ist folglich das ideologiekritische Ziel. Damit lehnen sich die *Gender Studies* der deutschsprachigen Universitäten auch dort, wo dieser Bezug nicht explizit hergestellt wird, im Wesentlichen an das Verständnis des *Gender*-Begriffs an, wie es im Rahmen der US-amerikanischen *Cultural Studies* entstanden ist und bei uns maßgeblich durch die Schriften Judith Butlers Verbreitung fand. Auch wenn viele deutschsprachige geschlechtertheoretische Ansätze nicht explizit auf Butler rekurrieren, sondern beispielsweise in Anlehnung an den symbolischen Interaktionismus oder an ethno-methodologische Ansätze argumentieren, so teilen sie doch mit dem im Rahmen der *Cultural Studies* entstandenen *Gender*-Begriff die wichtige Grundannahme, dass die gesellschaftlich geforderten geschlechtlichen Positionen als Identitätsfestschreibungen aufzufassen sind und der Nachweis von deren Kontingenz somit das herrschaftskritische Moment darstellt. Dies wird verständlich, wenn man bedenkt, dass die verschiedenen subjekttheoretischen *Gender*-Ansätze letztlich der gemeinsame Hintergrund in den ich-psychologischen Wurzeln des *Gender*-Begriffs selbst eint und damit ein Modell von Subjektbildung, das sich an einem soziologischen Verständnis von Identifikation orientiert.[6]

6 Ich habe dies ausgeführt in Soiland (2010: 17 ff.). Zu einer detaillierten Ausführung meiner Kritik am *Cultural turn* (vgl. Soiland 2011).

Dass Geschlecht als Identität thematisiert, Subjektivierung als Normierung und Ideologiekritik folglich als Normenkritik verstanden wird, ist jedoch überhaupt nicht selbstverständlich und in dieser Form, als dekonstruktives *Gender*-Verständnis, relativ neu: Es entstand zu Beginn der 1990er Jahre. Mit der Übernahme dieses kulturalistischen *Gender*-Begriffs in den deutschsprachigen Raum stehen wir jedoch vor einem merkwürdigen Phänomen. Sein Hegemonialwerden in den *Gender Studies* geht nämlich strenggenommen Hand in Hand mit einer Veränderung in den hegemonialen Strukturen selbst: Es ist genau die Zeit, in der wir gleichzeitig einen markanten Wechsel in dem feststellen, was Louis Althusser einst die Ideologischen Staatsapparate nannte (1977). So lässt sich heute schwerlich behaupten, dass diese Ideologischen Staatsapparate noch normative Geschlechterleitbilder propagieren. Im Gegenteil: Der Staat ist von einem Produzenten konservativer Geschlechterideologien, wie wir sie von den 1950er und 60er Jahren her kennen, zum Propagandeur fortschrittlicher Geschlechterarrangements geworden. Wir sind heute mit dem Phänomen einer staatlich verordneten Gleichstellung konfrontiert, die sich nicht nur über einen breiten Konsens von links bis rechts erstreckt, sondern tatsächlich einen starken Willen zum Abbau überkommener Geschlechtervorstellungen erkennen lässt. Öffentliche Einrichtungen wie Schulen, Universitäten, aber auch der staatliche Verwaltungsapparat und zunehmend sogar die Privatwirtschaft geben sich mit Hilfe von Gleichstellungsbeauftragten die größte Mühe, nun als überkommen empfundene Geschlechtervorurteile abzubauen; und nichts deutet darauf hin, dass diese Bemühungen nicht ernst gemeint sind. Dies wird verständlich, wenn man bedenkt, dass Geschlechterstereotypen sich gerade für spätkapitalistische Produktionsweisen als dysfunktional erweisen (Annuß 1996: 513 ff.; Hennessy 2000: 105–110) und dass der nachfordistische Kapitalismus andere und neue Anforderungen an die Menschen stellt, in denen sich diese nicht länger an tradierten Rollenvorstellungen orientieren sollen (Kohlmorgen 2004: 273 ff.). Daher sind die Menschen gerade dazu aufgerufen, im Namen der Marktfähigkeit von ihrem Geschlecht zu abstrahieren. So betrachtet stehen wir vor dem Phänomen, dass zeitgleich mit einem enormen Umbruch, ja, einem eigentlichen Paradigmenwechsel in den Ideologischen Staatsapparaten eine sich als radikal verstehende feministische Kritik auftaucht, deren Vorstellung von Radikalität sich in eigentümlicher Weise mit diesem Paradigmenwechsel paart. Es drängte sich doch die Frage auf, warum mit dem an den *Cultural Studies* orientierten Ansatz von *gender* ein Verständnis von Geschlecht, das mit seiner Kritik an einem Normensystem den Feminismus nicht nur zu beerben, sondern auch zu radikalisieren beansprucht, warum ein solches Verständnis von *gender* genau zu dem Zeitpunkt hegemonial wird, in dem eben diese Normen gesamtgesellschaftlich gerade massiv an Bedeutung verlieren? Denn auch in dem, was Antonio Gramsci den »erweiterten Staat« genannt hat, das heißt in der Zivilgesellschaft, ist es wohl gerade und vorrangig der Bereich der Geschlechterverhältnisse, in dem sich in den letzten dreißig Jahren ein eindrücklicher normativer Wandel vollzogen hat.

Wenn ich in dieser Weise auf die ökonomische Situation hinweise, so meine ich damit keinesfalls, dass wir auf Fragen der Subjektivierung resp. der Ideologiekritik verzichten sollten. Doch meine ich, dass wir, was die Geschlechterverhältnisse betrifft, uns sehr viel genauer überlegen müssten, wie wir dies *heute* tun. Mich selbst jedenfalls hat diese Koinzidenz – das Zusammenfallen von historischem Wandel und Kritik – dazu veranlasst, das Auftauchen dieser Normenkritik und damit in Zusammenhang stehend die Hochhaltung von Kontingenz und die Unterstellung ihres angeblich subversiven Potenzials selbst zeitgeschichtlich zu verorten.[7] Und eben dazu greife ich auf Diagnosen zurück, wie sie sich in der internationalen marxistischen Lacan-Rezeption finden.

3. Lacan-Marxismus: ein anderes Subjektverständnis

3.1. Das Auftauchen des Pluralen als Teil der Metamorphosen des Kapitalismus

Ganz allgemein wird von marxistischer Seite seit Längerem Kritik am subversiven Selbstverständnis der Strategie zur Pluralisierung und Vereindeutigung von Identitäten geübt. Marxistisch orientierte AutorInnen heben insbesondere die völlig affirmative Aufnahme des Wandels in den Selbstverhältnissen hervor, die es nicht erlaube, nach den gesellschaftlichen Ursprüngen dieser veränderten Selbstverhältnisse zu fragen. AutorInnen wie Meinhard Creydt (1993) und Fredric Jameson (1986), aber auch Evelyn Annuß (1996) und in etwas anderer Weise Rosemarie Hennessy

7 Einen ähnlichen Umgang mit dieser Koinzidenz findet sich auch bei Rita Casale (2008: 204ff.).

(2000: 111–142) haben nicht nur wiederholt die Verschiebung gesellschaftlicher Konfliktfelder auf ein ästhetisches Feld kritisiert. Sie stellen die »kritische Distanz« (Jameson 1986: 94) subkultureller Bewegungen grundsätzlich in Frage, insofern die bürgerliche Hegemonie längst selbst eine »differentialistische Form« angenommen habe (Annuß 1996: 515), in welcher »aparte Stilgruppen« (Creydt 1993: 183) und »partikulare Symbolgemeinschaften« (Annuß 1996: 515) das vormals existierende Bewusstsein kollektiver Betroffenheitslagen ersetzt haben.

Diesen Gedanken möchte ich im nun Folgenden anhand einiger Überlegungen, wie sie im Umfeld der Ljubljana School of Psychoanalysis ausgearbeitet wurden, vertiefen. Ich stütze mich dabei zunächst auf Slavoj Žižek, aber auch auf Alenca Zupančič und Mladen Dolar, die ebenfalls dieser Schule angehören. Es ist eine Eigenheit des deutschsprachigen Raumes, dass Slavoj Žižek hier bisher vor allem als Filmtheoretiker wahrgenommen wurde. Seine Herkunft aus der Ljubljana School of Psychoanalysis und damit seine Verankerung in einer genuin marxistischen Tradition ist wenig bekannt.[8] Dabei entstand die in Slowenien beheimatete Ljubljana School of Psychoanalysis unter Tito als eine Gruppe linker RegimekritikerInnen, die sich seit Ende der 1970er Jahre um eine Synthese von Marxismus und Lacan'scher Psychoanalyse bemühten. Seit der Wende gingen von dieser Schule wichtige Impulse für die Analyse spätkapitalistischer Gesellschaften aus, in die die Bemühungen um eine Lacan'sche Ideologie- und Machttheorie von Grund auf einfließen.[9]

8 Vgl. zu diesem Punkt Žižek selbst: »In Frankreich (und in der romanischen Welt überhaupt) fungiert die Lacan'sche Psychoanalyse vorwiegend als Theorie der psychoanalytischen Klinik; in den angelsächsischen Ländern und in Deutschland selbst wird sie vorwiegend von literaturtheoretischen und auch feministischen, im breiten Strom des ›Poststrukturalismus‹ schwimmenden Studien betrieben. In Slowenien zeichnet sie zwei Merkmale aus. Sie ist, erstens, auf eine Neulektüre von klassischen philosophischen Texten (Platon, Descartes, Kant, Hegel, Marx ...) orientiert. Und sie ist, zweitens, von einer unmittelbaren ›Politisierung‹ bestimmt, zu der sowohl Versuche zur Herausbildung einer Lacan'schen Ideologie- und Machttheorie als auch aktives Mitwirken in den politischen Kämpfen der realsozialistischen Zusammenbruchperiode gehören. Die Laibacher Lacan-Schule stellt gewissermaßen die Quintessenz jenes magischen Augenblicks des Übergangs vom Realsozialismus zur etablierten Demokratie dar« (Žižek 1991: 7). Vgl. zu diesem Abschnitt auch Osborne 1996a.

9 Zum Selbstverständnis dieser Schule vgl. den Klappentext der von ihnen herausgegebenen Serie: »Wo es war«: »*Wo es war, soll ich werden – Where it was, I shall come into being* – is Freud's version of the Enlightement goal of knowledge that is in itself

Žižeks Ausgangspunkt ist die Feststellung, dass der Kapitalismus nicht nur über eine unglaubliche Metamorphosefähigkeit verfügt, sondern dass es ganz eigentlich diese permanente Selbstrevolutionierung ist, die die Grundlage seiner Existenz bildet. Während Marx den die traditionellen Bande zersetzenden Kräften des Kapitalismus eine gewisse Faszination entgegenbrachte, da er sich von dieser Entbettung einiges an revolutionärer Sprengkraft erhoffte, scheint sich unter heutigen MarxistInnen die Erkenntnis durchzusetzen, dass der Kapitalismus genau diesen Exzess zu seiner treibenden Kraft macht. Das kapitalistische System scheint den Exzess nicht länger auszuschließen, sondern sich umgekehrt gerade durch dessen permanente Integration zu erneuern (2009: 205). Es ist diese »Logik des integrierten Exzesses«[10] (2004: 156), die Žižek in eine gewisse Skepsis gegenüber allen Formen kultureller Kämpfe um Freiräume bringt. Wenn er feststellt, dass in diesem »vielumjubelten nomadischen Dynamismus der Gegenwartsgesellschaft« etwas gleich bleibt, nämlich der Kapitalismus, so, weil er zwischen beiden, der Veränderung und dem Gleichbleibenden, ein dialektisches Verhältnis sieht. Es ist, so Žižek, »gerade das Gleichbleibende – die kapitalistischen Verhältnisse –, das die unaufhörliche Veränderung initiiert, denn das grundlegendste Merkmal des Kapitalismus ist dessen Dynamik der permanenten Selbstrevolutionierung« (Žižek 2009: 216).

Nun war es genau diese Sichtweise, die sich schon immer dem Vorwurf des Essenzialismus ausgesetzt sah. So wurde argumentiert, dass es auch andere als Klassenkämpfe gebe und dass kein Kampf beanspruchen könne, fundamentaler zu sein als der andere; dass ein solcher Anspruch vielmehr die Kontingenz des gesamten politischen Feldes und damit die Komplexität gesellschaftlicher Verhältnisse verstelle. Es ist dieses Auftauchen multipler politischer Subjekte, welches die Möglichkeit jedes Allgemeinen in Frage stellt, das auch der dem Band *Geschlecht zwischen Struktur und Subjekt* leitenden Fragestellung zugrunde liegt. Die Rückfrage, die Žižek an dieser

---

an act of liberation. Is it still possible to pursue this goal today, in the conditions of late capitalism? If ›it‹ today is the twin rule of pragmatic-relativist New Sophists and New Age obscurantists, what ›shall come into being‹ in its place? The premise of the series is that the explosive combination of Lacanian psychoanalysis and Marxist tradition detonates a dynamic freedom that enables us to question the very presuppositions of the circuit of Capital.« Vgl. zum Selbstverständnis der Gruppe auch die von Paul Osborne 1991 und 1996 geführten Interviews.

10 Hier wie im Folgenden handelt es sich bei Žižeks englischsprachigen Texten um meine eigenen Übersetzungen.

Stelle stellt, ist folgende: Ist dieser »Übergang von der ›großen‹ Geschichte zu ›kleinen‹ Geschichten, vom Essenzialismus zur Kontingenz, von der globalen zur lokalen Politik usw.« (2009: 212) einfach ein Übergang von Irrtum zu Wahrheit (vgl. 2000: 107)? Waren die Menschen also zunächst »etwas dumme Essenzialisten, welche an die Natürlichkeit der Sexualität glaubten, während wir heute um die Performativität von Geschlecht wissen?« (ebd.) Ist mit anderen Worten die Einsicht in die allgemeine Kontingenz ein erkenntnistheoretischer Fortschritt, deren Wahrnehmung in der Gegenwart somit so etwas wie das Auftauchen einer universellen Wahrheit wäre? Oder muss man das Auftauchen des allgemeinen Historisierens selber historisieren, indem man diese »Erkenntnis« (der Kontingenz) als Teil des globalen Wandels in der eigentlichen Natur der kapitalistischen Gesellschaft auffasst? (ebd.). Žižeks Antwort ist klar:

> »Gegen die postmoderne politische Theorie, welche zunehmend dazu tendiert, jeden Bezug auf den Kapitalismus als essenzialistisch zu verbieten, müsste man einwenden, dass die plurale Kontingenz postmoderner politischer Kämpfe nicht das Gegenteil der Totalität des Kapitalismus ist, worin der Kapitalismus dann sozusagen das freie Fließen der hegemonialen Verschiebung begrenzte. Der heutige Kapitalismus liefert umgekehrt gerade den eigentlichen Hintergrund und das Terrain für die Heraufkunft dieser politischen gleitend-dispers-kontingent-ironischen-etc. Subjektivitäten« (Žižek 2000: 108).

Žižek betont zwar, dass es das Verdienst der von ihm so genannten »Post-Politik« ist – zu lesen in seiner Doppelbedeutung einer Politik postmoderner Identitäten, aber auch der Frage, ob das das Ende der Politik sei –, dass ihre Themen das alltägliche Leben der Menschen politisieren. Das ist ein genuin marxistisches Anliegen (Žižek 2000: 98; 2001: 489/492; 2009: 214f.). Doch was bei dieser allgemeinen Politisierung ausgespart bleibt, ist der eigentliche Hintergrund, vor dem diese Kämpfe stattfinden: der Kapitalismus selbst. Post-Politik führt nicht nur nicht zu einer Repolitisierung der Ökonomie. Im Anschluss an Ernesto Laclau (1982: 14–16) sehen viele PostmarxistInnen die Ökonomie als ein Feld des Politischen unter anderen, das denselben Regeln der Kontingenz folgt. Nicht nur kann so nicht mehr gedacht werden, dass das Politische seine Grenzen im Ökonomischen findet. Aus dem Blick gerät damit insbesondere, dass das Ökonomische der »heimliche Horizont und das Strukturprinzip politischer Kämpfe« bleibt (Žižek 2009: 213). Dass es einen vom Ökonomischen unabhängigen Bereich des Politischen geben soll – diese Trennung in Politik und Ökonomie ist die ureigenste Ideologie des Kapitalismus selbst. Postpolitische Kämpfe folgen deshalb in ihrer Infragestellung des Primates des Ökonomischen der Selbsterzählung des Kapitalismus und wiederholen damit die Geste, mit der sich das Ökonomische in seinem determinierenden Status unsichtbar macht. Wendy Brown, auf die sich Žižek hier bezieht, spricht deshalb davon, dass sich in den US-amerikanischen Identitätspolitiken eine »Renaturalisierung des Kapitalismus« vollzieht, indem diese sich in ihren Forderungen implizit an einen Standard innerhalb der bestehenden Gesellschaft richten, was den Kapitalismus weitgehend vor Kritik bewahrt (Brown 1995: 60 f.).

Es ist diese Setzung des Kapitalismus als einen allgegenwärtigen Hintergrund, worin dieser tendenziell als untangierbar erscheint, die Žižek zur ironischen Feststellung bringt, dass der Nachweis der universellen Kontingenz offenbar und paradoxerweise mit einer Naturalisierung des Kapitalismus selbst einhergehe. Die Heraufkunft einer universellen Kontingenz und die Renaturalisierung des Kapitalismus sind also zwei Seiten derselben Medaille (vgl. Žižek 2009: 214; 2000: 108). Wenn das klassische Ideologieverständnis besagte, dass Ideologie die Naturalisierung eines an sich kontingenten Phänomens sei, so scheint sich dies heute umzukehren: »Die Vorstellung der allgemeinen Historizität und Kontingenz«, so Žižeks scharfsinniger Schluss, ist nun selbst »Bestandteil der hegemonialen Ideologie« unserer Gegenwart geworden (2009: 216).[11] Wir finden diese Gedankenfigur des klassischen Ideologieverständnisses beispielsweise in Judith Butlers Überlegung, dass die Vorstellung von der Natürlichkeit der Zweigeschlechtlichkeit die an sich kontingente Geschlechtsannahme – das heißt, der Umstand, dass wir zu Frauen oder Männern werden – und damit die Kontingenz dieser Einteilung in zwei und nur zwei Geschlechter verstellt (vgl. Butler 1991: 24–32,

11 Žižek führt dazu an anderer Stelle aus: »The truly radical assertion of historical contingency has to include the dialectical tension between the domain of historical change itself and its traumatic ›ahistorical‹ kernel qua its condition of (im)possibility. *Historicism* deals with the endless play of substitutions within the same fundamental field of (im)possibility, while *historicity* proper makes thematic different structural principles of this very (im)possibility. In other words, the historicist theme of the endless open play of substitutions is the very form of ahistorical ideological closure: by focusing on the simple dyad essentialism-contingency, on the passage from the one to the other, it obfuscates concrete historicity qua the change of the very global structuring principle of the Social« (2000: 112).

63 ff.; 2009: 167 ff.). In diesem Fall zielt das Anliegen also auf den Nachweis, dass es sich hierbei um die Naturalisierung eines an sich kontingenten Phänomens handelt. Demgegenüber würde Žižek geltend machen, dass das zwar stimmt, dass aber das Auftauchen dieser Kontingenzvorstellung längst selbst Bestandteil des hegemonialen Feldes geworden ist, das damit in gewisser Weise die Kontingenz selbst naturalisiert.

Was jedoch heißt dies für die Frage der Subjekte? Wo lassen sich diese in dieser allgemeinen Kontingenz auffinden, und vor allem, wie ergeht es ihnen darin? Fassen wir zusammen: Wenn der Standpunkt der Kontingenz das ideale politische Subjekt als ein sich laufend wandelndes Fluidum denkt, dessen Distanz gegenüber jeder Identifizierung mit einem politischen Ideal es ihm ratsam erscheinen lässt, sich in lediglich partiellen Bündnispolitiken zusammenzuschließen, so liegt dies in der Vorstellung begründet, dass historischer Wandel und damit ein Abbau von Herrschaft diese Offenheit verlangt. Jede politische Identifizierung, so die Annahme, bringt ihrerseits wieder herrschaftsförmige Mechanismen des Ausschlusses hervor. Das ist im Wesentlichen der Essenzialismusvorwurf. Für Žižek ist nun genau dieser Aufruf zur Desidentifikation, »das historistische Thema eines endlosen offenen Spiels der Substitution«, die eigentliche Form einer »ahistorischen ideologischen Schließung« (Žižek 2000: 112). Warum? Subjekttheoretisch, und darum spielt in dieser ganzen postmodernen Debatte das Geschlecht eine so zentrale Rolle, geht diese Vorstellung von der Annahme aus, dass die multiplen Identitäten ein Effekt der Erodierung der väterlichen Autorität und damit des Untergangs der ödipalen Familienkonstellation sind. So betrachtet sind wir in einem fortschreitenden Prozess der Enthierarchisierung, indem wir den Schritt von der »patriarchalen, ödipalen Ordnung zu postmodernen vielgestaltigen kontingenten Identitäten« vollzogen haben (Žižek 2001: 500), was dann der Akt der Befreiung wäre. Genau dieser Befreiungsvorstellung widerspricht Žižek, und dies ist der zentrale Einfluss Lacans auf ihn, indem er betont, dass diesen veränderten Subjektivierungsweisen neue Formen von Herrschaft entspringen, die gänzlich falsch verstanden sind, wenn man sie als Überbleibsel der herrschaftlichen Struktur des Ödipalen auffassen wollte.

Žižek lehnt sich hier an Überlegungen Lacans an, die dieser Ende der 1960er Jahre, also während der Studentenunruhen, in seinen Seminaren, insbesondere in den Seminaren XVI und XVII (Lacan 2006; 1991), anstellte. Lacan führt darin aus, dass das Verschwinden der väterlichen Autorität nicht einfach eine ›befreite‹ Subjektivität zur Folge habe, sondern dass anstelle des väterlichen Verbotes vielmehr ein Ideal tritt, das sich nun seinerseits an dem vormals verbotenen Genießen orientiert.[12] Man könnte auch sagen, dass das Ich-Ideal, das unser Über-Ich maßgeblich prägt, sich nicht länger entlang von Verboten herausbildet, sondern sich unmittelbar mit dem Genießen verbindet. Der paradoxe Effekt davon ist, dass unsere Über-Ich-Struktur nun selbst an dieses Genießen gekoppelt ist; das Über-Ich selbst gebietet nun den Genuss. »Genieße!« ist deshalb Lacans Formel für dieses merkwürdige Phänomen, das uns an unserem nicht-gelebten Genießen schuldig werden lässt und uns damit unweigerlich in einen gnadenlosen Imperativ zur Optimierung unseres Lusterlebens verstrickt. Ob es sich nun um die Austarierung der für unseren genetischen Code optimalen Nahrung handelt oder um den lesbischen Kinderwunsch, von der Wellness-Woche über das tägliche Yoga bis hin zur Entfaltung der eigenen Biodiversität steht das eigene Wohl, das wir darin verfolgen, paradoxerweise gleichzeitig unter einem enormen Leistungsdruck. Lacan meint deshalb mit dem Imperativ zu Genießen nicht lediglich, dass wir in einer hedonistischen Gesellschaft leben, in der die Individuen, indem sie ihren Vorlieben nachgehen, ihre sozialen Pflichten vernachlässigten. Vielmehr ist es so, dass das Genießen selbst zur vorrangigen sozialen Pflicht geworden ist.

Diese Über-Ich-hafte Besetzung des Genießens ist deshalb ein zentrales Element dessen, was man als Lacans Gegenwartsdiagnose bezeichnen kann: Spätkapitalistische Gesellschaften zeichnen sich für Lacan durch den Übergang vom »Diskurs des Herrn« als der traditionellen Form der ödipalen Struktur zu dem aus, was er nun als »Diskurs der Universität« bezeichnet: Damit meint er die Verlagerung der Autorität – und darum ist das Ganze nicht weniger herrschaftsförmig – auf ein Expertenwissen, das er durch ein brisantes Ineinandergreifen von technokratischer Bürokratie und einem exzessiven obszönen Genießen als sozusagen deren verdeckte Unterseite gekennzeichnet sieht.[13]

12 Mit diesem Genießen ist in der Psychoanalyse zunächst die ursprüngliche Vereinigung mit der Mutter gemeint; in der ödipalen Theorie trennt der Vater diese Dyade, wobei diese Triangulierung dem Kind eine eigenständige Entwicklung ermöglicht. Diese Ursprungssituation ist jedoch nicht als reale Konstellation zu verstehen, sondern eher als eine Interpretation ex post, in der eine für immer verlorene Erfülltheit (die es so nie gab) imaginiert wird.

13 In seiner Unterscheidung von vier Diskursen, wie er sie im Seminar XVII macht (1991: 79ff.), führt Lacan aus, dass der »Diskurs der Universität« der dem Kapi-

Žižek beschreibt dies als eine »postmoderne ›De-Entfremdung‹«, worin »die Spannung zwischen meinen innersten idiosynkratischen, kreativen Impulsen und der Institution, die diese nicht schätzt oder sie sogar unterdrücken will, um mich zu ›normalisieren‹«, weitgehend in sich zusammengefallen ist: »Wir haben es hier also mit einer höchst seltsamen Allianz zwischen dem rebellischen und subversiven Kern meiner eigenen Persönlichkeit, meinem ›Kobold der Perversität‹, und einer externen Körperschaft zu tun« (Žižek 2001: 513 f.). Die Krise der »symbolischen Investitur«[14] – die Krise, ein symbolisches Mandat, eine symbolische Identität anzunehmen – hat also eine Kehrseite. Während wir ursprünglich als Entschädigung für den Verzicht auf ein Genießen eine symbolische Identität, bspw. eine Geschlechtsidentität, bekamen, sind wir nun genau in der umgekehrten Lage: Grundlegend ist heute, so Žižek, »der Verlust einer symbolischen Identität, in dessen Gegenzug und als Entschädigung für diesen Verlust wir von allen Seiten mit allerlei Formen und Vorrichtungen des Genießens bombardiert werden« (2004: 145). »Folgt nicht daraus«, fragt deshalb Žižek, »dass der skeptische Standpunkt, man solle gesellschaftliche Ideale und Identifikationen nicht ernst nehmen, ebenfalls seine Gültigkeit verloren hat, da dieser Skeptizismus ganz eigentlich bereits das fundierende Merkmal der gegenwärtigen hegemonialen Ideologie ist, die gerade nicht länger auf der Ebene der Ideale und der Identifikationen operiert, sondern ganz unmittelbar auf der Ebene des Genießens?« (2004: 113).

Massimo Recalcati beschreibt dies als eine »paradoxe Idealisierung der De-Idealisierung« (Recalcati 2007a: 76/10), die zu einer neuartigen Form eines »postideologischen Totalitarismus« führt (ebd.: 7 ff.), der sich nicht länger an einem Ideal, sondern einzig und allein am Ziel der Vermehrung der Güter orientiert. Ähnlich sieht Žižek die Gefahr des Kapitalismus darin, dass er, obwohl oder gerade insofern er global agiert und damit die ganze Welt umfasst, zu einer »Weltlosigkeit« führt, in welcher einer Mehrheit der Bevölkerung gerade die Koordinaten einer bedeutungsvollen Orientierung verloren gehen. Diese dem Kapitalismus eignende Bewegung, »Bedeu-

talismus affine Diskurs ist (1991: 206–208, 123–125). Er spricht deshalb auch vom »Diskurs des Kapitalismus« (1991: 126), resp. von einem kapitalistischen Subjekt (2006: 17); vgl. dazu auch Rouse/Arribas (2011: 210 ff.), Recalcati (2007a+b) und McGowan (2004). Zum Diskursverständnis Lacans im Unterschied zu demjenigen der *Cultural Studies* vgl. den Abschnitt 3.2.

14 Žižek verwendet diesen Begriff in Anlehnung an Eric Santner; vgl. hier Žižek (2004: 145).

tung zu de-totalisieren«, führt in Žižeks Worten zu einer *truth-outside-meaning*, zu einer »Wahrheit außerhalb der Bedeutung«,[15] die keinen ideellen Referenten hat. An dessen Stelle tritt, wie Recalcati in Anlehnung an Jean-Claude Milner formuliert, eine Art neutralisierte Macht, die der »absoluten Herrschaft der Sachen« folgt (Recalcati 2007a: 78 f.). Recalcati meint damit »ein durch das wissenschaftlich-technische Wissen und dessen Praktiken« angeleitetes, damit letztlich aber despotisches Gebot, das Leben gemäß der Objektivität eines Maßes des Guten politisch zu verwalten und damit das Genießen nicht nur zu objektivieren, sondern es im selben Zug gewissermaßen zu optimieren.[16]

Diese »Politik des Genießens« – Žižek spricht beispielsweise von einer »Verteilung oder Regulierung des Genießens« (2004: 113 f.), womit er alle möglichen Diskurse über Formen von Belästigungen, aber auch allgemeiner alle Antidiskiminierungsdiskurse meint, was man vielleicht überhaupt als eine neue Form von Biopolitik auffassen müsste –, diese These, dass das Genießen nun zu einem eigenen Gegenstand der Politik geworden ist, findet im Umfeld der *Lubljana School of Psychoanalysis* verschiedenste Ausprägungen. So spricht beispielsweise Alenca Zupančič davon, dass wir heute nicht so sehr an einem Genießen gehindert werden, sondern vielmehr mit einer neuen Ausbeutungsform konfrontiert sind, die direkt auf das Hindernis am Genießen zielt. Genießen ohne Hindernis führt aber, so Zupančič in Anlehnung an Lacan, letztlich zu einem »Genießen ohne Genießen«.[17] Das heißt, es gilt zu denken, dass wir heute paradoxerweise einer Negativität enteignet werden. Und dies führt nicht einfach ins Paradies, sondern in komplexe psychische Lagen. Denn diese Omnipräsenz

15 Žižek 2005: 241 f. Žižek fragt denn auch, wie überhaupt in »ein Universum, das bereits in sich ›welt-los‹ ist und das zu seiner Reproduktion nicht länger eingefasst werden muss durch die Zwänge einer ›Welt‹« politisch interveniert werden kann (2005: 242). Zu diesem ›Bedeutungsverlust‹ von Wahrheit vgl. auch Casale (2008: 203).

16 Recalcati 2007a: 66. Vgl. dazu Milner (2005). Recalcati bezieht sich hier auf eine Formulierung Lacans, der in seinem Ethik-Seminar vom »Dienst an den Gütern« spricht (1996: 262/383).

17 Zupančič 2006: 172. Wir kennen das in Form von koffeinfreiem Kaffee, fettfreiem Fett, rauchfreien Zigaretten. Zupančič bezieht sich hier auf Lacans Kommentare (vgl. u.a. 2006: 393–399/405; 1991: 202–207, 239 f.; 2001: 434 ff., 509–545, insb. 521 ff./ 529 ff.) zu jenem die 68er-Befreiungsbewegung leitenden Slogan *Jouir sans entrave*, ein Genieße ohne Hindernis, was letztlich zu einer Unmöglichkeit in sich selbst führt.

der Möglichkeiten ist gleichzeitig eine Potenzierung der Unmöglichkeit. Wenn einzig das Unmögliche unmöglich ist, ist das gleichzeitig auch ein Befehl, jeden, auch nicht vorhandenen, Möglichkeitsraum auszuschöpfen. Zupančič (vgl. 2006: 174f.) spricht deshalb in diesem Zusammenhang von einem brisanten, für den Kapitalismus konstitutiven Nebeneinander einer fortwährenden Produktion immer neuer Differenzen, die darin gleichzeitig laufend an Bedeutung verlieren. Der Kapitalismus ist so der wichtigste Förderer von Differenzen, aber er ist gleichzeitig auch jener Mechanismus, der eben diese Differenzen marktförmig aufhebt und ausgleicht. Dies mag seine Vorliebe für den Liberalismus erklären: warum der Kapitalismus zum größten Fürsprecher aller möglichen freiheitlichen Rechte und hier insbesondere des Rechts auf Andersheit geworden ist und warum er im selben Zug der größte Deaktivator eines tatsächlich befreienden oder subversiven Potenzials ebendieser Differenzen ist (Zupančič 2006: 174). Und ich meine, dass das Auftauchen multipler Identitäten in genau diesem Zusammenhang gesehen werden muss.

Es ist klar, dass das dekonstruktive Geschlechter-Verständnis diesen Umbruch nicht erfassen kann: Im Rahmen seiner theoretischen Grundannahmen zielt Macht in ihrem Effekt immer auf die Herstellung einer kohärenten geschlechtlichen Identitätsposition und damit auf das, was im Kontext der Lacan'schen Psychoanalyse ein symbolisches Mandat genannt wird und von welchem Lacan gerade zeigt, dass es gegenwärtig in Auflösung begriffen ist. Aus dieser Perspektive betrachtet ist heute nicht mehr die Identitätsfestlegung und damit die normative Einschränkung einer angeblichen Vielfalt unser Problem, sondern umgekehrt gerade das, was ich hier als die Verführung durch eine in Aussicht gestellte Pluralität bezeichnen würde.

3.2. Exkurs: Das Subjekt im Lacan'schen Verständnis

All dies lässt sich nur vor dem Hintergrund des spezifisch psychoanalytischen Subjektverständnisses verstehen. Ohne dies hier ausführen zu können, möchte ich den zentralen Unterschied zu dem gegenwärtig in den *Gender Studies* vorherrschenden Verständnis geschlechtlicher Subjektivierung anhand der unterschiedlichen Funktion, die »dem Diskurs« darin zukommt, veranschaulichen. Während in Anlehnung an Judith Butlers Überlegungen das Diskursive als ein Set normativer Anrufungen fungiert, das bestrebt ist, normierte Identitäten festzuschreiben, ist der

Diskurs im Sinne Lacans ein gesellschaftliches Band (vgl. Lacan 2001: 446; vgl. Lacan 1991: 79–95), welches einer konstitutiven Unmöglichkeit in der Subjektgenese eine historisch je wandelbare Form verleiht. Der vom Subjekt beim Eintritt in die Gesellschaft zu leistende Verzicht bringt in diesem einen nicht-assimilierbaren »Überschuss« oder »Rest« hervor (Dolar 1991: 21/25), der seinem Genießen als Effekt eines unwiederbringlichen Verlustes eine – historisch spezifische – Ausformung gibt: Die je historisch feststellbaren unterschiedlichen Weisen der Subjektivierung sind unterschiedliche Formen, mit dieser Unmöglichkeit des Genießens zurande zu kommen. Die offenbar historisch immer wieder von Neuem notwendig werdenden Transformationen des Kapitalismus scheinen sich dabei gerade der Möglichkeit zu bedienen, dass die Weisen, mit der Unmöglichkeit des Genießens (nicht) zurande zu kommen, historisch wandelbar sind: *Plus-de-jouir* – Mehrgenießen, ein Wort, das Lacan in Anlehnung an Marx' Mehrwert, *plus-value*, kreiert und das in sich die beiden Aspekte eines »Mehr« und einer Unmöglichkeit vereint, ist dabei das Element, das verschiedene Ausformungen erhalten kann und sozusagen die Andockstelle im Subjekt für das Greifen der Diskurse bildet.[18] In seinem Seminar XVII unterscheidet Lacan deshalb seit dem entstehenden Kapitalismus vier solche Diskurse als historisch je unterschiedliche Weisen der Subjektivierung, was es ihm insbesondere ermöglicht, für die jüngste Transformation eine eigene Beschreibung zu finden.

In diesem Sinn jedoch ist das psychoanalytische Subjekt resp. das französische *sujet stricto sensu* das Gegenteil dessen, was in den englischsprachigen *Cultural Studies* als *identity* fungiert: Das Subjekt ist das Korrelat dessen, was von der symbolischen Anrufung nicht erfasst werden kann, es ist nicht dessen Verwirklichung, sondern dessen Überschuss. Dies jedoch nicht in dem Sinne, dass das Subjekt der Anrufung vorgängig wäre. Dieser Rest, dessen Korrelat das Subjekt ist, entsteht vielmehr erst als eine Art Co-Effekt der Anrufung; als das für das Subjekt zugleich Intimste, das sich gleichwohl einem äußeren Eingriff verdankt.[19] In Mladen Dolars

18 Vgl. zur Herleitung von *plus-de-jouir* Lacan 2006: 17–19; 1991: 49/92/123/206–208.

19 Daher spricht Lacan von diesem Rest als ein für das Subjekt »ex-times« Objekt (Lacan 1996: 171). Dolar erläutert dazu: »Er ist der Punkt der Äußerlichkeit gerade im Kern der Innerlichkeit, der Punkt, an dem das Innerste das Äußerste berührt und wo eine Art Materialität sich im Intimsten befindet. Die Konstitution der Subjektivität ist nicht ohne diesen intimen äußeren Kern zu denken« (1991: 13).

Worten ist deshalb das Subjekt »genau das Scheitern«, das Subjekt zu werden; »das psychoanalytische Subjekt ist das Scheitern, ein Althussersches Subjekt zu werden«, wozu er weiter ausführt: »Für Althusser ist das Subjekt das, was die Ideologie funktionieren lässt; für die Psychoanalyse entsteht das Subjekt, wo die Ideologie scheitert« (Dolar 1991: 12).[20] Im Fall der *Cultural Studies* fungieren Ideologien demnach als Schließungen der grundsätzlich multiplen, oftmals widersprüchlichen Subjektanrufungen; Ideologiekritik wäre somit die Offenlegung dieser Multiplizität und Widersprüchlichkeit jeder Identitätszuschreibung. Im Falle der Psychoanalyse hat die Ideologie hingegen die Funktion, phantasmatisch die signifikante Lücke des fehlgeschlagenen Subjekts auszukleiden, das heißt, als eine Art Stöpsel für die Leere des als grundsätzlich gespalten vorgestellten Subjekts zu dienen.[21] Und als ein solcher Stöpsel können, je nach historischer Epoche, multiple Subjektpositionen ebenso dienen wie normative Geschlechtsidentitäten.

Es ist wohl dies, was Žižek meint, wenn er auf Judith Bulters Vorstellung von Subversion bezugnehmend in einem Interview aus dem Jahr 1993 sagt:

> »Was ist das Bild des ›Feindes‹, das dieses Werk impliziert? In *Gender trouble* ist der Feind jemand, der identitär, patriarchal oder phallokratisch genannt werden kann. Mein Punkt ist ganz einfach: das ist heute nicht der Feind. Um es in einer marxistischen Terminologie zu sagen: Die Form von Subjektivität, welche der Spätkapitalismus produziert, ist nicht länger patriarchal-identitär. Die vorherrschende Form der Ideologie heute ist genau die der multiplen Identitäten. Wenn wir dieses Spiel spielen – nicht männlich, nicht weiblich, sondern vielmehr alle Möglichkeiten offenhalten –, dann spielen wir genau das spätkapitalistische Spiel. (…) Es ist genau aus diesem Grund, dass ich finde, dass Butlers politisches Projekt vollständig innerhalb des liberal-demokratischen Rahmens bleibt« (Osborne 1996b: 42).

20 Dolar 1991: 12; vgl. zur Erläuterung weiter: »Die unterschiedlichen subjektiven Strukturen, die die Psychoanalyse entdeckt und beschrieben hat (…), stellen einfach unterschiedliche Formen dar, mit diesem Rest, dieser Unmöglichkeit, Subjekt zu werden, umzugehen. Und ebenso ist es auf der gesellschaftlichen Ebene, auf der Ebene des Diskurses als eines gesellschaftlichen Bandes – die vier Grundtypen des Diskurses, wie sie von Lacan festgelegt wurden, stellen vier Weisen dar, diesen Rest in Angriff zu nehmen. Die Anrufung hingegen ist eine Möglichkeit, ihm auszuweichen« (ebd.).

21 Zu einer dezidierten Kritik am Subjektverständnis der Cultural Studies vgl. auch Copjec (2004: 234ff.; 1989: 235).

In vielerlei Hinsicht erinnert Žižeks Kritik an die Kritik, die Michel Foucault einst gegenüber der Bewegung der sexuellen Revolution formulierte. Während dort jedoch die Befreiung der Libido im Zentrum stand, geht es den gegenwärtigen Sexualpolitiken eher darum, die multiplen Identitäten, die unter einer rigiden Identität festgehalten werden, zu befreien. Ob wir uns jedoch mit dieser Vorstellung nun zwar nicht in ein Sexualitätsdispositiv, sondern – um Foucaults Warnung zu adaptieren – in ein Dispositiv der Flexibilisierung verstricken, scheint angesichts der vielfältigen und oftmals widersprüchlichen Anforderungen, vor die sich heute vor allem Frauen gestellt sehen, eine mehr als berechtigte Frage. Denn zweifellos gibt es sie noch, die Ideologischen Staatsapparate. Doch gegenüber dem fordistischen System ist ihr Machteffekt ein grundsätzlich anderer: Unter dem Label der Gleichstellung scheint es heute vielmehr die De-Thematisierung von Geschlecht zu sein, die Machtwirkungen zeitigt.[22]

4. Politische Implikationen: Das Geschlechterregime des Postfordismus

Wenn es also zu einfach ist, die heutige Geschlechterideologie schlicht als Festlegung auf eine normative und damit kohärente Geschlechtsidentität aufzufassen, wie haben wir uns dann vorzustellen, was uns gegenwärtig geschieht? Um diese Frage zu beantworten, möchte ich auf meine eingangs formulierte These zurückkommen, dass das gegenwärtige Geschlechterregime die Ungleichheit zwischen den Geschlechtern weiter verschärfen wird, dass sich aber diese Ungleichheit nicht länger über Normen vermittelt herstellt. Wollte man das gegenwärtige Geschehen erfassen, müsste man mit der kanadischen Politologin Janine Brodie (2004: 25) vermutlich vielmehr davon sprechen, dass sich das heutige Geschlechterregime durch ein schwer durchschaubares Nebeneinander einer gleichzeitigen »Intensivierung und Erodierung« der Bedeutung von Geschlecht auszeichnet. Wenn wir heute als Marktteilnehmer adressiert und (re-)formiert werden, so geht damit gerade die Aufforderung einher, im Namen der Vielfalt von unserem Geschlecht zu abstrahieren. Janine Brodie spricht deshalb davon, dass der neoliberale Umbau der Gesellschaft einer versteckten Geschlechteragenda

22 Vgl. zu einer kritischen Befragung des Paradigmas der Gleichstellung auch Duden (2011).

folge, die sie als die gleichzeitige »Auslöschung und Neueinsetzung« von Frauen als dem hauptsächlichen Subjekt sozialstaatlicher Reformen beschreibt (ebd.: 20). Doch geschieht diese »Neueinsetzung« mehr stillschweigend denn explizit. Zwar wird im Zuge des Sozialabbaus einerseits selbstverständlich davon ausgegangen, dass Frauen es sind, die die daraus erwachsenden Mehrarbeiten für die privaten Haushalte erneut in Form von Gratisarbeit übernehmen. Doch wird diese Zuständigkeit nicht mehr normativ vermittelt, denn gleichzeitig werden auch Frauen sehr wohl als geschlechtslose »Marktteilnehmer« adressiert, die dem Markt unabhängig von ihren reproduktiven Aufgaben zur Verfügung stehen sollen. Geschlecht, so Brodie, ist damit als organisierendes Prinzip der Sozialpolitik verschwunden, was es Frauen zunehmend schwierig macht, »als Gruppe kollektive Ansprüche an den Staat in Bezug auf Gleichheit, Ressourcen oder Sicherheit zu stellen« (ebd.: 27).

Wollte man diese Diagnose auf eine Formel bringen, so ließe sich sagen, dass wir es hier mit dem komplexen Ineinandergreifen einer Feminisierung der Lasten bei gleichzeitiger De-Thematisierung von Geschlecht zu tun haben. Dieses Ineinandergreifen lässt die Frauen spezifisch betreffenden Belange schwer greifbar werden – bspw. dass sie aus historischen Gründen mit den ökonomischen Konsequenzen der heute im Zuge neoliberaler Restrukturierung stattfindenden (Re)Privatisierung der sozialen Reproduktion in ganz anderer Weise konfrontiert sind als Männer, da diese ihr angestammtes Tätigkeitsfeld, nicht nur in den privaten Haushalten, sondern vor allem und vorrangig im lohnförmig vermittelten Care-Sektor tangiert – während ihnen gleichzeitig im Namen ihrer Gleichstellung vermeintlich alle Möglichkeiten offen stehen. Wenn alle Bürger vor dem Markt gleich sind und alle für Gleichstellung sind, so wird es mehr oder weniger unmöglich, die offenbar gleichwohl noch vorhandene kollektive Betroffenheitslage als solche zu artikulieren.

Hier jedoch scheint sich eine unheilvolle Verquickung mit der aktuellen Entwicklung innerhalb der feministischen Theorie selbst zu ergeben: In gewisser Weise arbeitet diese, wenn natürlich auch vollkommen unbeabsichtigt, dieser De-Thematisierung zu, indem sie die Existenz einer kollektiven Betroffenheitslage von Frauen und damit ihre Fassung in eine gesellschaftstheoretische Kategorie zunehmend selbst in Frage stellt. Zumindest aber ließe sich sagen, dass die gegenwärtig vorherrschende Geschlechterkonzeption in ihrer dekonstruktiven Ausrichtung die Veränderung in den staatlichen Machtapparaten und damit die Weise, wie diese die Menschen anruft, weder erfassen noch gar reflektieren kann. Dies liegt an der zugrunde liegenden Machtkonzeption. Wenn Macht primär als Normierung und diese wiederum als Identitätsfestschreibung aufgefasst wird, kann Subversion nur in der Einforderung pluraler Identitäten geortet werden. Hier gerät aus dem Blick, dass damit von Seiten der Kritik als Forderung erhoben wird, was längst als Anforderung von außen an uns herantritt. Die flexible Handhabung des eigenen *genders* gehört heute zur Schlüsselqualifikation jeder berufstätigen Frau – was nicht heißt, dass damit ihre realen Handlungsspielräume effektiv größer geworden wären. Vielmehr scheint die Vorstellung von der Verhandelbarkeit des eigenen *gender* von einem Instrument der Kritik längst selbst zu einer »politischen Technologie der Individuen« geworden zu sein, wie Michel Foucault es für neoliberale Menschenführungstechniken als kennzeichnend beschreibt (Foucault 2005: 1015).

Diese Individualisierung findet auf der Ebene der Theorie ihre Entsprechung darin, dass eine historisch gewordene geschlechtliche Arbeitsteilung als Identität – *gender* – umgedeutet und damit, wenn nicht gar in die Verfügung der einzelnen Frau rückverlagert, so doch zumindest als Effekt ihres eigenen Handelns, ihres *doing gender*, ausgewiesen wird. Der darin implizierte Appell zu einem selbstverantwortlichen Umgang mit dem eigenen *gender* ist dabei gleichzeitig auch ein Köder: Die (vermeintliche) Möglichkeit zur (unendlichen) Diversifizierung des eigenen Selbst ist in dieser libertären Inaussichtstellung von (nicht vorhandenen) Möglichkeitsräumen gleichzeitig auch das ideologische Moment, das den Zumutungen der neoliberalen Restrukturierungen und der damit einhergehenden Feminisierung der Lasten zu einer Akzeptanz verhilft.

Wenn die These stimmt, dass wir es im gegenwärtigen Geschlechterregime primär mit einer De-Thematisierung von Geschlecht zu tun haben, so muss man schließen, dass diese Form der Subjektivierung mit dem dekonstruktiven Geschlechter-Verständnis nicht nur nicht erfasst werden kann, sondern dass, so betrachtet, dieses Verständnis selbst Teil der gegenüber dem Fordismus veränderten Subjektivierungsweise geworden ist. Ich meine deshalb, dass Fragen der Subjektivierung nicht losgelöst von den Produktionsverhältnissen und insb. den darin stattfindenden Veränderungen zu betrachten sind, wollen wir nicht in die Lage geraten, ungewollt genau den Erfordernissen dieser veränderten Bedingungen zuzuarbeiten und die

Subversion an einem Ort zu sehen, der längst selbst zum Bestandteil der Erneuerungsbewegung des Kapitalismus geworden ist.

Literatur

Annuß: Evelyn (1996): Umbruch und Krise der Geschlechterforschung: Judith Butler als Symptom. In: Das Argument 216, 38, 4, S. 505–524.

Althusser, Louis (1977, franz. Orig. 1976): Ideologie und ideologische Staatsapparate. In: ders.: Ideologie und ideologische Staatsapparate. Hamburg/Westberlin: VSA-Verlag, S. 108–168.

Brodie, Janine (2004): Die Re-Formierung des Geschlechterverhältnisses. Neoliberalismus und die Regulierung des Sozialen. In: Widerspruch 46, 24, 1, S. 19–32.

Brown, Wendy (1995): States of Injury. Power and Freedom in late Modernity. Princeton: Princeton University Press.

Butler, Judith (1991, engl. Orig. 1990): Das Unbehagen der Geschlechter. Frankfurt/M.: Suhrkamp.

Butler, Judith (2009, engl. Orig. 2004): Die Macht der Geschlechternormen. Frankfurt/M.: Suhrkamp.

Casale, Rita (2008): Die Vierzigjährigen entdecken den Feminismus. Anmerkungen zur Epistemologisierung politischer Theorie. In: Feministische Studien. Zeitschrift für interdisziplinäre Frauen- und Geschlechterforschung 26, 2, S. 197–207.

Copjec, Joan (1989): Cutting up. In: Brennan, Teresa (Hrsg.): Between Feminism and Psychoanalysis. London: Routledge, S. 227–246.

Copjec, Joan (2004, engl. Orig. 1994): Das Geschlecht und die Euthanasie der Vernunft. In: Lies mein Begehren. Lacan gegen die Historisten. München: P. Kirchheim Verlag, S. 233–268.

Creydt, Meinhard (1993): Ästhetisierung und Ideologie. In: Ganßmann, Heiner; Krüger, Stephan (Hrsg.): Produktion Klassentheorie. Festschrift für Sebastian Herkommer. Hamburg: VSA-Verlag, S. 181–192.

Dolar, Mladen (1991): Jenseits der Anrufung. In: Gestalten der Autorität. Wien: Hora Verlag, S. 9–25.

Dolar, Mladen (1998): Introduction: The Subject supposed to enjoy. In: Grossrichard, Alain (Hrsg.): The Sultans Court. European Fantasies of the East. London: Verso, S. ix-xxvii.

Duden, Barbara (2011): »Gleichstellung« oder »Feminisierung« der Lasten des neosozialen Umbaus? These zur Zeitgeschichte von Prekarisierung und Geschlecht. Vortrag gehalten im Rahmen des Kolloquiums am Historischen Seminar der Universität Hannover. Januar 2011. Ms. (unveröff.).

Foucault, Michel (2005): Die politische Technologie der Individuen. In: ders.: Dits et Ecrits. Schriften Vierter Band. Frankfurt/M.: Suhrkamp, S. 999–1015.

Graf, Julia; Ideler, Kristin; Klinger, Sabine (Hrsg.) (2013): Geschlecht zwischen Struktur und Subjekt: Theorie, Praxis, Perspektiven. Opladen: Barbara Budrich.

Graf, Julia; Ideler, Kristin; Klinger, Sabine (2013a): Einleitung: Subjekt und Struktur – Ansatzpunkte für den Wandel von Geschlechterverhältnissen!? In: Graf, Julia; Ideler, Kristin; Klinger, Sabine (Hrsg.): Geschlecht zwischen Struktur und Subjekt: Theorie, Praxis, Perspektiven. Opladen: Barbara Budrich, S. 9–18.

Jameson, Frederic (1986): Postmoderne – zur Logik der Kultur im Spätkapitalismus. In: Huyssen, Andreas; Scherpe, Klaus (Hrsg.): Postmoderne. Zeichen eines kulturellen Wandels. Reinbek bei Hamburg: Rowohlt, S. 45–102.

Hennessy, Rosemary (2000): Profit and Pleasure. Sexual identities in Late Capitalism. New York/London: Routledge.

Kohlmorgen, Lars (2004): Regulation, Klasse, Geschlecht. Die Konstituierung der Sozialstruktur im Fordismus und Postfordismus. Münster: Westfälisches Dampfboot.

Lacan, Jacques (1986, franz. Orig. 1975): Encore. Das Seminar. Buch XX (1972–1973). Weinheim/Berlin: Quadriga.

Lacan, Jacques (1991): L'envers de la psychanalyse. Le Séminaire. Livre XVII (19691970). Paris: Éditions du Seuil.

Lacan, Jacques, (1996, franz. Orig. 1986): Die Ethik der Psychoanalyse. Das Seminar. Buch VII (1959–1960). Weinheim/Berlin: Quadriga.

Lacan, Jacques (2001): Autre écrits. Paris: Éditions du Seuil.

Lacan, Jacques (2006): D'un Autre à l'autre. Le Séminaire. Livre XVI (1968–1969). Paris: Éditions du Seuil.

Laclau, Ernesto (1982): Diskurs, Hegemonie und Politik. In: Neue Soziale Bewegungen und Marxismus (Argument-Sonderband AS 78). Hamburg, S. 6–22.

MacCannell, Juliet Flower (2006): More Thoughts for the Times on War and Death: The Discourse of Capitalism in Seminar XVII. In: Clemens, Justin; Grigg, Russell (Hrsg.): Jacques Lacan and the Other Side of Psychoanalysis. Reflections on Seminar XVII. Durham/London: Duke University Press, S. 195–215.

McGowan, Todd (2004): The End of Dissatisfaction? Jacques Lacan and the Emerging Society of Enjoyment. New York: State University of New York Press.

Miklitsch, Robert (1998): Screening Slavoj Žižek. In: The South Atlantic Quarterly: Psycho-Marxism: Marxism and Psychoanalysis Late in the Twentieth Century, 97, 2, S. 475–507.

Milner, Jean-Claude (2005): La politique des Choses. Paris: Navarin.

Osborne, Peter (Hrsg.) (1996a): Lacan in Slovenia. An Interview with Slavoj Žižek and Renate Salecel. In: ders.: A Critical Sense: Interviews with Intellectuals. London: Routledge, S. 21–35.

Osborne, Peter (Hrsg.) (1996b): Postscriptum. In: ders.: A Critical Sense: Interviews with Intellectuals. London: Routledge, S. 36–44.

Parker, Jan (2007): Lacanian Psychoanalysis and Revolutionary Marxism. In: lacanian ink 29, S. 121–139.

Recalcati, Massimo (Hrsg.) (2007a): Forme contemporanee del totalitarismo. Torino: Bollati Boringhieri.

Recalcati, Massimo (2007b): Lo psicoanalista e la città. L'inconscio e il discorso del capitalista. Roma: manifestolibri.

Rouse, Howard; Arribas, Sonia (2011): Egocraca. Marx, Freud and Lacan. Zürich: Diaphanes.

Soiland, Tove (2010): Luce Irigarays Denken der sexuellen Differenz. Eine dritte Position im Streit zwischen Lacan und den Historisten. Wien/Berlin: Turia + Kant.

Soiland, Tove (2011): Zum problematischen Cultural turn in der Geschlechterforschung. In: Casale, Rita; Forster, Edgar (Hrsg.): Jahrbuch Frauen- und Geschlechterforschung in der Erziehungswissenschaft: Ungleiche Geschlechtergleichheit. Geschlechterpolitik und Theorien des Humankapitals. Opladen & Farmington Hills: Barbara Budrich, S. 17–34.

Vanier, Alain (2001): Some Remarks on the Symptom and the Social Link: Lacan with Marx. In: Journal for the Psychoanalysis of Culture & Society, 6, 1, S. 40–45.

Žižek, Slavoj (Hrsg.) (1991): Gestalten der Autorität. Seminar der Laibacher Lacan-Schule. Wien: Hora Verlag.

Žižek, Slavoj (1994, engl. Orig. 1991): Denn sie wissen nicht, was sie tun. Genießen als ein politischer Faktor. Wien: Passagen.

Žižek, Slavoj (2000): Class struggles or Postmodernism? Yes please! In: Butler, Judith; Laclau, Ernesto; Žižek, Slavoj: Contingency, Hegemony, Universality. Contemporary Dialogues on the Left. London/New York: Verso, S. 90–135.

Žižek, Slavoj (2001): Die Tücken des Subjekts. Frankfurt/M.: Suhrkamp.

Žižek, Slavoj (2004): Iraq. The borrowed kettle. London/New York: Verso.

Žižek, Slavoj (2005): Concesso non dato. In: Boucher, Geoff; Glynos, Jason; Scarpe, Matte (Hrsg.): Traversing the Fantasy. Critical Responses to Slavoj Žižek. Aldershot/Burlington: Ashgate, S. 219–255.

Žižek, Slavoj (2009): Auf verlorenem Posten. Frankfurt/M.: Suhrkamp.

Zupančič, Alenka (2006): When Surplus Enjoyment Meets Surplus Value. In: Clemens, Justin; Grigg, Russell (Hrsg.): Jacques Lacan and the Other Side of Psychoanalysis. Reflections on Seminar XVII. Durham/London: Duke University Press, S. 155–178.

Jenseits von *Sex* und *Gender*: Die sexuelle Differenz

Zeitdiagnostische Interventionen von Seiten der Psychoanalyse

An den Beginn meiner Ausführungen möchte ich eine Antinomie stellen: In ihrer viel beachteten Studie *Top Girls* nimmt Angela McRobbie die Feststellung zum Ausgangspunkt, dass der Feminismus gegenwärtig von verschiedener Seite eine Abwicklung erfährt, dass diese Abwicklung den Feminismus jedoch nicht einfach zurückweist, sondern ihm in gewisser Weise Rechnung trägt, indem seine Ziele als weitgehend verwirklicht dargestellt werden. Sie spricht in diesem Zusammenhang von »Postfeminismus« (2010 [2008]: 31–35) und zählt dazu sowohl Phänomene der Popkultur wie staatliche Interventionen, die insbesondere jungen Frauen im Rahmen ihrer neoliberalen Restrukturierungsprogramme das Angebot zu verschiedenen »postfeministischen Ersatzidentifikationen« machen (ebd.: 50). Angela McRobbie stellt dabei nicht die Frage, was Feminismus ist. In ihrem Buch erscheint diese Frage als weitgehend geklärt: In Anlehnung an Judith Butler ist Feminismus für McRobbie die Kritik an der heterosexuellen Matrix mit dem Ziel der Überwindung einer als normativ vorgestellten Zweigeschlechtlichkeit (ebd.: 99–101), die im Rahmen dieses Theorieansatzes als die eigentliche Stütze der Heteronormativität erscheint.

Dass Judith Butler selbst ihr Projekt in *Das Unbehagen der Geschlechter* nicht nur als »postfeministisch« bezeichnet hatte, sondern es auch explizit so verstand (1991 [1990] 21), erwähnt der Text zwar (McRobbie 2010 [2008]: 28, 34), es schließen sich aber keinerlei theoretische Überlegungen daran an, wie diese beiden Umstände miteinander zusammenhängen könnten.

Die Frage, warum eine so brillante Soziologin wie Angela McRobbie diese beiden Postfeminismen in ihrem Text so unverbunden nebeneinander stehen lässt – wüsste man doch gerne, ob und allenfalls wie sich der ›gute‹ Postfeminismus von seiner Fälschung unterscheidet –, scheint mir dabei ins Zentrum eines Problems zu führen. Denn tatsächlich schließt sich daran eine intellektuelle Herausforderung an: Geht man mit Judith Butler erst mal davon aus, dass das feministische Anliegen in der Kritik an der heterosexuellen Matrix konvergiert und dass die Konstruktion der Zweigeschlechtlichkeit dieser zugrunde liegt, kommt man zwangsläufig zu der Aussage, dass die Artikulation eines weiblichen Kollektivs, ob man dies nun Subjekt des Feminismus oder anders nennt, nicht wünschenswert ist – zu genau jenem Phänomen also, das nun von akademischer Seite als Postfeminismus beklagt wird. Was mich mit anderen Worten an der gegenwärtigen Diskussion um die postfeministische Wende frappiert, ist der weitgehende Mangel an Reflexion über die eventuell vorhandene eigene Beteiligung an dieser Entwicklung, obwohl sie sich nicht nur terminologisch aufdrängt: Unterscheidet sich die – von der Theorie angestrebte – Desartikulation des Subjektes des Feminismus (Butler 1991 [1990]: 17 f.) von der Desartikulation des Subjektes des Feminismus, die laut McRobbie in der »postfeministischen Ersatzidentifikation« (McRobbie 2010 [2008]: 48–51) am Werk ist? Und wenn ja, worin? Solcherart Fragen sucht man in der gegenwärtigen Diskussion vergeblich.

Meine Vermutung ist, dass die weitgehende Abwesenheit einer solchen Selbstreflexion ihren Grund in dem hat, was ich als einen theoretischen Fundierungsanspruch eines gegenwärtig an den Universitäten hegemonial gewordenen *Gender*-Ansatzes bezeichne, und dass es gleichzeitig auch dieser Fundierungsanspruch ist, der für dessen Hegemonialwerden verantwortlich ist. Ich würde deshalb formulieren, dass zu der von McRobbie beschriebenen »doppelten Verwicklung« (2010 [2008]: 33) einer nicht einfach als Backlash zu verstehenden Strömung sich noch eine dritte hinzugesellt: Die spezifische Ausrichtung der *Gender*-Theorie, wie sie sich ausgehend von den US-amerikanischen Cultural Studies entwickelte und von da aus zum bestimmenden Theoriemodell für die Thematisierung von Geschlechterverhältnissen auch in Europa wurde, scheint von einer zeitgeschichtlichen Entwicklung eingeholt zu werden, in die sie selbst involviert ist, ohne genau verstehen zu können, warum.

Ich nehme diese Antinomie als Ausgangspunkt meiner eigenen Überlegungen, die sich der Frage stellen, mit welchen theoretischen Ansätzen es möglich ist, den gegenwärtigen Veränderungen in den Geschlechterverhältnissen Rechnung zu tragen. Dabei ist der Ausgangspunkt meiner Überlegungen die von vielen geteilte Feststellung, dass wir es gegenwärtig mit einer weitgehenden »Liberalisierung der Geschlechterordnung« (Young

2001: 155 f.) zu tun haben, die sich vor allem in einem breit gefächerten Rollenangebot für Frauen, das viele der Forderungen des Feminismus zu verwirklichen scheint, äußert.

Die These dieses Beitrages lautet, dass die Psychoanalyse mit ihrem Theorem der sexuellen Differenz ein Instrumentarium bereitstellt, das in der Lage ist zu verstehen, warum trotz dieser Erodierung überkommener Vorstellungen von Geschlecht sich die Hierarchie zwischen den Geschlechtern hartnäckig hält. Das Theorem der sexuellen Differenz eröffnet dabei eine andere Sichtweise auf die Vervielfältigung identitärer Angebote, wie sie im Zuge der Pluralisierung von Lebensweisen und den damit einhergehenden Veränderungen in den tradierten Rollenvorstellungen anzutreffen sind und wie sie nicht zuletzt auch aufgrund der veränderten Anforderungen postfordistischer Produktion notwendig wurden. In diesem Punkt erweist sich, so meine Argumentation, das Theorem der sexuellen Differenz gegenüber dem Ansatz von *Gender* als überlegen. In seiner Fokussierung auf Normen und seinem Verständnis geschlechtlicher Positionen als verursacht durch normative Vorgaben der Gesellschaft stehen VertreterInnen dieses Ansatzes nicht nur etwas ratlos vor dem Umstand, dass diese Vorgaben gegenwärtig im Schwinden begriffen sind: Nicht nur sind es heute gerade diese *Gender*-Normen, die eine weitreichende Aufweichung erfahren, ohne dass dies allerdings zu einem egalitäreren Geschlechterverhältnis führen würde. Vielmehr scheint es so, als würde eine Asymmetrie zwischen den Geschlechtern gerade mittels dieser Aufweichung und einem veränderten Rollenangebot für Frauen persistieren und damit eine Geschlechterhierarchie hervorbringen, die man folglich als neopatriarchal bezeichnen muss. Eine solche Entwicklung ist im Rahmen gewisser Grundprämissen der *Gender*-Theorie jedoch kaum mehr fassbar.

Was also meine ich mit dem Fundierungsanspruch dessen, was ich hier der Einfachheit halber das dekonstruktive *Gender*-Verständnis nenne?[1] Dieser Fundierungsanspruch ergibt sich aus einer auf den ersten Blick rein formal erscheinenden Überlegung, der eine gewisse Stringenz nicht abzusprechen ist. Im Zuge von Judith Butlers Überlegung, dass sich auch die uns geläufige Vorstellung von der Existenz des biologischen Geschlechts der

1 Ich meine damit die sich als poststrukturalistisch verstehenden *Gender*-Ansätze, die aufgrund ihrer Vorstellung einer sprachlichen Konstruktion der Zweigeschlechtlichkeit deren Dekonstruktion und somit letztlich die Überwindung der Zweigeschlechtlichkeit anstreben.

Norm der Heterosexualität verdankt und somit die Kategorie Geschlecht überhaupt als »Sedimentierung« einer Norm ausgewiesen ist (Butler 1991 [1990]: 206; 2001a [2000]: 43), scheint das integrale Problematischwerden dieser Kategorie plausibel. Damit einher geht jedoch die Annahme, dass der Effekt der im Geschlechterverhältnis wirksamen Macht in der Hervorbringung kohärenter geschlechtlicher Identitäten liege: Macht wirkt normativ und sie zielt auf die Herstellung von Kohärenz und Eindeutigkeit. Folgerichtig lässt das kritische Selbstverständnis, das sich daran anschließt, Strategien zur Veruneindeutigung geschlechtlicher Positionen, und allgemeiner zur Pluralisierung von Identitäten, als subversiv erscheinen: Die Ausweisung der Kontingenz jeder identitären Setzung ist folglich das ideologiekritische Ziel. Dass es sich hierbei jedoch um eine sehr spezifische Rahmung der Problemlage handelt, gerät angesichts dieser auf den ersten Blick evident erscheinenden Schlussfolgerungen rasch aus dem Blick. Ob nämlich das Strukturprinzip unserer Geschlechterordnung tatsächlich die heterosexuelle Matrix sei und ob folglich die Geschlechter als zwei binär aufeinander bezogene Positionen und die im Geschlechterverhältnis wirksame Macht als die Herstellung zweier kohärenter geschlechtlicher Identitäten adäquat verstanden sei – all dies wird gar nicht erst als Frage aufgeworfen, sondern geht als nicht weiter erörterte Grundannahme in die Schlussfolgerungen ein. Der Fundierungsanspruch, der mit dieser so vorgeschlagenen Rahmung der Problemlage einhergeht, basiert also nicht nur darauf, dass hier gewissermaßen immer schon eine Kategorie tiefer, nämlich bei den Kategorien selbst, angesetzt wird; er basiert auch (und vermutlich vorrangig) darauf, dass die Frage, welche Kategorien unser Geschlechterverhältnis strukturieren, im Vorhinein beantwortet erscheint. Paradoxerweise neigt damit das dekonstruktive *Gender*-Verständnis zu einer Ontologisierung, nun nicht von Geschlechtern, sondern gewisser theoretischer Prämissen selbst, die in diesem Evidenz-Effekt in ihrem Status als Prämissen unsichtbar werden. Das Unbehagen, das dieser Band[2] an der Verbreiterung der Kategorie *Gender* und in der Folge der Universalisierung der Formel vom ›Geschlecht als sozialem Konstrukt‹ thematisiert, ist deshalb für mich keiner Instrumentalisierung oder Verwässerung einer an sich ›guten‹ Theorie geschuldet; vielmehr liegt diese Universalisierung

2 Anm. d. Hrsg.: Gemeint ist hier der von Anne Fleig 2014 herausgegebene Band *Die Zukunft von Gender*.

im eigentlichen theoretischen Anspruch dieses Ansatzes selbst begründet. Die Schlussfolgerung, dass die Überwindung der Zweigeschlechtlichkeit wünschenswert oder politisch notwendig sei, ist dabei in dem Maße zum *common sense* geworden, wie die Unbegründetheit der theoretischen Prämissen, die dieser Schlussfolgerung zugrunde liegen, aus der akademischen Diskussion und damit aus dem Bewusstsein verschwunden ist.[3] Das aber ist die klassische Definition von Hegemonie. Oder, philosophisch gesprochen, ist es genau das, was den Prozess der Ontologisierung kennzeichnet.

1. *Gender* und sexuelle Differenz: zwei Paradigmen im Vergleich

Um das eben Gesagte nochmals anders zu formulieren: Der Evidenzcharakter des Begriffs ›Konstruktion‹ lässt den Umstand unbemerkt, dass es ganz unterschiedliche Weisen gäbe, sich die ›Konstruktion‹ und folglich die darin wirksame Macht in ihrem Mechanismus zu denken. Nun sind es genau die Prozesse, innerhalb derer etwas in den Status des Ontologischen gelangt, die bekanntlich auch Judith Butler beschäftigen. Und diese Frage ist denn auch die große Gemeinsamkeit, die das dekonstruktive *Gender*-Verständnis mit den Theoretikerinnen der sexuellen Differenz verbindet. Anders als im deutschsprachigen Raum oft angenommen, ist es keineswegs so, dass sich die beiden Ansätze von *Gender* und sexueller Differenz darin unterscheiden, dass *Gender* die Geschlechter für ›konstruiert‹ hält, während die sexuelle Differenz diese ›voraussetzt‹. Die beiden Ansätze zeichnen sich vielmehr durch ein je unterschiedliches Verständnis dessen aus, was genau die ›Konstruktion‹ der beiden geschlechtlichen Positionen ausmacht. Rezeptionsgeschichtlich gesehen ist die Idee der sprachlichen Konstruiertheit von Geschlecht sogar in diesem Paradigma, im Paradigma der sexuellen Differenz beheimatet.

Ich möchte im Folgenden diesen Gedanken, dass ›Konstruktion‹ sehr Unterschiedliches meinen kann und dass folglich die daraus zu ziehenden politischen Konsequenzen auch sehr unterschiedlich ausfallen, anhand eines Vergleichs dieser beiden Paradigmen: des dekonstruktiven *Gender*-Verständnisses und der sexuellen Differenz, verdeutlichen. Dabei möchte ich verstehen, warum, was für die einen einen Ausgang aus der tradierten

3 Zur Kontingenz dieser Prämissen vgl. auch meinen Beitrag Soiland (2009).

Positionierung der Geschlechter darstellen würde, für die anderen lediglich die erneute Befestigung des überkommenen Geschlechterregimes bedeutet.[4]

Der Begriff der sexuellen Differenz geht ursprünglich aus einer feministischen Rezeption Lacans hervor, die ausgehend von Frankreich, und hier genauer, von der französischen Philosophin Luce Irigaray, ihre Verbreitung im englischen Sprachraum und hier insbesondere in England fand. Feministinnen lehnten sich in erster Linie deshalb an Lacan an, weil sie in den sogenannten Formeln der Sexuierung, wie Lacan sie in seinem Seminar *Encore* erläutert (Lacan 1986a [1975]: 85–88), eine Lesart der Geschlechterdifferenz vorfanden, die diese nicht biologisch begründet. Für Feministinnen attraktiv war darin insbesondere Lacans Rede von Geschlecht als einer »sprachlichen Position«, formulierte Lacan damit doch als erster – und das ist seine wichtige Errungenschaft gegenüber Freud – eine nicht-essenzialistische Lesart der Geschlechterdifferenz. Es war diese Überlegung, die die 1978 in England von Parveen Adams und Elizabeth Cowie gegründete Zeitschrift *m/f* aufnahm, zu deren AutorInnen später bekannt gewordene Theoretikerinnen wie Joan Copjec, Juliet Mitchell und Geneviève Fraisse, aber auch zahlreiche AutorInnen aus dem Umfeld der französischen Psychoanalyse gehörten. Wie es im ersten Editorial heißt, waren diese sich als sozialistische Feministinnen verstehenden Herausgeberinnen mit der marxistischen (und marxistisch-feministischen) Antwort auf ›die Frauenfrage‹ nicht glücklich, weil sie in ihr keine eigenständige Konzeptualisierung von Geschlecht vorfanden (Adams/Cowie 1990: 22, 38). Sie wendeten sich aber auch gegen einen soziologischen *Gender*-Begriff, da sie in diesem eine »Soziologisierung der Psyche« (ebd.: 8) angelegt sahen, die für das Verständnis psychischer Mechanismen im Prozess geschlechtlicher Hierarchisierung nicht wirklich etwas beitragen konnte. Das Psychische, so ihre Annahme, konnte nur ausgehend von seiner Eigendynamik in seiner Wechselwirkung mit dem Gesellschaftlichen überhaupt verstanden

4 Dies gilt in beide Richtungen: Während im Kern des Theorems der sexuellen Differenz die Frage steht, wie eine bislang noch nicht existierende weibliche Subjektposition aussehen könnte, ist der Wunsch, eine solche zu evozieren, für das dekonstruktive *Gender*-Verständnis eine Befestigung der bestehenden Geschlechterordnung. Das Umgekehrte gilt aber auch: Die Vorstellung einer Dekonstruktion der weiblichen Position, wie sie u.a. Butler anstrebt, ist in der Sichtweise der sexuellen Differenz lediglich eine Befestigung der traditionellen Positionierung, in die das Weibliche in unserer Kultur schon immer gestellt ist.

werden. Diese Theoretikerinnen, die somit bewusst von sexueller Differenz und nicht von *Gender* sprachen, waren damit 1978 vermutlich die ersten, die beanspruchten, im Rahmen der feministischen Theorie einen nicht-essenzialistischen und damit konstruktivistischen Begriff von Geschlecht zu formulieren.

Wie die Herausgeberinnen rückblickend feststellen (ebd.: 7), haben sie gerade damit die in den 1980er Jahren entstandenen, dem *lingistic turn* verpflichteten Ansätze von *Gender*, beispielsweise von Joan Scott, Denise Riley, aber auch Diana Fuss oder Donna Haraway, maßgeblich beeinflusst. So hält auch Judith Butler in ihrem 2004 erschienenen Buch *Undoing Gender* fest, dass sie ihren Begriff von *Gender* wesentlich in Auseinandersetzung mit dem Theorem der sexuellen Differenz gefunden habe, weil sie sich an dessen vermeintlichem Heterosexismus stieß. Heute hat Butler dieses Urteil revidiert (2009 [2004]: 330), auch wenn sie dem Begriff der sexuellen Differenz weiterhin skeptisch gegenübersteht. Diese Verankerung des dekonstruktiven *Gender*-Verständnisses in einer Auseinandersetzung mit einem ursprünglich lacanianischen Begriff der sexuellen Differenz ist mir deshalb wichtig, weil der Umstand, dass Sprache in dieser ganzen Diskussion um die Konstruktion von Geschlecht diese Bedeutung erlangen konnte, nur so zu verstehen ist. Dies ist auch der Grund, warum Butler sich so intensiv mit Lacan auseinandersetzt (Butler 1997 [1993]: 91–133; 2001a [2000]: 40–48), etwas, das ebenfalls kaum zu verstehen ist, wenn man diesen Hintergrund nicht kennt. Aus dieser Auseinandersetzung entstand im englischen Sprachraum eine bis heute andauernde, äußerst interessante Kontroverse zwischen den Cultural Studies und Ansätzen, die sich an der französischen Psychoanalyse orientieren. Dass diese Diskussion im deutschsprachigen Raum weitgehend unbekannt ist, scheint mir bemerkenswert, geben doch die deutschsprachigen Gender Studies – der Name sagt es bereits – vor, sich an der englischsprachigen Diskussion zu orientieren. Während sich somit bei uns der Konsens durchgesetzt zu haben scheint, dass das Theorem der sexuellen Differenz »essenzialistisch« sei, gilt diese Annahme im englischsprachigen Raum längst als Missverständnis. Dies gilt auch und insbesondere für das Werk Luce Irigarays, der bis heute wohl wichtigsten Theoretikerin der sexuellen Differenz.

In einem Interview, das die Herausgeberinnen einer Nummer der Zeitschrift *Diacritics* zu Luce Irigaray und der politischen Zukunft der sexuellen Differenz 1998 mit Judith Butler führten, äußert sich Butler selbstkritisch zu ihrem eigenen Vorwurf des Essenzialismus an die Adresse Irigarays (Cheah/Grosz 1998a: 21 f.). Sie betont zunächst, dass Irigaray mit ihrem Begriff des Weiblichen nicht ein real existierendes soziales Phänomen vor Augen habe, sondern auf etwas ziele, das auf der Ebene des Symbolischen liegt. Bereits zuvor hatte Butler sich in einem Interview mit Rosi Braidotti in der Zeitschrift *differences* (Braidotti 1994: 47–55) über die Frage nach dem Verhältnis von Symbolischem und Sozialem ausgetauscht. In diesem Gespräch wirft Butler der psychoanalytischen Theorie vor, in ihrer Trennung von Sozialem und Symbolischem das Symbolische theoretisch zu immunisieren, um es so sozialem Wandel zu entziehen.[5] Gleichwohl konzediert Butler heute, dass es sich bei ihrem Verständnis von *Gender* und beim Theorem der sexuellen Differenz um zwei je unterschiedliche »Varianten des feministischen Poststrukturalismus« handle (Butler 2009 [2004]: 312).

Somit stellt sich die Frage, worin genau sich die beiden Theoreme unterscheiden. Wenn ich gesagt habe, die beiden Ansätze zeichneten sich durch ein je unterschiedliches Verständnis dessen aus, wie sie sich die Produktion geschlechtlicher Positionen vorstellen, so lässt sich dies anhand eines Vergleichs von Irigaray und Butler verdeutlichen.[6] Dabei zeigt sich, dass sich die beiden Ansätze hinsichtlich der eben aufgeworfenen Frage nach dem Verhältnis von Symbolischem und Sozialem unterscheiden. Mit anderen Worten geht es um ein unterschiedliches Verständnis dessen, was das von der Psychoanalyse so bezeichnete ›Symbolische‹ genau bedeutet. Die Divergenz zwischen Irigaray und Butler kann nämlich dahingehend zusammengefasst werden, dass es sich um zwei je unterschiedliche Auslegungen dessen handelt, was Lacan das »symbolische Gesetz« nennt, was also allgemein als Lacans sprachtheoretische Fassung der ödipalen Konstellation bezeichnet wird. Man kann auch formulieren, dass Irigaray und Butler Lacans Rede von der »symbolischen Kastration« je anders auslegen. Dabei gehen beide Theoretikerinnen zunächst von Lacans Formulierung aus, dass sich die beiden Geschlechter aus ihrer je unterschiedlichen Positionierung im Symbolischen herleiten (Lacan 1986a [1975]: 13 f.). Doch während dies für Butler bedeutet, dass Sprache zwei geschlechtliche Positionen definiert, fokussiert Irigaray vielmehr auf eine darin angesprochene Asym-

5 Diese Auseinandersetzung zwischen Butler und Braidotti findet bis heute eine – im deutschsprachigen Raum ebenfalls kaum zur Kenntnis genommene – Fortsetzung (Braidotti 2002: 11–64; Butler 2009 [2004]: 286 ff., 297 ff., 308 ff., 329–339).

6 Ich habe dies ausgeführt in Soiland (2010: 121–180; 2004).

metrie. Butler leitete aus Lacans Aussage, Subjekte seien als ›Positionen‹ im Symbolischen zu verstehen, ab, dass Sprache so etwas wie eine »diskursive Forderung« darstelle, eine »kohärente [ ] Identität« anzunehmen (Butler 2001b [1997]: 83). In *Körper von Gewicht* will sie deshalb verstehen, »wo und wie die Sprache auftritt, um diese stabilisierende Funktion zu erfüllen, und zwar besonders, wo und wie sie zur Festlegung der sexuierten Positionen auftritt« (Butler 1997 [1993]: 194). Bereits an dieser Stelle wird die für das *Gender*-Paradigma konstitutive Vorstellung, dass Sprache auftritt, um ›festzulegen‹ – nämlich Identitäten –, deutlich. Demgegenüber stützt Irigaray sich auf Lacans Aussage, dass Geschlechter als zwei Positionen vis-à-vis der *Funktion* von Sprache aufzufassen sind, deren grundsätzliche, nämlich kategoriale Asymmetrie sich daraus ergibt, dass die im Begriff der »symbolischen Kastration« angesprochene Verzichtsleistung und die daraus resultierende ödipalisierte Subjektposition, die der Eintritt in die symbolischen Austauschsysteme bedeutet, nur auf der männlichen Seite überhaupt Sinn ergibt und daher auch nur dort stattfinden kann. Aus Irigarays Perspektive heißt das, dass die weibliche Position somit gar nie der Negativität einer symbolischen Vermittlung untersteht – in anderen Worten, gar nie in eine Subjektposition gelangt.[7]

Wenn wir somit die beiden gegensätzlichen Aussagen haben, zum einen, dass Sprache auftritt, um eine weibliche Identität festzuschreiben, zum anderen, dass sie eine weibliche Subjektposition im Vorhinein ausschließt, so ist das, was hier aufscheint, gleichzeitig auch eine Unterscheidung zwischen Identität und Subjekt.[8] Was nämlich im rezeptionsgeschichtlichen Übergang des französischen *sujet* in das englische *identity* untergeht, ist der wichtige Umstand, dass für Lacan das Subjekt gerade das Scheitern ist, eine Identität anzunehmen. Und dementsprechend tritt Sprache bei ihm auch nicht auf um festzulegen, sondern sie ist integral für dieses Scheitern zuständig.[9] Es ist dieser Gedanke, der in diesem Bedeutungswandel von *sujet* zu *identity*, wie er für die Rezeption sogenannter ›französischer‹ Ansätze in den US-amerikanischen Cultural Studies charakteristisch ist, verloren ging.

7 Vgl. hierzu z.B. Irigaray (1985: 270–277; 1979a und b [1977]; 1991 [1984]: 136f.; 1989a [1987]: 49–67; 1989b [1987]: insb. 38).

8 Vgl. zu dieser Unterscheidung auch den Beitrag von Rita Casale (2014) in dem Band *Die Zukunft von Gender*.

9 Vgl. zu diesem Punkt neben Lacan (1986a [1975]: 15f.; 2001: 449) z.B. Copjec (2004a: 236–239), Žižek (2002) und Dolar (1991).

2. Das psychoanalytische Subjektverständnis und die historisch verschiedenen Weisen der Subjektivierung

2.1 Das psychoanalytische Subjektverständnis

Um den Unterschied eines solchen Subjektverständnis zu demjenigen von *Gender* deutlich zu machen, mag es hilfreich sein, auf ein Wortspiel zurückzugreifen, das die US-amerikanische Theoretikerin Joan Copjec verwendet, um Lacans Vorstellung von der sprachlichen Funktion in der Subjektgenese zu verdeutlichen (Copjec 1989: 229). Obwohl Lacan der Annahme, dass der Körper geschrieben, das heißt durch Sprache konstituiert sei, nicht nur zustimmen würde, sondern es ganz eigentlich seine eigene Position sei, die das Einnehmen eines solchen Standpunktes erlaubt, verbinde er damit, so argumentiert Copjec, doch etwas anderes als jene feministische Strömung, die sich diese Vorstellung von der Konstruiertheit des Körpers zu eigen gemacht habe. Um Lacans Standpunkt und seine Vorstellung dessen, was Sprache mit dem Körper ›tut‹, zu verdeutlichen, bedient sich Copjec der Doppelbedeutung des Wortes *to carve*, das einerseits ›(Heraus)meißeln‹, anderseits aber auch ›Zerstückeln‹ heißt. In einer Anspielung auf eine Formulierung Lacans in *Télévision* (Lacan 2001: 512), in der Lacan feststellt, dass ein hysterisches Symptom nie der Anatomie, sondern einer anderen, eben sprachlichen Logik folgt, formuliert sie:

> »Wenn Lacan uns sagt, dass die Sprache den Körper zerteilt [*carves up*], dann spricht er von einem unfreundlicheren Schnitt als dem, der einfach ein Körperbild meißelt oder schnitzt [*carves out*] (im Sinn von definiert), durch welches das Subjekt sein Sein annehmen wird. Der Schnitt, von dem Lacan spricht, meint im Gegensatz dazu gerade, dass das Bild aufgeteilt, zerstückelt wird [*carves up*] und so das Subjekt dazu treibt, sein Sein jenseits dessen zu suchen, was das Bild ihm präsentiert; er bringt das Subjekt dazu, in seinem Bild etwas zu finden, das fehlt« (Copjec 1989: 235; Übers. T.S.).

Während die *Gender*-Theorie also das Bild für die Subjektkonstitution hält,[10] ist es Lacans Aussage, dass das Subjekt dadurch entsteht, dass es gewahr wird, dass in seinem Bild etwas fehlt. Das Subjektverständnis Lacans ist ganz zentral um dieses Fehlen herum konzipiert, und damit gerade nicht um eine Identität, sondern um einen Mangel. Wenn Lacan uns sagt, dass

10 Vgl. zu diesem wichtigen Punkt auch die sehr gute Darstellung bei Shepherdson (1994: 160ff.).

die Sprache das Subjekt dazu bringt, in seinem Bild etwas zu finden, das fehlt, so heißt dies nichts anderes, als dass für ihn die Sprache genau jenes Moment in der Subjektkonstitution darstellt, das die imaginäre Kohärenz des Bildes, in welchem das Subjekt glaubt, sich selbst in seiner Ganzheit erfassen zu können, aufbricht. Die Sprache steht damit für nichts Geringeres als jene grundsätzliche Enteignung, die den Eintritt des Subjekts in die soziale Welt markiert. Sie bezeichnet eine grundlegende Verwiesenheit, die uns in unserer Allmacht einschränkt, insofern wir als soziale Wesen auf andere angewiesen, ja, an andere verwiesen sind – ein Umstand, der in Lacans Verständnis das Subjekt in Form einer Kerbe, eben jener von ihm so bezeichneten Spalte des Subjekts durchzieht. Letztlich, und in einem sehr umfassenden Sinn, bezeichnet für Lacan die sprachliche Seinsweise des Menschen über den Umstand einer grundsätzlichen Verwiesenheit hinaus schlicht die Tatsache unseres Geborenwerdens in Abhängigkeit und unserer Sterblichkeit als einer grundlegenden Bedingtheit des menschlichen Daseins, ein Fehl, der das Subjekt aber gleichzeitig dazu bringt, beständig das Komplement zu diesem Fehl zu suchen und es damit befähigt, ein begehrendes zu sein.[11]

Wenn das Subjekt also das Scheitern ist oder aus dem Scheitern resultiert, eine kohärente Identität anzunehmen, und folglich Geschlechter auch nicht als zwei komplementär aufeinander bezogene Identitäten aufzufassen sind, was sind sie dann? Lacan beantwortet diese Frage dahingehend, dass er die Geschlechter bezüglich dieser Struktur der Verwiesenheit unterschiedlich angeordnet sieht (Lacan 1986a [1975]: 11–15, 79–84, 88). Lacans sprachtheoretische Fassung von Freuds ödipaler Konstellation – und nur darum erscheint sie mir für die feministische Theorie überhaupt von Interesse –, bringt zum Ausdruck, dass es der von den Individuen zu entrichtende Preis beim Eintritt in die Kultur ist, der die Geschlechter scheidet. In diesem Sinn besagen Lacans Formeln der Sexuierung, dass die Geschlechter bezüglich

11 Es ist kaum möglich, diesen zentralen Gedankengang Lacans anhand einzelner Textstellen auszuweisen, da er sich durch sein ganzes Denken hindurchzieht. Ich verweise hier deshalb lediglich auf einen Aufsatz mit einem gewissen Einführungscharakter: *Subversion des Subjektes und Dialektik des Begehrens im Freudschen Unbewussten* (Lacan 1986b [1966]: 165–204). Die genauen Verweise für die hiesigen Aussagen finden sich in: Soiland (2010: 208–243) und Soiland (2012: 564–568). Eine gute Einführung in Lacans Subjektverständnis und die hier genannten Aspekte der Verwiesenheit bieten Fink (2006: 74–110), Vanier (2000: 37 ff.) und Verhaege (2000: 146 ff.).

der das Subjekt durchziehenden Spalte unterschiedlich angeordnet sind, indem diese Kerbe eigentlich nur die männliche Seite durchzieht, während die weibliche, um es etwas vereinfacht auszudrücken, diese Kerbe gewissermaßen selbst ›ist‹ (Lacan 1986a [1975]: 80). Man könnte dies so formulieren, dass sich die weibliche Seite dadurch definiert, dass sie diese Rolle oder Funktion der Kerbe für die männliche Seite verkörpert. Wenn nun die Geschlechter in Lacans Verständnis bezüglich dieses Scheiterns unterschiedlich angeordnet sind, und zwar in einer Weise, die das Weibliche das Scheitern der männlichen Position sein lässt, so heißt dies nichts anderes, als dass nur die männliche Position zu einem solchen Schnitt und das heißt auch, in die Position des Begehrens gelangt. Was Lacan damit zum Ausdruck bringt, ist seine sprachtheoretische Fassung von Freuds Diktum, dass die Libido männlich sei (Lacan 1986a [1975]: 106). Lesen wir das als Kulturdiagnose und nicht einfach als Lacans resp. Freuds ganz privaten Sexismus, so können wir auch daraus eine Aussage über diese viel zitierte ›Konstruktion‹ von Geschlecht ableiten. Allerdings lautet dann die Aussage, dass Sprache die Geschlechter in einer Weise konstituiert, in der das Weibliche – selber der sprachlichen Funktion nicht unterworfen – vielmehr die Sprachfunktion der oder für die männliche Seite vorstellt, was eine sehr andere Aussage ist, als die, dass die Sprache zwei Geschlechter generiert. Es ist diese Anordnung der Geschlechter *vis à vis* des von Lacan so bezeichneten »symbolischen Gesetzes«, die die geschlechtlichen Positionen sehr grundsätzlich als nicht auf derselben Ebene liegend – man könnte auch sagen, nicht auf derselben Ebene ›konstruiert‹ – erscheinen lässt und bei der man, will man darin Lacan folgen, eigentlich von einer grundsätzlich kategorialen Asymmetrie in der Konstruktionsweise der Geschlechter sprechen müsste. Streng genommen fehlt damit der weiblichen Position überhaupt die Geschlechtlichkeit. Und Lacan zögert denn auch nicht, das in *Encore* explizit so zu formulieren (Lacan 1986a [1975]: 12, 106).

Was uns damit die Lacan'sche Psychoanalyse als Rätsel zu denken aufgibt, ist, dass das Geschlechterverhältnis nicht stabil ist, weil die Positionen der beiden Geschlechter zwei kohärente Identitäten sind. Es scheint vielmehr eine Stabilität im Geschlechterverhältnis jenseits der Kohärenz geschlechtlicher Identitäten zu geben. Und das wiederum könnte erklären, warum trotz des weitreichenden sozialen Wandels in den Geschlechterleitbildern spätkapitalistischer Gesellschaften das einzig stabile ihre nach wie vor bestehende Hierarchisierung ist.

Bevor ich auf diesen Punkt zurückkomme, möchte ich nochmals den Rückbezug zum Vergleich zwischen Irigaray und Butler herstellen, und damit zu dem, was ich als die kontingenten theoretischen Prämissen des dekonstruktiven *Gender*-Verständnisses bezeichnet habe. Auf Butlers Einwand, dass es sich bei der Rede vom Symbolischen um eine Hypostasierung sozialer Phänomene handele (Butler 2001a [2000]: 41–44; Braidotti 1994: 53–55), kann nun geantwortet werden, dass diejenigen, die vom Symbolischen sprechen, dies nicht deshalb tun, weil sie dieses für grundsätzlich unwandelbar halten, sondern weil sie etwas anvisieren, das nicht in der Sichtbarkeit sozialer Phänomene, wie beispielsweise Leitvorstellungen normativer Männlichkeit und Weiblichkeit, aufgeht. Wenn Butler deshalb fragt, was es für eine solche Ordnung bedeute, »symbolisch anstatt sozial zu sein?« (Butler 2009 [2004]: 336), so kann man diese Frage am besten dahingehend beantworten, dass als symbolische diese Ordnung etwas anderes ontologisiert: Freuds Männlichkeit der Libido, die bei Lacan in dieser spezifisch geschlechtlichen Konnotierung der Sprachfunktion erscheint, ist in der feministischen Theorie über diese Verknüpfung mit Sprache mehr oder weniger stillschweigend übergangen und in eine dann beide Geschlechter gleichermaßen betreffende Diagnose von der ›sprachlichen Konstruktion der Zweigeschlechtlichkeit‹ verwandelt worden. Das Fruchtbarste an Lacans Theorie, seine sprachtheoretische Fassung der ödipalen Konstellation, wurde so gekappt. Relevant ist dies insofern, als sich daraus eine geradezu konträre Schlussfolgerung ergibt: Während aus Irigarays Perspektive, die Lacans Subjektverständnis ernst nimmt resp. kulturdiagnostisch wendet, die weibliche Seite überhaupt erst einmal als Subjektposition zu formieren wäre – ›Subjekt‹ nämlich als eine der sprachlichen Mittelbarkeit unterworfene Position –, sind in der Sichtweise des *Gender*-Ansatzes zwei Geschlechter zu dekonstruieren. Aufgrund des bisher Gesagten ist es jedoch keineswegs zwingend anzunehmen, dass geschlechtliche Positionen einem Prozess der Formierung kohärenter Identitäten entspringen. Nur unter dieser – äußerst kontingenten – Annahme aber machte es überhaupt Sinn, zwei geschlechtliche Positionen dekonstruieren zu wollen.

Um dies konzeptionell nochmals anders zu fassen: Was Butler kritisiert, ist im Prinzip das, was in einer den Cultural Studies verpflichteten Tradition der Althusser-Rezeption die Ebene der Anrufung genannt werden kann. Aus der Perspektive der Psychoanalyse müsste man jedoch vielmehr davon ausgehen, dass das Subjekt, um eine Formulierung Mladen Dolars aufzugreifen, im »Jenseits der Anrufung« zu suchen ist (1991: 9–13).[12] Wenn Mladen Dolar betont, dass das psychoanalytische Subjekt gerade die Unmöglichkeit sei, »ein Althussersches Subjekt zu werden« (ebd.: 12), so tritt er damit einer in den Cultural Studies gängigen Vorstellung von Subjektivierung entgegen, wonach Ideologien Subjekte mittels ideologischer Anrufung als solche konstituieren. Es ist dieses Konzept der »ideologischen Anrufung« (Althusser 1977 [1986]: 142–145), das den Hauptunterschied zwischen dem Subjektverständnis der Cultural Studies und demjenigen der Psychoanalyse markiert. Denn dieses führt letztlich dazu, das gespaltene Subjekt der Psychoanalyse durch ein von sozialen Diskursen durchzogenes Subjekt, das somit nicht gespalten, sondern multipel wäre, zu ersetzen (Penley 1990: 7; Copjec 1989: 237–239; Copjec 1990: 12 f.; Copjec 2004: 29–57, insb. 31 f.). Das von verschiedenen, sich auch widersprechenden Diskursen hervorgebrachte Subjekt als multiples ist jedoch nicht dasselbe wie das gespaltene Subjekt der Psychoanalyse.

2.2 Der zeitdiagnostische Beitrag der Psychoanalyse: postödipale Subjektformierungen

Zeitdiagnostisch relevant ist diese Unterscheidung deshalb, weil sie eine andere Perspektive auf das Instabilwerden von Identitäten eröffnet und damit auf die in den unterschiedlichsten theoretischen Ansätzen der Cultural Studies zu beobachtende Wertschätzung des Multiplen resp. der damit einhergehenden Hochhaltung hybrider Subjektpositionen. AutorInnen aus dem Umfeld der *Ljubliana Scool of Psychoanalysis*, zu denen neben Mladen Dolar auch Slavoj Žižek und Alenca Zupančič gehören, argumentieren aus einer marxistisch orientierten Lacan-Rezeption heraus, dass es sich bei dem heute zu beobachtenden Instabilwerden von Identitäten kaum um eine Errungenschaft sozialer Bewegungen handelt (Žižek 2000: 95–101; 2004: 113; 145; 2009: 212–216; Zupančič 2006: 171–173). Vielmehr führen sie diese neuen Formen pluraler Identitäten auf eine Veränderung in den Subjektstrukturen und damit auf die veränderten Subjektivierungsweisen spätkapitalistischer Gesellschaften zurück. Sie stützen sich dabei auf eine Zeitdiagnose Lacans, die dieser in seinem Spätwerk macht.

Spätestens seit seinem *Seminar* XVII (1969/70), das auch als Antwort auf die Studentenproteste gelesen werden kann, beschäftigt sich Lacan mit

12 In seiner ideologiekritischen Bedeutung findet sich dieses »Jenseits« und damit das Lacan'sche Subjektverständnis ausführlich dargestellt bei Žižek (1989: 123 ff.).

der Frage, was der Untergang traditionell-patriarchaler Autorität für die Subjektgenese bedeutet und welchen Wandel in den Subjektstrukturen dieser Untergang zur Folge haben wird. In diesem Seminar spricht Lacan von einem spätkapitalistische Gesellschaften kennzeichnenden Übergang vom »Diskurs des Herrn« als der traditionellen Form der ödipalen Struktur zu dem, was er nun als »Diskurs der Universität« bezeichnet: Mit »Diskurs der Universität« versucht Lacan die gemäß seiner Einschätzung in dieser Zeit stattfindende Verlagerung der Autorität – und darum ist das Ganze nicht weniger herrschaftsförmig – auf ein Expertenwissen zu fassen, das er durch ein brisantes Ineinandergreifen von technokratischer Bürokratie, dem pädagogischen Ideal egalitärer Kommunikation und einem exzessiven obszönen Genießen als sozusagen deren verdeckte Unterseite gekennzeichnet sieht.[13] Wo sich früher die das Subjekt prägende Über-Ich-Struktur entlang des ödipalen Verbotes herausgebildet hat, indem es dieses Verbot internalisierte, nimmt sich das heutige Über-Ich das vormals verbotene Genießen zum Ideal. Man könnte auch sagen, dass das Ich-Ideal, das unser Über-Ich maßgeblich prägt, sich nicht länger entlang von Verboten herausbildet, sondern sich unmittelbar mit dem Genießen verbindet. Der paradoxe Effekt ist, dass unsere Über-Ich-Struktur nun selbst an dieses Genießen gekoppelt ist; das Über-Ich selbst gebietet nun den Genuss. ›Genieße!‹, ist deshalb die von Lacan verwendete Formel für dieses merkwürdige Phänomen, das uns an unserem nicht-gelebten Genießen schuldig werden lässt und uns damit unweigerlich in einen gnadenlosen Imperativ zur Optimierung des eigenen Lusterlebens verstrickt. Lacan meint deshalb mit diesem Imperativ nicht lediglich, dass wir in einer hedonistischen Gesellschaft leben, in der die Individuen, indem sie ihren Vorlieben nachgehen, ihre sozialen Pflichten vernachlässigten. Vielmehr ist es so, dass das Genießen selbst zur vorrangigen sozialen Pflicht geworden ist. Die von der Psychoanalyse postulierte Unmöglichkeit einer einfachen Triebbefriedigung erhält in dieser Wendung die Form eines unendlichen Regresses: Was so entsteht, ist ein »tyrannisches, auf dem Ideal der Kommunikation und der pädagogischen

13 In seiner Unterscheidung von vier Diskursen, wie er sie im Seminar XVII macht (1991: 79 ff.), führt Lacan aus, dass der »Diskurs der Universität« der dem Kapitalismus affine Diskurs ist (1991: 206–208, 123–125); er spricht deshalb auch vom »Diskurs des Kapitalismus« (1991: 126), resp. von einem kapitalistischen Subjekt (2006: 17); vgl. dazu auch Rouse/Arribas (2011: 210 ff.), Reccalcati (2007a und b) sowie McGowan (2004).

Beziehung gegründetes System« (Roudinesco 1996: 514), das sich – darin gleichsam ein Meister ohne Kopf – nicht nur unangreifbar macht, sondern in der Abwesenheit der Autorität das Subjekt dem unendlichen Regress eines Ideals der Triebbefriedigung aussetzt (Lacan 1991: 207).

Es ist also wichtig zu sehen, dass Lacan mit »Diskurs« etwas sehr anderes verbindet als der ›Diskurs‹-Begriff meint, der in der Diskursanalyse der Cultural Studies zur Anwendung gelangt. »Diskurs« hat bei Lacan wenig mit Bedeutung oder gar der Generierung von Bedeutungsfestschreibungen zu tun. Vielmehr verbindet Lacan damit eine Form von *jouissance*,[14] die als Effekt des Eintritts des Individuums in den gesellschaftlichen Zusammenhang entsteht, und zwar als Folge der Verzichtsleistung, die dieser Eintritt für das Subjekt bedeutet. Als »*lien social*« (Lacan 1986a [1975]: 60) meint Diskurs daher diese Doppelung von gesellschaftlicher Kohäsion und Subjektstruktur, die in ihrem Effekt die einem Subjekt mögliche Form des Genießens präfiguriert. Wenn Lacan deshalb in seinem Spätwerk vier Diskurse unterscheidet (1991: 31–95), so verbindet er damit vier historisch je unterschiedliche Formen der Subjektformierung. Der »Diskurs der Universität«, von dem Lacan sagt, er sei der dem Kapitalismus affinste Diskurs,[15] ist demnach diese neue Form von *jouissance*, wie sie im Zuge der Liberalisierungsforderungen der 68er-Generation als Folge der sexuellen Revolution entstand und die man auch als eine Art Versuch einer ›Demo-

14 Es ist schwierig, eine treffende Übersetzung dessen zu finden, was Lacan mit *jouissance* meint, da der Begriff einen zentralen Gedanken Lacans, dass das menschliche Genießen immer um eine Unmöglichkeit kreist, in sich zusammenfasst. Ausgangspunkt dieses Denkens ist Lacans Annahme, dass das menschliche Genießen von einer tiefen, dem sprachlichen Sein des Menschen geschuldeten Ambiguität gekennzeichnet ist. Während der Umstand der Sprachlichkeit für den Menschen zunächst die Unterbrechung einer Unmittelbarkeit bedeutet, findet dieser Verlust, da es sich hierbei zwangsläufig um eine Interpretation ex post eines angeblich allumfassenden Urzustandes handelt, gleichzeitig auch immer eine phantasmatische Auskleidung. Dieses »Phantasma« ist deshalb in Lacans Verständnis das Moment, das dem Subjekt ein Genießen auch nach dem Eintritt in die Sprache ermöglicht: Als eine Art Wissen, mit dem das Subjekt diesen Verlust einkleidet, ist dieser damit zugleich emotional hoch besetzt. Das Genießen hat deshalb für Lacan diesen konstitutiven Bezug zu einer Unmöglichkeit: Es gibt Genießen nur ausgehend von dieser Unterbrechung, und was Lacan das Objekt klein *a* nennt, ist für das Subjekt der phantasmatische Träger dieser unmöglichen Möglichkeit. Das Objekt *a* ist somit das, was wir gemeinhin gewohnt sind, in unserem Liebesobjekt zu suchen.

15 Vgl. zu diesem Punkt: Lacan (2001: 436; 1991: 196, 206–208; 2006: 396; 2003: 9); vgl. dazu auch Copjec (2006: 110 f.) und MacCannell (2006: 196 ff.).

kratisierung‹ des Genießens bezeichnen kann.[16] Respektiv müsste man dem Lacan'schen Denken folgend noch präziser formulieren, dass diese Liberalisierungsforderungen bereits in sich Ausdruck einer veränderten Subjektstruktur sind, wie sie in spätkapitalistischen Gesellschaften nicht nur vorkommen, sondern offenbar aus einer dem Kapitalismus inhärenten Logik folgen.[17] Diese Über-Ich-hafte Besetzung des Genießens als die vom »Diskurs der Universität« hervorgebrachte *jouissance* ist deshalb ein zentrales Element dessen, was man als Lacans Gegenwartsdiagnose bezeichnen kann.

Die aus Lacans späten Seminaren zu gewinnende Erkenntnis ist folglich, dass es ganz unterschiedliche Formen der Subjektivierung geben kann, und dass so betrachtet die Identitätsfestschreibung nur eine von möglichen historischen Formen der Subjektivierung ist. Das heißt aber auch, dass ›Ideologie‹ auf der Ebene der Subjekte ganz Unterschiedliches ›tun‹ und Macht darin folglich in ganz unterschiedlicher Form auftreten kann. Während somit im Fall der Cultural Studies Ideologien grundsätzlich als Schließung oftmals multipler und in sich widersprüchlicher Subjektanrufungen fungieren, Ideologiekritik somit die Offenlegung dieser Multiplizität und Widersprüchlichkeit jeder Identitätszuschreibung wäre, hat im Falle der Psychoanalyse Ideologie die Funktion, phantasmatisch die signifikante Lücke des fehlgeschlagenen Subjekts auszukleiden, das heißt, als eine Art Stöpsel für die Leere des als grundsätzlich gespalten vorgestellten Subjekts zu dienen (Žižek 1989: 139–144). Und als ein solcher Stöpsel können, je nach historischer Epoche, multiple Subjektpositionen ebenso dienen, wie normative Geschlechtsidentitäten. Es ist wohl das, was Slavoj Žižek meint, wenn er auf Judith Butlers Vorstellung von Subversion bezugnehmend in

16 Mit diesem Begriff lehne ich mich an Gherovici (2010: 43–40) an, die im Zusammenhang mit dem heutigen Phänomen des *transgenderism* von einer »Demokratisierung« der Wahlmöglichkeit des eigenen Geschlechts spricht.

17 Für die Analyse dieses Zusammenhangs erfindet Lacan in Anlehnung an Marx' Mehrwert (*plus value*) den Begriff »*plus-de-jouir*«: Ein »Mehrgenießen«, ein Begriff, womit Lacan die Bewegung des selbstverwertenden Wertes, die gemäß Marx am Ursprung kapitalistischer Produktionsweise steht, mit einer Logik der Psyche verknüpft, die als dieses *plus-de-jouir* mit seiner doppelten Bedeutung eines »nicht mehr« und eines »darüber hinaus« ebenfalls einen Verlust akkumulieren kann, der damit, wie der Mehrwert, ganze Welten konstituiert (Lacan 2006: 17–21; 1991: 49, 92, 123, 205–207). Zu drei sehr guten Kommentaren zu diesem *plus-de-jouir* vgl. MacCannell (2006), Zupančič (2006) und Copjec (2006). Vgl. dazu auch Soiland (2012: 564 f.; 2013: 141 ff.).

einem Interview aus dem Jahr 1993 sagt, dass auch multiple Identitäten eine machtimmanente Form von Subjektivierung sein können. Nach seinen grundsätzlichen Einwänden zu Judith Butlers *Gender Trouble* gefragt, antwortet Žižek:

> »Was ist das Bild des ›Feindes‹, das dieses Werk impliziert? In *Gender Trouble* ist der Feind jemand, der identitär, patriarchal oder phallokratisch genannt werden kann. Mein Punkt ist ganz einfach: das ist heute nicht der Feind. Um es in einer marxistischen Terminologie zu sagen: Die Form von Subjektivität, welche der Spätkapitalismus produziert, ist nicht länger patriarchal-identitär. Die vorherrschende Form der Ideologie heute ist genau die der multiplen Identitäten. Wenn wir dieses Spiel spielen – nicht männlich, nicht weiblich, sondern vielmehr alle Möglichkeiten offen halten –, dann spielen wir genau das spätkapitalistische Spiel. [...] Es ist genau aus diesem Grund, dass ich finde, dass Butlers politisches Projekt vollständig innerhalb des liberal-demokratischen Rahmens bleibt« (Osborne 1996b: 42; Übers. T.S.).

Žižeks Hintergrund, vor dem er diese Kritik formuliert, ist seine Einschätzung, dass in diesem, wie er es nennt, »postmodernen Universum der globalen Kontingenz« (2000: 107), Universalisierung und Pluralisierung gerade nicht länger zwei sich entgegenstehende Tendenzen sind, sondern nunmehr umgekehrt »die Vorstellung der allgemeinen Historizität und Kontingenz« selbst zu einem festen »Bestandteil der hegemonialen Ideologie« der Gegenwart geworden ist (2009: 216). Nicht nur verschwindet in diesen »Post- Politiken« der Kapitalismus als der eigentliche Hintergrund, vor dem die Heraufkunft »dieser politischen gleitend-dispers-kontingent-ironischen-etc.- Subjektivitäten« gesehen werden muss (Žižek 2000: 108; 2009: 129–135). Žižek besteht vielmehr darauf, dass diese »postödipalen Formen der Subjektivierung« integral das sind, worauf spätkapitalistische Produktionsweisen angewiesen sind (2001: 500–507). So macht auch Alenca Zupančič geltend, dass der Kapitalismus selbst der wichtigste Promotor differenter Lebensweisen ist. Sie spricht in diesem Zusammenhang von einem brisanten, für den Kapitalismus konstitutiven Nebeneinander einer fortwährenden Produktion immer neuer Differenzen, die darin gleichzeitig laufend an Bedeutung verlieren (Zupančič 2006: 174 f.). Diese Charakterisierung der kapitalistischen Produktion als einer gigantischen Produktion von Andersheit, die in ihr gleichzeitig in Wert gesetzt und damit in ihrer Andersheit wieder neutralisiert wird, lässt verstehen, warum der Kapitalismus als dieser große Fürsprecher aller möglichen freiheitlichen Rechte und hier insbesondere des Rechts auf Andersheit gleichzeitig auch »der größte Deaktivator« eines tatsächlich befreienden oder subversiven Potenzials ebendieser Differenzen ist (ebd.).

Die Skepsis gegenüber dem befreiungstheoretischen Potenzial postödipaler Subjektivitäten ist deshalb sicherlich mehr als begründet. Gleichwohl ist auch Žižek in seiner Kritik nur in einem ›Ja, aber‹ zu folgen: Dass das Identitäre im Schwinden begriffen ist, heißt noch nicht, dass damit auch die geschlechterhierarchisierenden Strukturen verschwunden sind. Es gibt ›Patriarchales‹ auch jenseits der Identität, jenseits der Zuschreibung normativer Männlichkeit und Weiblichkeit. D.h. es gibt auch nach dem Untergang der »repressiven, patriarchalen sexuellen Ideologie« (Žižek in Osborne 1994: 42) und der Entstehung dessen, was Žižek die postödipalen Subjekte nennt, etwas Geschlechtshierarchisches, das fortbesteht. Wie allerdings dieses nunmehr veränderte geschlechterhierarchisierende Moment theoretisch zu fassen ist, bleibt zu klären.

3. Was dekonstruieren? Eine ungeklärte Frage und ihre politische Implikation

Das bisher Gesagte macht jedenfalls deutlich, dass es sehr viel weniger klar ist als auf den ersten Blick angenommen, was es eigentlich zu dekonstruieren gilt. Allgemeiner formuliert könnte man sagen, dass die Frage weitgehend ungeklärt ist, welches Problem eine kritische Theorie, die sich in den Dienst eines feministisch-emanzipatorischen Projekts stellen will, in fortgeschrittenen kapitalistischen Gesellschaften eigentlich anzuvisieren hat. Die These dieses Beitrages lautet, dass eine Geschlechtertheorie, die den Anspruch auf eine Gegenwartsanalyse hat, diesem postödipalen Wandel und das heißt, einer gewissen Diversifizierung von *gender identities*, nicht nur Rechnung tragen, sondern auch ein Instrumentarium bereitstellen muss, das erklären kann, warum trotz eindrücklicher Aufweichung geschlechterstereotyper Verhaltensweisen sich die Hierarchisierung zwischen den Geschlechtern hartnäckig hält. Denn es ist unbestritten so, dass im Bereich der Geschlechterverhältnisse seit 1968 der vermutlich eindrücklichste soziale Wandel stattgefunden hat. Gleichwohl muss rückblickend festgestellt werden, dass sich an den zentralen Parametern geschlechtlicher Ungleichheit sehr wenig und damit an der grundsätzlichen Asymmetrie zwischen den Geschlechtern nicht wirklich etwas verändert hat. Folglich scheint es eine Asymmetrie zu geben, die nicht im Bereich der *gender identity* liegt und daher auch nicht mit dieser Begrifflichkeit erfasst werden kann. Die eingangs postulierte größere Reichweite des psychoanalytischen Subjektverständnisses liegt meines Erachtens darin, dass sie in ihrem Begriff der sexuellen Differenz diese kategoriale Asymmetrie anspricht.

Der Unterschied zwischen dem englischen *identity* und dem französischen *sujet* ist deshalb für die feministische Theoriebildung von größter Bedeutung: Zumindest für die Geschlechtertheorie hat das Verschwinden dieses Unterschieds im rezeptionsgeschichtlichen Übergang vom französischen *sujet* in das englische *identity* gravierende Folgen, indem die aus der Sichtweise der Psychoanalyse aufscheinende kategoriale Asymmetrie bezüglich der Subjektposition im englischen *identity* nicht mehr wiedergegeben wird: Selbstverständlich haben auch Frauen *gender identity*, aber das heißt nicht, dass die weibliche Position in den Status des *sujet* gelangt. Ja, mehr noch: Vor dem Hintergrund des englischen *identity* erscheint es so, als ob die – beispielsweise von Luce Irigaray aufgrund der psychoanalytischen Kulturdiagnose für notwendig erachtete – Artikulation einer weiblichen Subjektposition eine *identity* wäre. Das ist offensichtlich ein Missverständnis.

Dieses Missverständnis hat jedoch weitreichende politische Konsequenzen. Geht man von dieser Asymmetrie aus, sind die Rahmung der Problemlage, wie sie durch das dekonstruktive *Gender*-Verständnis vorgenommen wird, und die daraus resultierenden politisch-theoretischen Schlussfolgerungen möglicherweise bereits in sich selbst Bestandteil des Problems. Aus der Perspektive der sexuellen Differenz muss es nämlich so erscheinen, als wenn die im dekonstruktiven *Gender*-Verständnis als erstrebenswert erachtete Überwindung der Zweigeschlechterordnung für Frauen nichts anderes bedeutet als ihre Rückführung auf ihren angestammten Platz innerhalb der bestehenden symbolischen Ordnung, in der die weibliche Position immer schon außerhalb des für den gesellschaftlichen Vermittlungszusammenhang konstitutiven symbolischen Einschnitts und damit in einem diffusen Bereich eines vermeintlich Unmittelbaren angesiedelt ist.

Judith Butler hat oft argumentiert, dass sie mit ihrer Kritik am Subjekt des Feminismus lediglich eine damals bereits existierende Malaise aufgegriffen habe, die darin bestand, dass in der Frauenbewegung selbst unüberbrückbar erscheinende Differenzen aufgebrochen waren, die das Kollektiv

›Frau‹ in Frage stellten (Butler 1991 [1990]: 20). Meine Rückfrage an dieser Stelle wäre, ob die Aufgabe feministischer Theorie nicht genau darin bestünde, diese Tendenz zur Desartikulation kritisch zu befragen – in dem genannten Sinn, dass die patriarchalen Strukturen bereits in sich eine solche Artikulation vereiteln –, anstatt sie unumwunden affirmativ zu übernehmen. Dass es Frauen so schwer fällt, ihre – zumindest statistisch gesehen nach wie vor bestehende – kollektive Betroffenheitslage zu artikulieren, ist aus der Sicht der Psychoanalyse ihrer Positionierung im Symbolischen und damit einer nunmehr in veränderter Form fortbestehenden patriarchalen Struktur geschuldet – die, und das wäre dann die Ironie der Geschichte, im Namen einer Weiterentwicklung der feministischen Theorie erneut wiederholt würde.

Nur unter der Voraussetzung, dass Geschlechter kohärente Identitäten sind, ist die Vorstellung von Dekonstruktion, wie sie der Vorstellung von der Überwindung der Geschlechtergrenzen zugrunde liegt, sinnvoll. Denn diese Dekonstruktion dekonstruiert Kohärenzen. Wie aber ließe sich das dekonstruieren, was im Theorem der sexuellen Differenz als die Nicht-Artikuliertheit der weiblichen Position erscheint? Um diese Frage zu klären, muss man verstehen, was Lacan eigentlich genau meint, wenn er davon spricht, dass der Eintritt in die Sprache eine spezifisch geschlechtliche, nämlich phallische Konnotation aufweist. Was genau ist die Folge dieser »phallischen Funktion« (Lacan 1986a [1975]: 80), die im Begriff der »symbolischen Kastration« zum Ausdruck kommt?

4. Die Perspektive der sexuellen Differenz

Man kann sagen, dass Lacan mit seiner sprachtheoretischen Fassung der ödipalen Konstellation auch auf einen Umstand reagierte, dessen Zeitzeuge er selbst war. So macht Paul Verhaeghe zu Recht darauf aufmerksam, dass die große Bedeutung des Vaters für die Subjektgenese, die Freud in seiner Ödipus-Theorie postulierte, dem realen Befund in seiner Praxis gerade nicht mehr entsprach, ja, dass der Versuch, diese Bedeutung theoretisch zu fassen, viel eher auf einen fundamentalen Wandel der Funktion des Vaters in westlich-kapitalistischen Gesellschaften verweist, wie er sich bereits zu Zeiten Freuds als Folge des durch die Industrialisierung ausgelösten sozialen Wandels abzuzeichnen begann (Verhaeghe 2000: 133f.). Lacan gibt dieser realen Veränderung lediglich eine theoretische Gestalt, indem seine sprachtheoretische Fassung der ödipalen Situation es erlaubt, eine ›väterliche‹ Funktion jenseits real existierender Väter zu denken: Die phallische Konnotierung der Sprachfunktion besagt im Prinzip nichts anderes, als dass eine ›väterliche‹ Funktion auch nach dem Untergang der Autorität realer Väter weiterexistieren kann. Damit wird Lacan den realen Veränderungen eher gerecht. Für die feministische Theorie ist dies insofern relevant, als die Psychoanalyse damit den für die feministische Theorie zentralen Umstand thematisiert, dass ›patriarchale‹ Strukturen sich zwar von realen Personen abkoppeln, jedoch gleichwohl als Strukturen fortbestehen können. Was also ist diese Struktur? Diese Frage führt unmittelbar zurück zu der Frage, was genau die Psychoanalyse eigentlich mit dem Begriff des Symbolischen verbindet.

Als Term des Dritten meint »symbolische Kastration« und folglich die von Lacan so geheißene »phallische Funktion« eine bestimmte Ausformung jenes Einschnitts, der für das Individuum bei seinem Eintritt in die soziale Welt in Funktion tritt und es so subjektiviert. Obwohl diese Triangulierung um einen primordialen Verlust kreist und sich damit letztlich um einen Mangel oder eine Abwesenheit herum formiert, hat der Bezug zu dieser Abwesenheit, und das macht die Sache schwer denkbar, eine bestimmte *Form*. Denn sie präfiguriert die nachfolgende Phantasie des so entstandenen Subjekts über den – stets fiktiven – Zustand ›vor‹ diesem Einschnitt und also das, was Lacan das »Phantasma« nennt. Man kann somit sagen, dass das, was Lacan mit dem Begriff der »phallischen Funktion« zum Ausdruck bringt, etwas ist, das zwar gesellschaftlich geformt ist. Gleichwohl ist diese Form als *Gender* nicht adäquat erfasst resp. ist es nicht zwangsläufig so, dass diese Formung normative Geschlechtsidentitäten hervorbringen muss. Der subjektivierende Aspekt, auf den *Gender* fokussiert, ist stets mit der Vorstellung verbunden, dass ein Subjekt mittels der Identifikation mit einem symbolischen Mandat entsteht, das vom »großen Anderen« – verstanden als eine kulturell geteilte Glaubensvorstellung oder Bindung an ein Set von Idealen, mit denen wir uns identifizieren – bereitgestellt oder vorgeschrieben wird.[18] Das geschlechtliche Sein jedoch, wie es aufgrund von Lacans Spätwerk erscheint, ist gerade nicht länger an eine solche Identifikation gebunden, sondern durch eine bestimmte Form der

18 Also das, was weiter oben im Text als Anrufung im Sinne Althussers bezeichnet und diskutiert wurde.

jouissance charakterisiert: Unabhängig von einem bestimmten Verhalten oder gar der performativen Darstellung und somit Sichtbarkeit einer offen zu Tage tretenden Geschlechtlichkeit ist für Lacan die sexuelle Positionierung vielmehr geprägt durch ein emotional hochbesetztes, aber unbewusstes Denken über diesen primordialen Verlust, der letztlich das unbewusste Wünschen strukturiert.[19]

Diese Konzeption von Geschlechtlichkeit, die Geschlechtlichkeit jenseits des performativ zu Tage Getragenen vielmehr auf der Ebene der Triebschicksale verortet, hat viele Zeitdiagnosen inspiriert. So argumentiert Žižek, dass uns heute genau dieser Glaube an den »großen Anderen« abhanden gekommen und damit der ideologische Mechanismus identifikatorischer Vorgaben in seiner subjektformierenden Wirkung stark eingeschränkt ist. Die Möglichkeit, ein Ideal ernst und somit als Vorlage einer Identifikation zu nehmen, ist einer generellen Distanznahme gegenüber jeglichen Idealen gewichen, oder in Massimo Recalcatis treffender Formulierung haben wir es heute vielmehr mit »einer paradoxen Idealisierung der Desidealisierung« (2007: 76) zu tun. Folgt nicht daraus, fragt deshalb Žižek, »dass der skeptische Standpunkt, man solle gesellschaftliche Ideale und Identifikationen nicht ernst nehmen, ebenfalls seine Gültigkeit verloren hat, da dieser Skeptizismus ganz eigentlich bereits das fundierende Merkmal der gegenwärtigen hegemonialen Ideologie ist, die gerade nicht länger auf der Ebene der Ideale und der Identifikationen operiert, sondern ganz unmittelbar auf der Ebene des Genießens?« (Žižek 2004: 113; Übers. T.S.).

Mit dieser Formulierung sagt Žižek aber auch, dass Ideologien, verstanden als Formen der Subjektivierung, nicht aufgehört haben zu wirken, sondern dass sie in ihrer Wirkung anders vorgestellt werden müssen: Nach dem Abzug der Ebene der Identifikation, die somit als eine Art Einkleidung erscheint, tritt dieser andere Umstand einer ideologischen Konfiguration in den Vordergrund, die unmittelbar auf der Ebene des Lusterlebens der Individuen wirkt – eine ideologische Konfiguration, die man vielleicht am ehesten als eine neue Form einer *Biopolitik des Genießens* bezeichnen könnte, da sie eine Art demokratisierten, da ungehinderten Zugang zum Genießen für alle suggeriert.

19 In seinem Spätwerk nennt Lacan das *sinthome* (2005). Zu einer Kritik an der Vorstellung von Identifikation als Mechanismus geschlechtlicher Subjektivierung vgl. Soler (2000) und Verhaeghe (2000).

Was aber heißt folglich dieser Wandel, den Lacan als Untergang der ödipalen Konstellation und Žižek in der Folge als postödipale Subjektivierung bezeichnet, für die Geschlechterverhältnisse, wenn wir uns nicht damit zufrieden geben wollen, ihn als Wandel von *Gender* zu verstehen? Wenn ich gesagt habe, dass die phallische Konnotierung der Sprachfunktion eine bestimmte Formgebung des für die Subjektwerdung konstitutiven Mangels beinhaltet, indem diese Formung eine phantasmatische Auskleidung des darin vorgestellten Verlorenen bedeutet, so ist eine Konsequenz dieser Konnotation, dass sie das ›Verlorene‹ als etwas setzt, das außerhalb jeder symbolischen Vermittlung steht. Als genau das bindet die phallische Funktion das Genießen aber an dieses Unvermittelbare. Das von der phallischen Funktion strukturierte Genießen hat einen Bezug zu diesem Unvermittelten, indem sie dieses als eine unmögliche Möglichkeit – letztlich den unbeschränkten Zugang zum Körper der Mutter – in Aussicht stellt. Erinnern wir uns daran, dass das ödipale Verbot letztlich das Verbot des Körpers der Mutter beinhaltet. Insofern dieses Gesetz damit der ödipalen Über-Ich-Logik des Verbots eines Unmöglichen folgt, bringt auch dessen Liberalisierung lediglich die Wendung, dass das Unmögliche nun allen zugänglich erscheint. Was also gleich bleibt, ist, dass auch nach dem Untergang des Glaubens an den »großen Anderen« die weibliche Seite auf einer Unartikuliertheit basiert resp. dass die Position ›Frau‹ sich weiterhin daraus ergibt, mit dem von der Gesellschaft als ein unvermittelbar Gesetztes identifiziert zu sein, zu dem nun auch Frauen – und das wäre dann gewissermaßen der paradoxe Effekt der Liberalisierung für sie – in einer Art ›Selbstkannibalismus‹ ebenfalls Zugang hätten. Um an die oben dargestellte Unterscheidung Lacans anzuknüpfen, könnte man sagen, dass im Falle des »Diskurses des Herrn« das von der phallischen Funktion hervorgebrachte Phantasma das Verbot eines Unmöglichen besagt, während im »Diskurs der Universität« das Phantasma die Demokratisierung des Unmöglichen in Aussicht stellt. In beiden Fällen jedoch wird damit letztlich und entgegen der Grundannahme der meisten TheoretikerInnen, die darin Lacan folgen, der konstitutiven Unmöglichkeit gerade nicht Rechnung getragen.[20]

20 Für eine zeitgeschichtliche Einordnung dieses Wandels wäre deshalb vielleicht auch an Luce Irigarays Überlegung anzuknüpfen, dass die Pluralisierung geschlechtlicher Identitäten möglicherweise nicht der Ausgang aus der ödipalen Struktur, sondern in gewisser Weise einfach deren Kehrseite und damit ihre

Den Schluss, den Luce Irigaray deshalb zieht, ist, dass Lacans Formeln der Sexuierung resp. die damit einhergehende »phallische Funktion« letztlich eine für unsere Kultur konstitutive Leugnung des Mangels zum Ausdruck bringt, die sie über diese sehr spezifische Positionierung, die sie dem Weiblichen gibt, vollzieht. Und dies ist auch der Grund für ihre Forderung nach einer weiblichen Subjektposition.

So betrachtet aber wäre die in Irigarays Forderung angesprochene Artikulation der weiblichen Seite nicht *gender identity*, sondern das Anliegen, anstelle der Alternative von Verbot und Liberalisierung, die beide die Unmittelbarkeit der mütterlichen Position untangiert lassen, diese Position symbolisch zu vermitteln, um sie damit der vermeintlichen Unmittelbarkeit zu entheben, was nichts Geringeres beinhaltet, als eine andere Form des Terms des Dritten und also einen Wandel auf der Ebene des Symbolischen anzustreben (Irigaray 1992: 165 f., 16–19; vgl. auch 2000).

In Irigarays Diagnose ist also die Form des Ternären das Problem. Irigaray fragt deshalb – ähnlich wie Butler – nach einer ternären Struktur, die nicht an das Ödipale gebunden wäre und trotzdem – oder gerade deswegen – das Negative als Vermittlung kennt.[21] Es geht ihr folglich mit dem, was sie in ihrem Spätwerk *genre féminin* nennt, darum, ein nicht über das Gesetz resp. das ödipale Verbot vermitteltes Ternäres zu denken, insofern dieses Gesetz der ödipalen Über-Ich-Logik des Verbots eines Unmöglichen folgt, das darin, resp. in der spezifischen Positionierung, die dem Weiblichen darin zukommt, letztlich die menschlichen Gegebenheiten von Verletzbarkeit, Geburtlichkeit und Sterblichkeit leugnet (vgl. dazu Soiland 2010: 324–337).[22]

Luce Irigaray hat aus der asymmetrischen Positionierung der Geschlechter, wie sie in Lacans Formeln der Sexuierung zum Ausdruck kommt, den Schluss gezogen, dass die Artikulation einer weiblichen Subjektposition ein dekonstruktiver Einsatz, die für unsere Kulturtradition notwendige Form

erneute Verlängerung in die deregulierten Verhältnisse spätkapitalistischer Gesellschaften darstellt (1992: 54 f., 104 f.).

21 Es scheint, dass, obwohl Butler teilweise auch diese Verknüpfung vor Augen hat (vgl. dazu ihre Ausführungen zu den Verwandtschaftsstrukturen 2001a [2000]: 42 ff.), sie gleichwohl davon ausgeht, dass von veränderten *Gender* auch ein verändernder Einfluss auf diesen Term des Dritten ausgehen würde.

22 Vgl. zu der Frage der Begrenzung und der Verknüpfung mit dem Sexuellen auch den Beitrag von Barbara Rendtorff in diesem Band.

der Dekonstruktion ist.[23] Sie trifft sich in dieser Vorstellung mit anderen Theoretikerinnen aus dem Umfeld der neueren Lacan-Rezeption, zu denen u.a. Juliet Flower MacCannel, Joan Copjec, Monique David-Ménard und Teresa Brennan gehören.[24] Es ist eine Eigenheit des deutschsprachigen Raumes, diese neueren, vorwiegend im englischen Sprachraum entstandenen geschlechtertheoretischen Ansätze nicht zu rezipieren[25] – merkwürdigerweise unter Verweis auf die englischsprachige Diskussion.

Um dem für den Band *Die Zukunft von Gender*[26] formulierten Desiderat, zu neuen Fragestellungen zu gelangen, nachzukommen, seien hier abschließend nochmals die zentralen Fragen, wie sie sich aus dem bisher Gesagten ergeben, zusammengefasst. Aus meiner Sicht müsste eine Geschlechtertheorie der Gegenwart folgende Fragen klären und bearbeiten:

— Was bedeutet die »phallische Funktion« – also die Persistenz einer ›väterlichen‹ Funktion jenseits real existierender Väter, wie Lacan sie in seiner phallischen Konnotierung des Spracheintritts zum Ausdruck bringt – für Frauen, wenn wir davon ausgehen, dass diese sich heute nicht mehr primär in der Hervorbringung normativer Geschlechtsidentitäten ergeht?

— Was ändert sich durch die Entstehung postödipaler Subjektivitäten im Geschlechterverhältnis und hier insbesondere für Frauen, geht man mit Lacans Zeitdiagnose davon aus, dass der »Diskurs der Universität« heute nicht mehr primär mittels identifikatorischer Vorgaben operiert, sondern als eine Art Biopolitik des Genießens verstanden werden muss?

Literatur

Adams, Parveen; Cowie, Elizabeth (Hrsg.) (1990): The Women in Question: m/f. Cambridge/Massachusetts. MIT Press/October Books.

23 Vgl. zu diesem Punkt Deutscher (2002).

24 Vgl. z.B. MacCannel (1999), Copjec (2004a), David-Ménard (1999: 131 ff.) und Brennan (1989; 1993).

25 Zur Rezeption der Spätwerke Irigarays gibt es im englischsprachigen Raum eine unüberschaubare Fülle von Publikationen. Hier seien als nur als Beispiele genannt: Tzelepis/Athanasiou (2010), Cimitile/Miller (2007) und Deutscher (2002), Cheah/Grosz (1998b) und das wichtige Werk von Withford (1991), die diese Diskussion in Gang gebracht hat.

26 Gemeint ist der von Anne Fleig (2014) herausgegebene Band *Die Zukunft von Gender*, in dem dieser Artikel ursprünglich erschienen ist (Anm. d. Hrsg.).

Althusser, Louis (1977 [1976]): Ideologie und ideologische Staatsapparate. Aufsätze zur marxistischen Theorie. Hamburg/Westberlin: VSA.

Braidotti, Rosi (1994): Feminism By Any Other Name [Interview with Judith Butler]. In: differences: A Journal of Feminist Cultural Studies. Nr. 6, H. 2/3, S. 27–61.

Braidotti, Rosi (2002): Metamorphoses. Towards a Materialist Theory of Becoming. Cambridge: Polity.

Brennan, Teresa (1989): Introduction. In: dies. (Hrsg.): Between Feminism and Psychoanalysis. London: Routledge, S. 1–23.

Brennan, Teresa (1993): History after Lacan. London/New York: Routledge.

Butler, Judith (1991 [1990]): Das Unbehagen der Geschlechter. Frankfurt/M.: Suhrkamp.

Butler, Judith (1997 [1993]): Körper von Gewicht. Frankfurt/M.: Suhrkamp.

Butler, Judith (2001a [2000]): Antigones Verlangen. Frankfurt/M.: Suhrkamp.

Butler, Judith (2001b [1997]): Psyche der Macht. Frankfurt/M.: Suhrkamp.

Butler, Judith (2009 [2004]): Die Macht der Geschlechternormen und die Grenzen des Menschlichen. Frankfurt/M.: Suhrkamp.

Casale, Rita (2014): Subjekt feministisch gedacht: Zur Verwechslung von Subjekt und Identität in den Gender Studies. In: Fleig, Anne (Hrsg.): Die Zukunft von Gender. Begriff und Zeitdiagnose. Frankfurt/M./New York: Campus Verlag, S. 76–96.

Cheah, Pheng; Grosz, Elizabeth (1998a): The Future of Sexual Difference. An Interview with Judith Butler and Drucilla Cornell. In: diacritics (Irigaray and the Political Future of Sexual Difference), Nr. 28, H. 1, S. 19–42.

Cheah, Pheng; Grosz, Elizabeth (1998b): Of Being-Two. Introduction. In: diacritics (Irigaray and the Political Future of Sexual Difference), Nr. 28, H. 1, S. 3–18.

Cimitile, Maria C.; Miller, Eliane P. (Hrsg.) (2007): Returning to Irigaray. Feminist Philosophy, Politics, and the Question of Unity. New York: Suny Press.

Copjec, Joan (1989): Cutting up. In: Brennan, Teresa (Hrsg.): Between Feminism and Psychoanalysis. London: Routledge, S. 227–246.

Copjec, Joan, (1990): m/f, or Not Reconciled. In: Adams, Parveen; Cowie, Elizabeth (Hrsg.), The Women in Question. m/f. Cambridge: MIT Press, S. 10–18.

Copjec, Joan (2006): May '68, the Emotional Month. In: Žižek, Slavoj (Hrsg.), Lacan. The Silent Partners. London/New York: Verso. S. 90–114.

Copjec, Joan (2004): Lies mein Begehren. Lacan gegen die Historisten. München: Kirchheim.

Copjec, Joan (2004a): Das Geschlecht und die Euthanasie der Vernunft. In: dies.: Lies mein Begehren. Lacan gegen die Historisten. München: Kirchheim. S. 233–268.

David-Ménard, Monique (1999): Konstruktionen des Allgemeinen. Psychoanalyse, Philosophie. Wien: Turia + Kant.

Deutscher, Penelope (2002): A Politics of Impossible Difference. The late work of Luce Irigaray. New York: Cornell University Press.

Dolar, Mladen (1991): Jenseits der Anrufung. In: Žižek, Slavoj (Hrsg.): Gestalten der Autorität. Seminar der Laibacher Lacan-Schule. Wien: Hora-Verlag, S. 9–25.

Fink, Bruce (2006): Das Lacansche Subjekt. Zwischen Sprache und Jouissance. Wien/Berlin: Turia + Kant.

Fleig, Anne (Hrsg.) (2014): Die Zukunft von Gender. Begriff und Zeitdiagnose. Frankfurt/M./New York: Campus Verlag.

Gherovici, Patricia (2010): Please Select Your Gender. From the Invention of Hysteria to the Democratizing of Transgenderism. New York/London: Routledge.

Irigaray, Luce (1979a [1977]): Così fan tutti. In: dies.: Das Geschlecht, das nicht eins ist. Berlin: Merve, S. 89–109.

Irigaray, Luce (1979b [1977]): Macht des Diskurses. Unterordnung des Weiblichen. In: dies.: Das Geschlecht, das nicht eins ist. Berlin: Merve, S. 70–88.

Irigaray, Luce (1985), Misère de la Psychanalyse, In: dies.: Parler n'est jamais neutre. Paris: Les éditions de minuit, S. 253–279.

Irigaray, Luce (1989a [1987]): Der Glaube selbst. In: dies.: Genealogie der Geschlechter. Freiburg/Br.: Kore, S. 47–92.

Irigaray, Luce (1989b [1987): Körper-an-Körper mit der Mutter. In: dies.: Genealogie der Geschlechter. Freiburg/Br.: Kore, S. 27–46.

Irigaray, Luce (1991 [1984]): Ethik der sexuellen Differenz. Frankfurt/M.: Suhrkamp.

Irigaray, Luce (1992): J'aime à toi. Esquisse d'une félicité dans l'histoire. Paris: Grasset.

Irigaray, Luce (2000): Why Different? A Culture of Two Subjects. Interviews with Luce Irigaray. Edited by Luce Irigaray and Sylvère Lotringer. New York: MIT Press.

Lacan, Jacques (1986a [1975]): Encore. Das Seminar. Buch XX (1972–1973). Weinheim/Berlin: Quadriga.

Lacan, Jacques (1986b [1966]): Schriften II. Weinheim/Berlin: Quadriga.

Lacan, Jacques (1991): L'envers de la psychanalyse. Le Séminaire. Livre XVII (1969–1970). Paris: Seuil.

Lacan, Jacques, (1996 [1986]): Die Ethik der Psychoanalyse. Das Seminar. Buch VII (1959–1960). Weinheim/Berlin: Quadriga.

Lacan, Jacques (2001): Autre écrits. Paris: Seuil.

Lacan, Jacques (2003): Nota sul padre e l'universalismo. In: La psycoanalisis, Nr. 33, S. 9.

Lacan, Jacques (2005): Le sinthome. Le Séminaire livre XXIII (1975–76). Paris: Seuil.

Lacan, Jacques (2006): D'un Autre à l'autre. Le Séminaire. Livre XVI (1968–1969). Paris: Seuil.

MacCannell, Juliet Flower (1999): The Hysterics Guide to the Future Female Subject. Minneapolis/London: University of Minnesota Press.

MacCannell, Juliet Flower (2006): More Thoughts for the Times on War and Death: The Discourse of Capitalism in Seminar XVII. In: Clemens, Justin; Grigg, Russell (Hrsg.): Jacques Lacan and the Other Side of Psychoanalysis. Reflections on Seminar XVII. Durham/London: Duke University Press, S. 195–215.

McGowan, Todd (2004): The End of Dissatisfaction? Jacques Lacan and the Emerging Society of Enjoyment. New York: Suny Press.

McRobbie, Angela (2010 [2008]): Top Gils. Feminismus und der Aufstieg des neoliberalen Geschlechterregimes. Wiesbaden: VS-Verlag.

Osborne, Peter (Hrsg.) (1996a): Lacan in Slovenia. An Interview with Slavoj Žižek and Renate Salecel. In: ders.: A Critical Sense: Interviews with Intellectuals. London: Routledge, S. 21–35.

Osborne, Peter (Hrsg.) (1996b), Postscriptum. In: ders.: A Critical Sense: Interviews with Intellectuals. London: Routledge, S. 36–44.

Parker, Jan (2007): Lacanian Psychoanalysis and Revolutionary Marxism. In: lacanian ink 29, S. 121–139.

Penley, Constance (1990): missing m/f. In: Adams, Parveen; Cowie, Elizabeth (Hrsg.): The Women in Question: m/f. Cambridge/Massachusetts: MIT Press, S. 6–9.

Recalcati, Massimo (Hrsg.) (2007): Forme contemporanee del totalitarismo. Torino: Bollati Boringhieri.

Roudinesco, Elisabeth (1996 [1993]): Jacques Lacan: Bericht über ein Leben, Geschichte eines Denksystems. Köln: Kiepenheuer & Witsch.

Rouse, Howard; Arribas, Sonia (2011): Egocraca. Marx, Freud and Lacan. Zürich: Diaphanes.

Salecl, Renate (Hrsg.) (2000): Sexuation. Sic 3. Durham/London: Duke University Press.

Shepherdson, Charles (1994): The Role of Gender and the Imperative of Sex. In: Copjec, Joan (Hrsg.): Supposing the Subject. London/New York: Verso, S. 158–184.

Soiland, Tove (2004): Was sind sexuierte Positionen? Anmerkungen zu Judith Butlers Lacan-Rezeption. In: Zeitschrift für Frauenforschung und Geschlechterstudien, Jg. 22, H. 1, S. 3–18.

Soiland, Tove (2009): »Gender«: Kontingente theoretische Grundlagen und ihre politischen Implikationen. In: gender-politik-online, http://web.fu-berlin.de/gpo/soiland.htm [11.03.2014].

Soiland, Tove (2010): Luce Irigarays Denken der sexuellen Differenz. Eine dritte Position im Streit zwischen Lacan und den Historisten. Wien/Berlin: Turia + Kant.

Soiland, Tove (2011): Zum problematischen Cultural turn in der Geschlechterforschung. In: Casale, Rita; Forster, Edgar (Hrsg.): Ungleiche Geschlechtergleichheit. Geschlechterpolitik und Theorien des Humankapitals. Jahrbuch Frauen- und Geschlechterforschung in der Erziehungswissenschaft. Opladen/Farmington Hills: Barbara Budrich, S. 17–34.

Soiland, Tove (2012): ›Lacanismus‹, in: Haug, Wolfgang Fritz; Haug, Frigga; Jehle, Peter (Hrsg.): Historisch-kritisches Wörterbuch des Marxismus, Bd. 8/1. Berlin: Argument.

Soiland, Tove (2013): Subversion, wo steckst Du? Eine Spurensuche an den Universitäten. In: Graf, Julia; Ideler, Kristin; Klinger, Sabine (Hrsg.): Geschlecht zwischen Struktur und Subjekt. Theorie, Praxis, Perspektiven. Opladen/Berlin/Toronto: Barbara Budrich, S. 93–114.

Soler, Colet (2000): The Curse on Sex. In: Salecl, Renate (Hrsg.): Sexuation. Sic 3. Durham/London: Duke University Press, S. 39–54.

Tzelepis, Elena; Athanasiou, Athena (Hrsg.) (2010): Rewriting Difference. Luce Irigaray and ›the Greeks‹. New York: Suny Press.

Vanier, Alain (2000): Lacan. New York: Other Press.

Vanier, Alain (2001): Some Remarks on the Symptom and the Social Link: Lacan with Marx. In: Journal for the Psychoanalysis of Culture & Society, March 22, Nr. 6, S. 40–46.

Verhaeghe, Paul (2000): The Collapse of the Function of the Father. In: Salecl, Renate (Hrsg.): Sexuation. Sic 3. Durham/London: Duke University Press, S. 131–154.

Whitford, Margaret (1991): Luce Irigaray. Philosophy in the Feminine. London/New York: Routledge.

Young, Brigitte (2001): Geschlechterpolitik und disziplinierender Neoliberalismus in der Europäischen Union. In: Bieling, Hans-Jürgen; Steinhilber, Jochen (Hrsg.): Die Konfiguration Europas. Dimensionen einer kritischen Integrationstheorie. Münster: Westfälisches Dampfboot, S. 131–161.

Žižek, Slavoj (1989): The Sublime Object of Ideology. London: Verso.

Žižek, Slavoj (2000): Class struggles or Postmodernism? Yes please!. In: Butler, Judith; Laclau, Ernesto; Žižek, Slavoj: Contingency, Hegemony, Universality. Contemporary Dialogues on the Left. London/New York: Verso, S. 90–135.

Žižek, Slavoj (2001): Die Tücken des Subjekts. Frankfurt/M: Suhrkamp.

Žižek, Slavoj (2002): The Real of Sexual Difference. In: Barnard, Suzanne; Fink, Bruce (Hrsg.): Reading Seminar XX: Lacan's Major Work on Love, Knowledge, and Feminine Sexuality. New York: State University of New York Press, S. 57–75.

Žižek, Slavoj (2004): Iraq. The borrowed kettle. London/New York: Verso.

Žižek, Slavoj (2009): Auf verlorenem Posten. Frankfurt/M: Suhrkamp.

Zupančič, Alenka (2006): When Surplus Enjoyment Meets Surplus Value. In: Clemens, Justin; Grigg, Russell (Hrsg.): Jacques Lacan and the Other Side of Psychoanalysis. Reflections on Seminar XVII. Durham/London: Duke University Press, S. 155–178.

Genießen in Zeiten des Neoliberalismus

Anja Nora Schulthess im Gespräch mit Tove Soiland über den Imperativ des Genießens, das Rätselhafte des Begehrens und die patriarchale Dividende

Anja Nora Schulthess: *Heute werden wir ständig dazu aufgefordert zu konsumieren, unser Leben zu genießen, uns selbst zu verwirklichen. Leben wir in einer Zeit des Imperativs des Genießens – wie Slavoj Žižek behauptet? Und um was für ein Genießen geht es hier überhaupt?*

Tove Soiland: Das ist eine wichtige Frage, weil es ja nicht einfach so ist, dass wir lustbetont leben. Man muss also wissen, was Žižek mit dem Begriff des ›Genießens‹ meint. Žižek übernimmt diesen Begriff von Lacan, der die protestierenden StudentInnen in den 1960er Jahren davor warnt, dass sie mit der Abschaffung sämtlicher Autoritäten einer neuen Herrschaftsform unterstellt werden, der sie mit ihren Liberalisierungsforderungen zudienen. Nach Lacan ist die 68er-Bewegung Ausdruck einer Veränderung in der Triebstruktur der Subjekte. Die Zeit bis zur Fordismuskrise Mitte der 1970er Jahre ist die Zeit der bürgerlichen Kleinfamilie, in der der Vater noch mehr oder weniger die patriarchale Autorität besitzt. Eine Zeit also, in der sich die psychische Struktur entlang eines Verbots herausbildet. Mit der antiautoritären Bewegung und der sexuellen Befreiung tritt an die Stelle des Verbots ein Gebot, das zwar, weil es ein Gebot ist, auch eine repressive Form hat, aber viel schwieriger zu durchschauen ist. Und weil es kein Verbot, keinen strengen Vater mehr gibt, bin ich selbst schuld, wenn ich mein Glück nicht erreiche.

ANS: *Žižek bringt folgendes Beispiel, um diesen Übergang zu beschreiben: Ein Kind möchte nicht mit zur Großmutter und lieber zu Hause spielen. Während der Patriarch dem Kind verbietet, zu Hause zu bleiben und mit Konsequenzen droht, sagt der antiautoritäre Vater zum Kind: »Das musst du selbst entscheiden. Du musst einfach bedenken, dass deine Großmutter sehr enttäuscht wäre, wenn du nicht mitkommst« – was für* *das Kind natürlich fatal ist, weil es nicht mal mehr wütend auf den Vater sein kann.*

TS: Ja. Es ist wichtig zu sehen, dass dies auch eine Herrschaftsstruktur ist. Es handelt sich um eine neopatriarchale Struktur, die sich entpersonalisiert hat – weil die Autoritätsperson verschwunden ist. Die Instanz, die dafür verantwortlich gemacht werden kann, dass ich mein Glück nicht finde, ist verschwunden. Dennoch finde ich das Glück natürlich nicht. Das gehört zum menschlichen Wesen.

ANS: *Und es wird schwieriger, subversiv zu sein, oder? Gegen wen soll man sich denn noch auflehnen?*

TS: Ich glaube, das ist das Problem, das heute vor allem auch junge Frauen betrifft. Ich bin in einer Zeit aufgewachsen, in der die Matura für uns Frauen als überflüssig angesehen wurde, weil wir ja sowieso heiraten würden. Wir konnten wenigstens gegen den Lehrer oder die Eltern opponieren. Heute hingegen werden junge Frauen überall gefördert. Und wenn du dann als Frau mit dreißig merkst, dass du doch nicht erreicht hast, was dir in Aussicht gestellt wurde, dann kannst du die Ursache dafür nur noch in dir selbst sehen. Darum ist es für junge Frauen heute auch so schwierig zu verstehen, was mit ihnen passiert.

ANS: *Dennoch gab es auch vor der Abschaffung der Autoritäten kein ungebrochenes Genießen.*

TS: Im menschlichen Genießen gibt es immer etwas, das unmöglich ist. Diese Unmöglichkeit, das sagt sowohl Lacan wie auch Freud, ist konstitutiv dafür, dass der Mensch nicht einfach Nutzenmaximierer ist. Der Mensch wäre unglücklich, wenn es diese konstitutive Unmöglichkeit nicht gäbe.

ANS: *Das heißt, es gibt ein Genießen, aber keine eigentliche Befriedigung?*

TS: Doch. Es gibt sogar eher eine Befriedigung, wenn es diese konstitutive Unmöglichkeit gibt. Wir kennen das, wenn wir beispielsweise schwierige Texte verstehen wollen. Es befriedigt uns nicht, wenn diese Texte in ein bachelorisiertes Modulwissen übersetzt werden. Damit fehlt das eigentlich Interessante: das Hindernis. Mit dem Jenseits des Lustprinzips meint die Psychoanalyse nicht etwas Unlustvolles, sondern das, was wir letztlich in einer Liebesbeziehung suchen und nicht zu haben ist. Wir kennen beispielsweise die Enttäuschung darüber, dass in einem Geschenk nicht das ist, was wir darin suchen – den Liebesbeweis. Aber wie soll man die Liebe beweisen?

ANS: *Und trotzdem suchen wir danach. Ist dieses Hindernis, diese Unerfülltheit also letztlich unser eigentlicher Antrieb?*

TS: Ja, doch ich würde nicht vom Unerfüllten, sondern von etwas Geheimnisvollem sprechen. Und nun ist der Imperativ des Genießens genau der Imperativ, dieses Rätselhafte unseres Begehrens – wie Lacan sagt – aufzuklären. Das heißt: Die neoliberale Gesellschaft legt uns nahe, dass wir das Rätselhafte unseres Begehrens nicht nur vollständig aufklären können, sondern auch müssen.

ANS: *Welche Funktion nehmen Waren in diesem ›neoliberalen Genießen‹ ein?*

TS: Die Konsumkritik, die die Frankfurter Schule für die fordistische Gesellschaft geleistet hat, ist immer noch gültig. Was nun aber Lacan, Žižek und die Schule von Ljubljana dieser Analyse hinzufügen, ist, dass wir nicht nur im Konsumieren von Waren einem gesellschaftlichen Imperativ folgen, sondern auch dann, wenn wir unseren ›ureigensten inneren‹ Werten folgen, also einen Yogakurs machen oder etwas ähnliches. Selbst wenn wir auf Konsumgüter verzichten, folgen wir dem Befehl, unser wahres Selbst, den richtigen Partner, ein erfülltes Liebes- und Sexualleben zu finden – was natürlich eine Illusion ist.

ANS: *Nun unterstellt etwa Robert Pfaller unserer Gesellschaft mit ihren Geboten, gesund, schön, erfolgreich zu sein, gerade eine Lustfeindlichkeit. Man soll genießen, ja, aber nicht zu viel und nicht so, dass man damit Gesundheitskosten verursacht. Wie geht das mit dem Imperativ des Genießens zusammen? Ist das überhaupt ein Widerspruch?*

TS: Das ist nicht unbedingt ein Widerspruch, denn das ›richtige‹ Genießen ist ja auch ein Optimierungsgebot. Denken wir an all die Einschränkungen wie vegane Ernährung, Redeverbote und Political Correctness, die sich vor allem die junge Generation selbst auferlegt. Dabei geht es letztlich um eine Optimierung des Genießens. Und das kann auch lustfeindlich sein.

ANS: *Muss man also wegkommen davon, ›Genießen‹ als etwas Unproblematisches, stets Angenehmes zu denken?*

TS: Unbedingt. Wenn ich eine Wurst esse, ist das vielleicht noch lustvoll, das Essen der zweiten ist schon weniger lustvoll und das Essen der dritten und vierten ist es definitiv nicht mehr. Die Lust hat etwas Problematisches an sich.

ANS: *Nun gibt es ja gemäß Lacan verschiedene Arten des Genießens. So unterscheidet er das ›phallische Genießen‹ vom ›Genießen des Anderen‹ das er auch das ›weibliche Genießen‹ nennt. Bis anhin haben wir über das ›phallische Genießen‹ gesprochen, richtig?*

TS: Ja. Der Ausdruck ›phallisches Genießen‹ kommt daher, dass die Libido gemäß Freud männlich ist. Das phallische Genießen entspricht einem auf ein Objekt gerichteten Genießen. Von daher auch die feministische Kritik: Das Phallische braucht immer ein Objekt, macht also jemanden, meistens die Frau, zum Objekt. Nun gibt es bei Lacan ein Konzept, welches das Genießen von der Seite des Objekts her denkt, das einem nichtzielgerichteten Genießen entspricht. Und dieses Genießen wird – vielleicht auch etwas idealisierend – der Frau zugeschrieben.

ANS: *Frauen hätten also, obwohl sie natürlich auch phallisch genießen, einen privilegierten Zugang zu diesem anderen Genießen?*

TS: Genau. Wobei es wichtig ist zu betonen, dass Lacan Frau- und Mann-Sein nicht biologisch definiert, sondern aufgrund der Begehrensposition. Was Lacan als ›Frau‹ bezeichnet, ist die Position, die zu einem nichtphallischen Genießen Zugang hätte, was, wie du richtig sagst, nicht heißt, dass Frauen nicht phallisch genießen. Das ist gerade das Emanzipationsversprechen unserer Gesellschaft: dass Frauen in die Position des Männlichen gelangen können. Lacan fragt zu Recht, ob es wirklich das ist, was Emanzipation genannt werden kann oder ob es nicht darum ginge, eine andere Form des Genießens zu finden.

ANS: *Und gibt es sie, diese andere Form des Genießens?*

TS: Ich denke, dass dieses andere Genießen, das Lacan im Seminar *Encore* ausarbeitet, eine Antwort auf Luce lrigarays *Speculum* ist: ihr Denken eines nicht eingelösten Potenzials, einer Form des nicht-objektgerichteten Genießens. Das Problem mit dem objektgerichteten Genießen ist seine Struktur des Verbots: das Verbot des Zugangs zum Körper der Mutter in der ödipalen Struktur oder eben die Suggestion in der neopatriarchalen

Gesellschaft, dass dieses Verbot aufgehoben ist – was genauso problematisch ist: In beiden Fällen wird suggeriert, dass es diesen Zugang überhaupt geben könnte. In diesem Sinn verbietet das ödipale Verbot etwas Unmögliches und lässt damit den Glauben an dessen Existenz entstehen. Was Irigaray deshalb versucht zu denken, ist eine andere Form der Begehrensstruktur, in der die für den Menschen konstitutive Unmöglichkeit nicht von einem Verbot herkommt. Konkret: dass nicht der Vater dem Kind den Zugang zum Körper der Mutter verbieten muss, sondern, dass die Frau selbst dem Kind eine Struktur und damit eine Grenze geben kann, mit der ihre Subjektivität ins Spiel kommt. Dies würde ein ganz anderes Begehren, sowohl für das Mädchen wie für den Jungen, ermöglichen.

> **ANS:** *Es ist schwierig sich das vorzustellen. Das väterliche Gesetz bei Lacan steht ja für die ganze Kultur, Sprache, Sozialisation. Kann man sich denn überhaupt noch ein Subjekt denken, wenn es sich diesem Gesetz nicht unterwirft?*

TS: Der späte Lacan versucht eine andere Subjektstruktur zu denken. Eine Struktur, in der eine unmittelbare Konfrontation mit dem Realen, ursprünglich dem Körper der Mutter, möglich ist. Irigaray hat diesbezüglich eine andere Haltung. Das Reale ist für sie ein rückprojiziertes Phantasma einer allumfassenden Erfüllung, letztlich der Verschmelzung mit dem Körper der Mutter. Es ist ein Problem unserer Kultur, dass dieser Körper im Dunkeln bleibt. Denn die Verrätselung des weiblichen Körpers lässt das Reale erst entstehen. Irigaray sagt: Wenn der Status der Frau und der Mutter in unserer Kultur ein anderer wäre, würde diese Vorstellung des Realen, der verheißungsvollen Verschmelzung gar nicht entstehen. Letztlich ist es das Inzestverbot, das die Vorstellung des Inzests überhaupt erst hervorbringt. Und dieses Verbot verunmöglicht es der Frau, der Mutter, als Subjekt überhaupt in Erscheinung zu treten.

> **ANS:** *Kann man sich unter diesem anderen Genießen etwas Konkretes vorstellen? Lacan spricht in diesem Zusammenhang meines Wissens von Kunst oder den Erfahrungen der Mystikerinnen.*

TS: Ja, wobei diese Mystikerinnen ja wiederum von Männern erfunden wurden oder in einer sehr männlichen Tradition des Christentums stehen. Irigaray versucht das anders zu denken: mit der Vorstellung, dass sich diese Funktion des Verbots, von dem wir gesprochen haben, auf die Begegnung zweier Subjekte verschiebt. Konkret, dass diese Grenze – und es braucht diese Grenze beim menschlichen Genießen – nicht von einer äußeren Instanz kommt, sondern dass sich die beiden Subjekte diese Grenze gegenseitig geben.

ANS: *Und das würde auch eine ganz andere Form der Liebe und Erotik implizieren.*

TS: Ja. Das Liebesobjekt würde in die Position des Subjekts geraten. Irigaray hat eine Menge Bilder für diese intersubjektive Konstellation gefunden, für die sie sehr kritisiert wurde, weil man diese Bilder stets biologistisch gelesen hat. Eine Metapher ist das Muköse, die Schleimhaut. Irigaray spielt damit, dass die Schleimhaut der Frau, also der Vagina oder dem Inneren der Gebärmutter, zugeschrieben wurde. Die Schleimhaut ist gleichzeitig Wand und durchlässig und damit Metapher für die Möglichkeit einer durchlässigen Grenze. Auch das Bild der Schamlippen, die sich gleichzeitig berühren und begrenzen, ist ein solches Bild. Es impliziert das Denken einer Erotik, in der kein Objekt mehr im Spiel ist. Man darf dies jedoch nicht als Urverschmelzung denken, denn ohne Zwischenraum gibt es keine Begegnung. Auch Mutter und Tochter könnten sich, gemäß Irigary, in einer je mütterlichen und je töchterlichen Liebe lieben, wenn es eine Sprache zwischen ihnen gäbe. Wenn diese Sprache also nicht durch eine Vatersprache ersetzt worden wäre, die ein Verbot einführte, welches wiederum das Paradox des Verbots des Unmöglichen mit sich brachte.

ANS: *Gibt es Möglichkeiten, Räume zu schaffen, in denen solche intersubjektiven Begegnungen eher möglich sind?*

TS: Das ist eine schwierige Frage. Ich bin jedoch nach wie vor davon überzeugt, dass Frauenräume wichtig sind und einen Austausch unter Frauen ermöglichen – jenseits des Imperativs zu der von der Gesellschaft definierten Emanzipation. Heute wird es als große Emanzipation gefeiert, dass Mädchen forscher sind, wie Jungs auftreten und das tun, was sie vorher erlitten haben, also beispielsweise einen jungen Mann betrügen. Ich glaube, diese Errungenschaft beschränkt sich darauf, dass junge Frauen gelernt haben, die männliche Position einzunehmen. Hinter diesem männlichen Verhalten verbirgt sich letztlich eine große Unsicherheit und eine Frage, die das Begehren betrifft. Das eigene Begehren der Frau ist unter all den Angeboten der Gleichstellung und der Work-Life-Balance aus dem Blick geraten – unter all den Angeboten, die letztlich wieder Imperative des Genießens und Optimierens sind. Es ist ein Tabu geworden zuzugeben, dass wir in diesem Punkt immer noch sehr ratlos sind. Und dieses Tabu ist Ausdruck des Imperativs zum Genießen. Junge Frauen müssen heute sehr früh Sexualität nachweisen können, sie müssen sexy Kleider tragen und sie müssen auch noch so tun, als ob sie sich darin wohl fühlten.

ANS: *Du sagst, dass sich Frauen, was die Sexualität betrifft, den Männern anpassen. Aber ist es nicht auch hier dasselbe: »Ja, seid forsch, seid aktiv, aber nicht zu sehr!«. Ein Mann, der viele Frauen hat, wird noch immer bewundert. Eine Frau, die viele Männer hat, dagegen nicht.*

TS: Ich weiß nicht, ob das so ist. Und selbst wenn eine Frau sehr viele Männer hat, zweifle ich daran, dass es das ist, was sie befriedigt. Was ich vor allem erlebe, ist, dass es für Frauen sehr schwierig ist, beruflichen Erfolg und Liebesleben zu verbinden. Die meisten Frauen, die ich kenne und die beruflich erfolgreich sind, sind Single. Ich glaube, das hat damit zu tun, dass Frauen eher eine narzisstische Stütze für den Mann sind als umgekehrt der Mann für die Frau. Hier gibt es also nach wie vor eine große narzisstische Arbeitsteilung, die ich in keinem Gleichstellungsprogramm skandalisiert, thematisiert sehe.

ANS: *Du redest vom Leiden und der Ratlosigkeit der Frauen. Aber leiden nicht auch Männer unter dieser Vorherrschaft des phallischen Genießens?*

TS: Ich glaube nicht, dass sie leiden, denn sie haben die ›patriarchale Dividende‹ – so hat das Raewyn Connell genannt. Die Männer haben etwas von dieser Geschlechterordnung. Ansonsten wäre die ganze Geschlechterdebatte von den Männern und nicht von den Frauen ausgegangen. Ich bin gegen diese These, dass Männer darunter leiden, dass sie die Kinder nicht hüten können. Sie könnten sich das einrichten, wenn sie das wirklich wollten.

ANS: *Ist eine andere Begehrensstruktur für die Frau überhaupt denkbar in Beziehung mit Männern?*

TS: Ich denke schon. Das kann man sich ja auch nicht aussuchen, wenn man einmal positioniert ist. Vielleicht wäre das die Aufgabe eurer Generation. Wir haben damals gedacht, das ginge nicht, und dies war eine der Sackgassen der zweiten Frauenbewegung. Die heterosexuellen Frauen sind auf diesen ›Queer-Zug‹ aufgesprungen, der, glaube ich, keine Antwort ist auf dieses Problem. Für andere Formen des Begehrens und der Begegnung in einer intimen Beziehung gibt es einfach noch keine kulturellen Formen. Man hat gedacht, wenn die Frauen in die männliche Position gelangen, sei das Problem gelöst.

ANS: *Ist die Zweierbeziehung zwischen Mann und Frau, wie sie paradigmatisch ist, auch Stütze dieser Subjekt-Objekt-Begegnung?*

TS: Ich glaube nicht. Was Irigaray mit einer intersubjektiven Beziehung beschreibt, ist auch eine Zweierbeziehung. Ich glaube jedenfalls nicht, dass es notwendig ist, die Zweierstruktur aufzulösen, um zu einer anderen, für Frauen weniger problematischen Form von Sexualität und Begehren zu gelangen. Ich glaube, das Konzept der Polyamorie ist keine Lösung für die Mehrheit der Menschen. Und ich glaube auch nicht, dass Kinder, die in einer WG von mehreren Elternteilen aufgezogen werden, deshalb polyamouröser werden als andere – im Gegenteil.

ANS: *Sollten wir alle, aber insbesondere junge Frauen, eine Psychoanalyse machen?*

TS: Auf jeden Fall. Aber bei einer aufgeklärten Analytikerin. Es gibt sowohl konservative Strömungen wie auch sehr fortschrittliche Positionen in der Psychoanalyse. Ich habe die Erfahrung gemacht, dass die Praxis anders funktioniert als in der Theorie, dass also die Analytikerin es anders macht, als es festgeschrieben steht – vielleicht ohne es zu wissen, einfach aufgrund dessen, dass sie selbst in einer weiblichen Position ist. Und das ist gut so. Gerade Frauen waren mehrheitlich in dem, was Freud ›Laienanalyse‹ genannt hat, tätig. Ich glaube, dass daraus eine Art subversive Praxis entstanden ist, die sich nie in einer Theorie niedergeschlagen hat. Und das ist vielleicht ihre Chance, weil sie sonst wieder auf gewisse patriarchale Grundannahmen zurückgeführt würde. Ich glaube aber, dass Lacan an diesen patriarchalen Grundannahmen sehr viel verschoben hat. Es gibt also durchaus feministische Anschlussmöglichkeiten an Lacan. Ich halte die Psychoanalyse für ein gutes Mittel für eine feministische Bewegung, weil damit das Begehren ins Spiel kommt. Wobei Mittel das falsche Wort ist, weil es gerade nicht um ein instrumentelles Verhältnis geht. Ich glaube, dass die Psychoanalyse die am wenigsten normative Methode ist, sich selbst und seinem Begehren näher zu kommen.

Die mütterliche Gabe hat keine symbolische Existenz

Maya Dolderer im Gespräch mit Tove Soiland

Maya Dolderer: *Der Anlass unseres Sammelbands* O Mother, Where Art Thou? (Queer-)Feministische Perspektiven auf Mutterschaft und Mütterlichkeit *(2018) war unter anderem die Beobachtung, dass Frauen heute nicht mehr auf die Rolle der Hausfrau und Mutter festgelegt sind, sondern sich beruflich verwirklichen dürfen und sollen. Gleichzeitig bleiben aber die Arbeiten, für die früher die Hausfrau und Mutter zuständig war, nach wie vor hauptsächlich an ihnen hängen. In welchem Zusammenhang steht diese Entwicklung mit den Forderungen der Frauenbewegung?*

Tove Soiland: Vielleicht kann ich das gleich an deiner eigenen Formulierung festmachen: In der Formulierung, dass die Sorgearbeit an den Frauen hängenbleibt, steckt, dass diese etwas ist, was man eigentlich lieber loshaben möchte. In den letzten Jahrzehnten haben diese ganzen Tätigkeiten des Füreinandersorgens eine noch größere Abwertung erfahren. Ohne das ältere, fordistische Zeitalter verteidigen zu wollen: Es scheint mit seiner konservativen Familienideologie wenigstens noch akzeptiert zu haben, dass es diese Tätigkeiten gibt und dass sie notwendig sind. Im Zuge der Emanzipation der Frauen wurde diese Akzeptanz des Füreinandersorgens jedoch in den Hintergrund gedrängt. Es ist ein gesellschaftlicher Druck geworden, Sorgearbeit zurückzuweisen. Ich stelle immer wieder fest, dass junge Frauen fast etwas verschämt formulieren, dass sie eigentlich gerne bei ihren Kindern sind. Heute ist es problematisch, fürsorglich zu sein und das vielleicht sogar zu genießen. Und diese Doppelbödigkeit trifft Frauen besonders. Denn alles, was mit Fürsorglichkeit und Bezogenheit zu tun hat, bei dem ich mein eigenes Ich nicht ins Zentrum stelle, sondern für jemand anderes da sein muss oder vielleicht einfach will, gilt heute als unemanzipiert. Insbesondere wenn man es auch noch gerne tut. Als Ideal der Emanzipation erscheint heute, dass sich auch Frauen nicht mehr fürsorglich anderen zuwenden. Das kann aber, glaube ich, nicht das Ziel der Frauenbewegung gewesen sein.

Die feministische Theorie ist in den 1970er Jahren damit angetreten, das Ideal des bürgerlichen Subjekts zu kritisieren, das sich so imaginiert, als wäre es nicht auf Fürsorge angewiesen. Die Forderung dieser Theorie war, den Bereich der Fürsorge, den Umstand, dass wir in Abhängigkeit geboren sind und alle einen Teil unseres Lebens in Abhängigkeit verbringen, neu zu bewerten und ihm zu einer gesellschaftlichen Existenz zu verhelfen. Eigentlich ist heute das Gegenteil geschehen. Frauen versuchen nun im Namen ihrer Emanzipation auch dieses bürgerliche Subjekt zu werden, das weder selbst auf Fürsorge angewiesen ist noch gerne anderen Fürsorge zukommen lässt. Das ist eine gewisse Tragik der Entwicklung, die auch vor dem Hintergrund zu betrachten ist, dass die Frauenbewegung in einer Zeit stattfand, in der ein Umbau des Care-Regimes begonnen hat: Von wirtschaftsliberaler Seite kam der Anspruch, dass jede Person neben ihrer Erwerbstätigkeit dafür sorgen muss, dass sie auch die Familienarbeit immer noch hinbekommt.

MD: *Die Forderungen der Frauenbewegung trafen also auf eine Veränderung der Produktionsverhältnisse, die Ökonomisierung der Care-Arbeit?*

TS: Ja, aber dabei geht es nicht nur um die Ökonomisierung der Care-Arbeit, also dass die Arbeit, die vormals Frauen unentgeltlich gemacht haben, jetzt als Lohnarbeit organisiert wird, sondern auch um die Arbeit, die gratis in den Haushalten verbleibt. Die Arbeit, die gar nicht anders organisiert werden kann, weil sie nicht von den konkreten Personen und ihrer Beziehung ablösbar ist. Gerade dieser Bereich unentgeltlicher Arbeit und Fürsorge wurde entnannt. Beispielsweise ist das Kochen einer Mahlzeit für eine erkrankte Freundin oder ein Kind mehr als nur das Zubereiten einer Mahlzeit. Fürsorge ist eine Gabe; sie besteht nicht in einer von den Personen trennbaren Handlung, sondern in der Beziehung: Die Gebende gibt einen Teil von sich. Es geht beispielsweise um informelle Gespräche, die stattfinden können oder nicht stattfinden, für die wir Raum und Zeit brauchen. Und diese Zeit darf von ihrem Charakter her nicht vorstrukturiert sein. Ein Kind berichtet uns nicht, woran es im Kindergarten gerade leidet, wenn die 10 Minuten quality time angesagt sind. Das Kind tut das irgendwann, wenn man gerade nicht damit rechnet. Dafür, dass dieses

Unvorhergesehene Raum haben darf, müssen wir politisch kämpfen. Aber gegenwärtig sehe ich keine Lobby, die sich das auf die Fahnen schreibt. Es ist nicht mehr angesagt, sich damit zu beschäftigen, dass wir in Bezogenheiten leben, dafür Zeit brauchen und wollen – ein Bereich, in dem wir keine Berufsidentität, keine öffentliche Identität haben oder anstreben. Für diese Verknüpfung von Arbeit und emotionaler Bezogenheit gibt es bis heute keine expliziten politischen, aber auch keine theoretischen Konzepte.

MD: *Du hast dich ja mit einer Theorie beschäftigt, die diese besondere Logik der Fürsorge zu fassen versucht. Die Psychoanalyse im Anschluss an Lacan – und du beziehst dich vor allem auf Luce Irigaray – geht davon aus, dass das bürgerliche Subjekt die Fürsorge in Form des Mütterlich-Weiblichen voraussetzt. Irigaray kritisiert, dass dieses Mütterliche, die Voraussetzung des Subjekts, in unserer Kultur als etwas Verfügbares imaginiert wird, als etwas, das einfach da und quasi preislos ist. Damit fügt es sich nicht in die Rationalität von der Warenwelt ein und wird in ihr nicht symbolisiert.*

TS: Ja, ich würde aber darüber hinaus auch sagen, dass es sich auch in die Rationatität von politischen Zielen nicht einfügt und deshalb auch in der politischen Öffentlichkeit und auf der linken Agenda nicht vorkommt. Ich finde Irigarays Ansatz deshalb so fruchtbar, weil sie genau dieses Moment ins Blickfeld nimmt, dass das, wovon wir eigentlich leben, nämlich die Fürsorge, der emotionale Bezug, den wir von unserer ersten Bezugsperson bekommen – und dass das in unserer Kultur meistens die Mutter ist, bleibt eben nicht ohne Konsequenzen – jedenfalls die Voraussetzung, dass das Subjekt sich entwickeln kann, in unserer Kultur imaginiert wird als etwas, das einfach voraussetzungslos vorhanden ist. Diese Voraussetzung des Subjekts kommt in unserem Denken nicht vor als etwas, für das wir Sorge tragen müssen, als eine »Ressource«, die eben auch ausgehen kann. Dass die Naturressourcen beschränkt sind, ist mittlerweile im öffentlichen Bewusstsein angekommen, aber dass diese emotionale Gabe der Mutter, die mütterliche Gabe, nicht einfach unbeschränkt vorhanden ist, aber eine Voraussetzung unserer Existenz ist, ist eben bis heute nicht im öffentlichen Bewusstsein. Irigaray formuliert das so, dass das, was die Mutter uns gibt, in unserer Kultur keine symbolische Repräsentanz, keine gesellschaftliche Existenz hat.

MD: *Sie macht das unsere Kultur strukturierende Verbot dafür verantwortlich, dass diese Vorstellung der Verfügbarkeit von Fürsorge aufrecht erhalten wird.*

TS: Ja. Die Psychoanalyse hat eine Theorie von der Entwicklung des Kindes, in der der Vater die wichtige Funktion hat, die unmittelbare Beziehung zwischen Mutter und Kind – und man muss sich erinnern, dass das Ideal dieser Beziehung bei Freud die Beziehung zwischen Mutter und Sohn ist – zu unterbrechen, indem er interveniert mit einem Verbot und das Kind von dem Körper der Mutter trennt. Irigaray sagt nun, dass sich der Anspruch der Kultur bezüglich dieses Verbotes: sein normativer Gehalt, das Kind von der Mutter zu trennen, ins Gegenteil verkehrt. Sie formuliert beispielsweise: »Der Vater verbietet das ›Körper an Körper‹ mit der Mutter. Ich hätte Lust hinzuzufügen: ›Wenn es wenigstens so wäre!‹...« Ihr Argument ist nämlich, dass ein Verbot immer die Vorstellung entstehen lässt, dass das, was hinter dem Verbot steht, erhältlich wäre. Also in diesem Fall wenn der Vater dem Jungen sagt: »Der Körper der Mutter ist tabu«, was eigentlich bedeutet: »er gehört mir«, lässt er den Jungen in dem Glauben, dass dieser Körper der Mutter erhältlich wäre wie etwas, das ich auf dem Markt kaufen kann. Das Phantasma einer gewährenden Mutter wird paradoxerweise vom Verbot nicht unterbunden, sondern erst eingesetzt. Mit dem Verbot entsteht also erst das Phantasma, dass es diese Verfügbarkeit gibt, also eine Ressource, die nichts kostet, die nicht in Rechnung gestellt werden muss. Irigaray nimmt diese ödipale Struktur als Kulturdiagnose, nicht in einem normativen Sinn. Ihre Aussage ist, dass die ödipale Struktur – und sie sagt, dass diese Struktur die Grundstruktur für das Geschlechterverhältnis in unserer Gesellschaft ist – laufend ein Phantasma entstehen lässt. Unsere Kultur lässt das (männliche) Kleinkind glauben, die Mutter und damit ein unmittelbares, vollständiges Genießen wäre allverfügbar, wenn hier nicht ein Verbot durch den Vater existieren würde. In diesem Phantasma sieht Irigaray das eigentliche Problem, weil es die Vorstellung impliziert, dass die Mutter von sich aus keine Grenzen setzt, also überhaupt oder von sich aus mit dem Kind verschmelzen wollte. Was die Mutter wirklich will, das lässt das Verbot im Dunkeln.

MD: *Nun ist ja die väterliche Autorität, die das Verbot verkörperte, die Institutionen, die verbindliche Normen und Gebote vorgeben, usw. im*

Schwinden begriffen. Basiert unsere Gesellschaft denn noch auf diesem Verbot? Sind diese psychoanalytischen Konzepte denn noch aktuell?

TS: Ich würde sagen: Auf jeden Fall, aber die Formen haben sich verändert. Oft wird der Psychoanalyse ja vorgeworfen, dass sie ein Familienmodell vor Augen hat, das zu Freuds Zeiten vielleicht noch Gültigkeit hatte, aber die heutigen Verhältnissen nicht mehr fassen kann: Die väterliche Autorität ist heute eigentlich weitgehend verschwunden, Kinder sind quasi auf der selben Ebene wie die Eltern, werden als Team-Partner angesprochen und nicht mehr als abhängige Kinder usw. Trotzdem glaube ich, dass diese ödipale Struktur – vermutlich in einer verwandelten Form – in ihrer Grundstruktur weiterexistiert. Wenn man Irigarays Gedanken aufnimmt, dass das Phantasma eine Struktur ist, die in der Kultur, in den kulturellen Repräsentanzen verankert ist, dann kann man vielleicht damit auch verstehen, wie diese Struktur fortdauern kann, auch in dem, was die neue Lacan-Rezeption eine post-ödipale Gesellschaft nennt. Man spricht von »post-ödipal«, weil die Formen der Subjektivierung in diesen partnerschaftlichen Familien nicht mehr durch das Verbot organisiert sind, sondern eher im Sinne einer Liberalisierung. Man will ein Kind fördern, man will ihm alle Möglichkeiten zur Verfügung stellen, man behandelt es als Partner, es soll auch selber seine eigenen Entscheidungen treffen, Gesetze und Regeln aufstellen. Wenn die ältere Struktur, die rigidere patriarchale Familie, um das Verbot eines Unmöglichen kreiste, der Zugang zum Körper der Mutter durch das Verbot unmöglich war, dann könnte man sagen, dass diese post-ödipale Struktur lediglich eine Liberalisierung dieses Zugangs für alle in Aussicht stellt. Ein wenig polemisch ausgedrückt: Die Liberalisierung besteht in der Vorstellung eines demokratischen Zugangs zum Körper der Mutter. Das lässt aber letztlich das Phantasma, dass es einen solchen Zugang gebe, dass die Mutter allgewährend wäre, von sich aus keine Grenzen setzt, ihre Ressourcen, ihre Gabe einfach so zur Verfügung stellt, untangiert. Man könnte sogar sagen, dass das Phantasma der Verfügbarkeit durch die Liberalisierung noch verstärkt wird: Wenn es kein Verbot mehr gibt, wenn es keinen Vater mehr gibt, der vor diesem Paradies im Weg steht, haben wir alle das Gefühl, dass dieses doch zugänglich sein muss.

MD: *Und dann ist es individuelles Scheitern, wenn wir nicht ins Paradies gelangen.*

TS: Man könnte sagen, dass es heute nicht mehr die neurotischen Strukturen sind, die den Subjekten zu schaffen machen, das Hadern mit dem Verbot und das schlechte Gewissen wegen des Übertrittes, das Scheitern an einer zu rigiden Struktur, die wir mit dem väterlichen Verbot internalisiert haben. Heute ist das Problem der Menschen, dass sie nicht verstehen, warum sie das unmittelbare Genießen nicht finden. Sie können ihr Scheitern nicht mehr an einer äußeren Autorität festmachen, sondern müssen sich selber dafür verantwortlich fühlen. Denn auch im Liberalismus besteht die Vorstellung weiter, dass es dieses vollständige Genießen gibt. Diese Vorstellung basiert auf der Annahme der uneingeschränkten Verfügbarkeit der Gabe der Mutter. Wenn dieses Genießen nicht als unverfügbares reflektiert wird, ist das Subjekt ständig auf den Weg geschickt, das Genießen zu verwirklichen, das ihm in Aussicht gestellt wird, und versteht nicht, warum es darin scheitert. In Lacans Worten könnte man sagen, dass alle modernen Vorrichtungen, die man dann auf dem Markt kaufen kann, »Genießvorrichtungen« sind. Diese Vorrichtungen spielen eigentlich immer mit diesem Phantasma eines absoluten Genusses und verunmöglichen zu verstehen, was heute diesem im Wege steht.

Irigaray würde sagen, dass mit diesem Phantasma eine Begegnung zwischen zwei Subjekten unmöglich wird. Eine Begegnung, in der die Begrenzung nicht von einem Verbot herkommt, sondern von einem zweiten Subjekt, das reagiert. Also eine Intersubjektivität, in der sich die Grenzen der Allmachtsfantasie der beiden Subjekte aus der gegenseitigen Interaktion ergeben. Das ist das, was sie in ihrem Denken der sexuellen Differenz eigentlich gemeint hat. Ein Theorem, das im deutschsprachigen Raum nicht verstanden und als etwas Biologistisches verworfen wurde.

MD: *In Italien wurde diese Theorie ja stärker rezipiert, ich denke da vor allem an »die Italienerinnen«, die Frauen um den Frauen-Buchladen von Milano. Diese haben sich ja besonders mit Beziehungen zwischen Frauen beschäftigt. Warum dieser Fokus?*

TS: Wenn man das nochmal theoretisch betrachtet, könnte man sagen, dass diese (post)ödipale Struktur keine Vermittlung zwischen dem Subjekt und seiner Herkunft denkt, dem was ich Gabe genannt habe. In unserer Kultur gibt es keine symbolische Darstellung und damit auch keine Denkmöglichkeit dieser Gabe. Dieser Umstand ist dafür verantwortlich, dass Frauen zwischen sich diese Vermittlung kaum herstellen können und sich deshalb als Grenzenlose begegnen. Ein Beispiel aus dem Alltag: Zwischen Freundinnen haben wir oft das Problem, dass wir voneinander alles verlangen. Wir haben den Anspruch, dass sie auch in der Nacht zur Verfügung steht für lange Telefonate, dass sie alles versteht und alle Auffassungen teilt. Nach Irigaray gibt es entweder ein Fusionelles zwischen Frauen oder die totale Abwertung, wenn diese Verschmelzung nicht funktioniert. Hier eine dritte Dimension einzuführen, wäre die große kulturelle Aufgabe, die sich meiner Meinung nach heutzutage genauso stellt wie vor 40 Jahren zu Beginn der zweiten Frauenbewegung. Und dafür ist eine Kultur der Beziehung zwischen Frauen notwendig. Mit Kultur meinten die Italienerinnen unter anderem, dass reflektiert wird, was eigentlich in der Interaktion, der Beziehung zwischen Frauen am Werk ist. Nämlich die Frage zu stellen, wo wir eine männliche Kultur reproduzieren, indem wir diese Vermittlung zwischen uns Frauen nicht herstellen. In dem Sinn ist das nicht nur einfach ein Rückzug auf eine Frauenwelt – was man den Italienerinnen manchmal vorgeworfen hat –, sondern es ist der Versuch, eine andere Vermittlung zu denken, weder der symbiotische Urbrei, in dem man versinkt, noch die abgeschottete Individualität des autonomen Subjekts, wie sie in der patriarchalen Kultur vorgesehen ist, die ja auf der Leugnung ihrer Voraussetzungen basiert. Es geht also darum, dass der Umstand unserer Verwiesenheit eine kulturelle Form bekommt. Und eine kulturelle Form heißt immer eine Vermittlung, eine sprachliche Vermittlung.

MD: *Woran liegt es denn, dass in Beziehungen zwischen Frauen ein Drittes, eine Vermittlung fehlt?*

TS: Jede Frau hat eine Mutter gehabt – dass dieser Umstand für feministische Auseinandersetzungen relevant sein könnte, vergessen wir heute oft. Wir sprechen heute in feministischen Zusammenhängen nur von Mutterschaft im Kontext von Vereinbarkeitsproblematiken und meinen damit, wie wir das mit den Kindern hinkriegen.

Irigaray sagt, dass das Problem darin liegt, dass in unserer Kultur die Frau von ihrer mütterlichen Funktion nicht getrennt ist. Das verschmilzt in eins, weil sich ihre Gabe nicht in das patriarchale Symbolische einfügt, darin nicht repräsentierbar ist und so als ein Teil von ihr oder mit ihr identisch erscheint. Deshalb fehlt in der ersten asymmetrischen und auch hierarchischen Beziehung zwischen Mutter und Tochter eine symbolische Vermittlung. Eine Vermittlung, die sowohl der Mutter als auch der Tochter ein Frausein außerhalb ihrer Rolle als Tochter und Mutter zugesteht. Die Tochter erlebt mangels dieser Vermittlung die Mutter nicht als ein eigenständiges Subjekt, sie kann sie nur in ihrer mütterlichen Funktion wahrnehmen, die eben selbst keine symbolische Repräsentanz hat. Sie ist von der Mutter abhängig und bekommt von ihr etwas, das aber nirgends repräsentiert ist, was die Tochter paradoxerweise in einer merkwürdigen Form an die Mutter bindet. Die fehlende symbolische Repräsentanz der Gabe verunmöglicht letztlich eine Trennung. Aus dieser Positionierung kommt die Tochter nie heraus, weil diese spezielle Asymmetrie nie thematisierbar war.

Die Asymmetrie, die wir kennen, ist die väterliche Autorität, mit der man sich identifizieren kann, gegen die man rebellieren kann, die man überwinden kann usw. Die Asymmetrie zwischen Mutter und Tochter ist jedoch nicht thematisierbar. Vermutlich kennen die meisten Frauen diese Kämpfe und emotionalen Verstrickungen: dass die Beziehung zur Mutter entweder ganz abbricht oder dass sie in einem ewigen symbiotischen Kampf verbleibt, einem Kampf um die Individualisierung der Tochter. Die Hierarchie zwischen Mutter und Tochter hat keine Form, die eine eigene Entwicklung des Kindes zulassen würde.

MD: *Auch im Kontext der Tagung*[1] *ist uns aufgefallen, dass viele von uns gerne über Mutterschaft sprechen, aber auf keinen Fall über unsere eigenen Mütter. Dass dieses Verhältnis häufig ein problematisches ist.*

TS: Es ist ja eigentlich verrückt, dass es trotz dieser offensichtlichen Problematik in der deutschen Frauenbewegung überhaupt nicht möglich war, über Mütter zu sprechen, weil das als biologistisch galt. Irigaray würde sagen, dass diese biologistische Reduktion der Frau auf die Mutterschaft gerade dadurch zustande kommt, dass es keine symbolische Vermittlung zwischen Mutter und Tochter gibt. Wir haben keine Sprache, um über diese Beziehung zu sprechen und haben in der Tendenz Angst – das würde die These von Irigaray bestätigen –, dass die Mutter so etwas wie ein Urgrund ist, in den man nur zurücksinken kann und von dem wir uns, wenn wir existieren

---

1 Der Verweis bezieht sich auf eine von der Hans-Böckler-Stiftung finanzierte Wissenschaftlerinnen-Werkstatt, auf die der weiter oben erwähnte Sammelband *O Mother, Where Art Thou? (Queer-)Feministische Perspektiven auf Mutterschaft und Mütterlichkeit* (2018) zurückgeht und für den das Gespräch mit Tove Soiland geführt wurde (Anm. d. Hrsg.).

wollen, ablösen müssen. Eben weil das, was an diesem Anfang stand, gar nie zu Worten gekommen ist. Das ist das, was Irigaray meint, wenn sie sagt, dass die mütterliche Gabe keine Sprache bekommen hat. Es ist einfach eine unsägliche Verstrickung, aus der wir nicht rauskommen, die vermutlich eben macht, dass wir darüber lieber gar nicht sprechen. Wir streiten ab und zu, dann gehen wir wieder zur Mutter zurück, um uns zu versöhnen.

MD: *Reumütig und schuldbewusst …*

TS: Ja, die Schuld ist ein ganz zentrales Thema. Weil es keine symbolische Vermittlung gibt, tritt an deren Stelle Schuld. Diese Schuld ist es, die heute zwischen Frauen hin- und hergeschoben wird. Und so kann man wieder den Bogen zum Anfang schlagen: Das Problem der Schuld kommt dann in diesen ganzen unsäglichen Diskursen zum Ausdruck, beispielsweise dass gesagt wird, die deutsche Karrierefrau leiste sich eine migrantische Hausangestellte, um selber Karriere zu machen usw. Das Care-Problem, das unsere Gesellschaft den Frauen aufgibt als ein nicht gelöstes, verhandeln die Frauen als eine Frage der Schuld zwischen sich, anstatt diese Care-Frage der Gesellschaft zurückzugeben und zu sagen: Hier bitte, das ist ein gesamtgesellschaftliches Problem. Die Schuld hat darin eigentlich nichts zu suchen. Aber die Schuld kommt deshalb ins Spiel, weil die Gabe, das, was eigentlich gemacht werden müsste, keine Sprache, keine gesellschaftliche Bedeutung, keine Existenz hat, wir aber trotzdem alle darauf angewiesen sind.

MD: *Obwohl es für feministische Kreise fast charakteristisch scheint, alle Vorwürfe vorwegzunehmen, sich reinzuwaschen, nichts falsch zu machen und alle Widersprüche zu integrieren, hat die Frauenbewegung immer wieder heftige Konflikte ausgetragen und sich in der Folge häufig gespalten. Differenz scheint auch in der Frauenbewegung ein Problem zu sein.*

TS: Aus psychoanalytischer Perspektive haben Differenzen in der Frauenbewegung deshalb einen so spaltenden Einfluss gehabt, weil die vertikale Dimension zwischen Frauen nicht gedacht werden kann. Männer haben kein Problem, einander die Differenz zuzugestehen, weil es die vertikale Dimension zwischen ihnen gibt, was sich beispielsweise in den ganzen Seilschaften in Unternehmen zeigt. Sie haben weniger Probleme damit, Hierarchien zwischen sich zuzulassen und das heißt auch, dass sie keine Angst haben müssen, in ihrer Differenz unterzugehen. Für Frauen wird aber die Differenzfrage deshalb zu einem Problem der Spaltung, weil die vertikale Dimension zwischen ihnen fehlt.

Wenn also beispielsweise Judith Butler dieses Problem der Spaltung beschreibt und danach fragt, ob es das Subjekt des Feminismus überhaupt gibt oder ob nicht jede Forderung nach so einem Subjekt zu weiteren Aufsplitterungen führt, so hat sie nicht verstanden – und das ist mein Vorwurf an sie –, dass diese Aufsplitterung nur aufgrund der weiblichen Positionierung in unserer Gesellschaft entsteht. Aufgrund dieser Positionierung führen Differenzen zwischen uns zur Zerstörung eines Kollektivs, anstatt dass ein Kollektiv Differenzen ermöglicht. Dieses spezifische Verhältnis von Kollektiv und Differenz ist der traditionell weiblichen Positionierung in unserer Kultur geschuldet. Angesichts der Aufsplitterung dürfen wir nicht dabei stehenbleiben zu sagen: »Ja klar, das wissen wir doch, wir sind einfach zu verschieden, wir können gar nicht von einer Kollektivität sprechen«, sondern es müsste eigentlich darum gehen, den schwierigen Umgang mit Differenz von Frauen zu reflektieren.

Ich glaube, dass die Unmöglichkeit der Repräsentation der mütterlichen Gabe dazu führt, dass Frauen keinen Umgang miteinander finden, der es ihnen ermöglichen würde, ein Kollektiv zu bilden. Oder umgekehrt formuliert, dass jede kollektive Forderung immer dazu führt, dass Frauen Angst haben, in ihrer Differenz unterzugehen. Männerdominierte Organisationen haben dieses Problem nicht, sie können sich viel leichter organisieren. Jede linke Zeitschrift aus der 68er-Bewegung hatte es leichter zusammenzubleiben als die vielen feministischen Zeitschriften, die alle irgendwann wegen ihren internen Differenzen auseinanderbrechen.

Warum der Umstand, dass wir verschieden sind, zu einer Sprengung des Kollektivs geführt hat, dieses Problem der Spannung zwischen Differenz und Kollektiv hat die Frauenbewegung weder ausbalancieren noch reflektieren können. Das führt auch dazu, dass es ganz schwierig ist – wobei es heute immer mehr mutmachende Initiativen gibt – einen Austausch zwischen den älteren frauenbewegten Frauen und den jüngeren herzustellen. Jede junge Generation wollte in Abwendung von ihren symbolischen Müttern die Frauenbewegung neu erfinden und hat alles umgekrempelt und wollte mit den alten Frauen nichts mehr zu tun haben – und hat sich damit natürlich auch geschwächt. Dass wir nichts weitergeben und dass wir keine kollektiven Strukturen haben, die diese Weitergabe organisieren, das ist letztlich darauf zurückzuführen, dass diese vertikale Dimension in unserer Kultur fehlt. Wir reproduzieren in unseren zersplitterten Frauenbewegungen die Nicht-Existenz der vertikalen Beziehung zwischen Frauen. Darum finde ich es falsch zu sagen, es sei gut, dass das Subjekt des Feminismus sich in ein Plural auflöst. Wenn wir das so betrachten – mit dem psychoanalytischen Subjektverständnis – heißt das, dass eine plurale Subjektposition letztlich nichts anderes ist als eine Wiederholung der im Patriarchat schon immer für die Frau vorgesehenen Position.

MD: *Kein Universales zu bilden.*

TS: Ja, kein Kollektiv zu bilden. Nochmals: Kollektiv heißt nicht, dass wir alle gleich sein müssen. Es ist umgekehrt das strukturgebende Kollektiv, das es uns ermöglicht, different zu sein. Irigaray spricht davon, dass Frauen zwischen sich immer eine Art dunkles Magma herstellen, eine Nacht, in der »alle Kühe schwarz« sind. Es ist gerade das Nicht-Vorhandensein eines Kollektivs, das uns in diesem Magma, im Urbrei, einander angleicht. In dieser Nacht ist auch nicht sichtbar, was wir tun; wir sind alle damit beschäftigt, irgendwelche symbolisch nicht-existierende Versorgungsarbeit zu leisten.

MD: *Was bedeutet dieses Fehlen des Kollektiven bei Frauen für eine politische Praxis?*

TS: Ich glaube, dass es ganz wichtig ist, dass sich Frauen wieder trauen, Frauengruppen zu bilden und über ihre Belange zu sprechen, wie das damals Gruppen wie *Psychoanalyse et Politique* in Frankreich gemacht haben – Selbsterfahrungsgruppen, auch wenn man die nicht so nennen muss. Die jungen Frauen heute haben meines Erachtens dieselben Probleme, die damals thematisiert wurden: Zunächst die Probleme mit ihrer Mutter, die sich fortsetzen in ihren Partnerschaften, in ihrer Sexualität usw. Das ist heute so aktuell wie es vor 40 Jahren war. Aus solchen Gruppierungen können dann auch politische Gruppierungen wachsen.

Was ich für ein erhaltenswertes Element der ganzen neuen sozialen Bewegungen nach 1968 halte, ist der Anspruch, die politischen Ziele mit der Reflexion der eigenen Praxis zu verknüpfen. Denn nur so können wir diesen vielleicht zunächst etwas abstrakt anmutenden Theoremen auch Leben einhauchen und verstehen, wofür wir eigentlich kämpfen. Obwohl sich in gewissen Bereichen wie den Lebensentwürfen und Verhaltensweisen von Frauen sehr viel verändert hat, sind die grundlegenden Strukturen in den letzten vierzig Jahren leider hartnäckig erhalten geblieben. Um aber diese in den Blick zu bekommen, müssen wir uns herausnehmen, uns in Frauengruppen zusammenzuschließen, um uns von dort aus einmischen zu können.

Literatur:

Dolderer, Maya; Holme, Hannah; Jerzak, Claudia; Tietge, Ann-Madeleine (Hrsg.) (2018): O Mother, Where Art Thou? (Queer-)Feministische Perspektiven auf Mutterschaft und Mütterlichkeit. Münster: Westfälisches Dampfboot.

Der Umsturz des Ödipalen

Ein feministisches Dilemma

1. Einleitung: Eine feministische Hoffnung und ihre Enttäuschung

Die feministische Theorie ist lange Zeit davon ausgegangen, dass mit dem Untergang der bürgerlichen Kleinfamilie und der in ihr eingelagerten ödipalen Struktur gleichzeitig auch die väterliche Autorität und damit die patriarchale Vorherrschaft ins Wanken geraten würde. So argumentierte etwa Juliet Mitchell in ihrem Buch *Psychoanalysis and Feminism,* dass nach dem Funktionsverlust des Inzesttabus in modernen Gesellschaften der darin implizierte Frauentausch zunächst durch die bürgerliche Familienideologie in der ödipalen Konstellation der Kleinfamilie konserviert wurde. Deren inhärente Widersprüchlichkeit, den Inzest ebenso anzureizen wie zu verbieten, so lautete ihre damalige Prognose, würde früher oder später jedoch zwangsläufig zu deren Zerfall und schließlich zur Überwindung der patriarchalen Konstellation insgesamt führen (1985: 465–477).

Heute, im Zeitalter von Patchworkfamilien und einer weitgehenden Liberalisierung nicht nur des sexuellen Verhaltens, sondern auch der Verwandtschaftsbande, in deren Folge Verwandtschaft und Geschlecht nicht länger als Schicksal erscheinen, sondern zu einer Frage der eigenen Wahl geworden sind, scheinen sich viele von Mitchells Prognosen über das die traditionellen Bande zersetzende Potenzial spätkapitalistischer Gesellschaften bewahrheitet zu haben: Nicht nur die traditionelle Kleinfamilie, sondern auch die mit ihr einhergehende ödipale Subjektstruktur sind im Untergang begriffen; die diesbezügliche Literatur spricht von »postödipalen Subjekten« und ihrer veränderten Über-Ich-Struktur (Žižek 2001: 460).

Gleichwohl müssen wir rückblickend feststellen, dass der Untergang des Ödipalen nicht in das gelobte Land der feministischen Freiheit geführt hat. Abgesehen von den komplexen psychischen Lagen, die diese Liberalisierung mit sich brachte, müssen wir auf gesellschaftlicher Ebene die Fortexistenz geschlechtlicher Hierarchisierungen konstatieren, die sich nunmehr aber kaum noch über traditionelle Zuschreibungen herstellen, sondern sich umgekehrt in einem Umfeld etablieren, das sich explizit als egalitär versteht. Zeitdiagnosen sprechen heute von neuen autoritären Formen, die gewissermaßen ohne Autorität auszukommen scheinen (vgl. Bartmann 2012: 161), von einem »Patriarchat ohne Vater« (Benjamin 1982: 431) oder einer »Herrschaft ohne Herr« (Guigou/Wajnsztejn 2010; vgl. auch Žižek 2006: 385), ja gar, um Massimo Recalcati zu zitieren, von einer neuen Form des Totalitarismus ist die Rede, der weitgehend auf normative Ideale zu verzichten scheint (2007: 10, 76). Ich möchte diese Phänomene zum Ausgangspunkt meiner eigenen Überlegungen nehmen und fragen, wie es zu verstehen ist, dass sich der Umsturz des Ödipalen und, damit verbunden, der traditionell väterlichen Autorität auch aus einer feministischen Perspektive nicht einfach als Befreiungsgeschichte erzählten lässt. Warum hat sich die feministische Hoffnung, die sich an den Untergang des Ödipalen heftete, nicht erfüllt? Etwas scheint sich beharrlich zu halten, das die Geschlechter nach wie vor asymmetrisch positioniert, ohne dass dies von einer personifizierten väterlichen Autorität oder gar von einem Zentralkomitee des Patriarchates ausgehen würde. Es scheint, dass trotz des Untergangs der traditionell ödipalen Konstellation »Patriarchales«, wenn nun auch in einer Art Gestaltwandel, fortexistiert und wir uns mit dem Umstand konfrontieren müssen, dass auch im »Postödipalen« eine folglich neopatriarchal zu nennende Herrschaft subsistiert. Worin subsistiert diese, und was genau darin bleibt »patriarchal«? Dieser Frage möchte ich in diesem Beitrag nachgehen. Ich werde mich dazu auf einige zentrale Gedankengänge Jacques Lacans stützen, wie Lacan sie in seinem Seminar XVII ausgeführt hat und wie sie seit den 1990er Jahren von der marxistisch orientierten Lacan-Rezeption der Schule von Ljubljana weitergeführt wurden.

1.1 Warum Lacan?

Die feministische Psychoanalyserezeption war vermutlich eine der ersten oder jedenfalls innovativsten, die mithilfe der Psychoanalyse gesellschaftliche Phänomene verstehen und damit der auch vom Freudomarxismus aufgeworfenen Frage nach der Verknüpfung von Individuum und Gesellschaft nachgehen wollte. Dies trifft in besonderem Maße für die frühe feministische Lacan-Rezeption zu, die Lacan in den 1960er Jahren für genau diese Frage, wie Frauen auch subjektiv in die patriarchale Struktur eingebunden werden, für sich entdeckte. Feministische Theoretikerinnen wie Juliet Mitchell und Jacqueline Rose, aber beispielsweise auch Joan Copjec und Theresa Brennan, um nur die wichtigsten zu nennen, lehnten sich in erster Linie deshalb an Lacan an, weil sie in den sogenannten »Formeln der Sexuierung«, wie Lacan sie in seinem Seminar *Encore* entwickelt (1986a: 85–88), eine Lesart der Geschlechterdifferenz vorfanden, die diese nicht biologistisch begründete. Für Feministinnen attraktiv war darin insbesondere Lacans Rede von Geschlecht als einer »sprachlichen Position«, formulierte Lacan damit doch als erster – und das ist seine wichtige Errungenschaft gegenüber Freud – eine nicht-essenzialistische Lesart der Geschlechterdifferenz.[1] Dabei ermöglichte Lacans sprachtheoretische Umformulierung der ödipalen Konstellation[2] es diesen Theoretikerinnen, das, was bei Lévi-Strauss noch als anthropologische Grundkonstante erscheint, Inzesttabu und Frauentausch nämlich, in ihrer gesellschaftlichen Bedingtheit (und damit) als gesellschaftliche *Form* wahrzunehmen, die als solche die Position der Geschlechter bestimmt. So betrachtet nimmt Geschlecht und die damit verbundene Begehrensstruktur an jener schwer zu theoretisierenden Schnittstelle von Individuum und Gesellschaft eine prominente Stellung ein, indem es als gesellschaftliche Struktur gleichzeitig das Subjektivste ist, worüber wir verfügen.

Wenn es somit die eigentliche Leistung der feministischen Psychoanalyserezeption war, Formen der Bezogenheit und damit letztlich des Begehrens in ihrer gesellschaftlichen Bedingtheit zu reflektieren und damit zu einem Gegenstandsbereich von Gesellschaftstheorie zu machen, so ist Lacan in diesem Kontext insofern von Bedeutung, als sein Denken tatsächlich zentrale Instrumente an die Hand gibt, die gesellschaftliche Dimension dieser Struktur von Bezogenheit besser zu verstehen. Gerade damit verfügt Lacans Ansatz aber auch über ein Potenzial, die gegenwärtigen Umbrüche in den

1 Es war diese Überlegung, die die 1978 in England von Parveen Adams und Elizabeth Cowie gegründete Zeltschrift *m/f* aufnahm, zu deren AutorInnen später bekannt gewordene Theoretikerinnen wie Joan Copjec, Juliet Mitchell und Geneviève Fraisse, aber auch zahlreiche AutorInnen aus dem Umfeld der französischen Psychoanalyse zählten. Wie es im ersten Editorial heißt, waren diese sich als sozialistische Feministinnen verstehenden Herausgeberinnen mit der marxistischen (und marxistisch-feministischen) Antwort auf ›die Frauenfrage‹ nicht glücklich, weil sie in ihr keine eigenständige Konzeptualisierung von Geschlecht vorfanden (Adams/Cowie 1990: 22, 38).

2 Vgl. dazu Abschnitt 2.1 und 3.

Geschlechterverhältnissen besser zu verstehen, womit sich dieser für eine feministische Gegenwartsdiagnose als äußerst fruchtbar erweisen kann. Lacans Intuition, Geschlechtlichkeit als grundlegend in der Struktur von Signifikanz, das heißt also, von Sprache verankert aufzufassen, bietet in erster Linie ein Instrumentarium zu verstehen, warum Geschlechterhierarchien auch nach der im Zuge der 68er-Revolten einsetzenden Aufweichung normativer Vorstellungen von Geschlechtlichkeit weiterbestehen.[3]

Wenn sich das Denken in Strukturen heute nicht gerade großer Beliebtheit erfreut, indem etwa unter dem Stichwort *agency* betont wird, dass die Subjekte den gesellschaftlichen Strukturen nicht einfach unterworfen sind, sondern sich diese auch aneignen und damit umformen, so muss dies in besonderen Maße für eine Theorie gelten, die postuliert, dass wir auch und gerade in unserem Ureigensten und Intimsten – unserem Genießen – gesellschaftlich Unterworfene sind. Die Dimension, die bei Lacan diese Scharnierfunktion einnimmt, indem sie konstitutiv weder eindeutig zum Subjekt noch eindeutig zur Gesellschaft zuzurechnen ist, ist das Phantasma, dessen Status er deshalb auch als »ex-tim« bezeichnet (1996a: 171). Dieses Phantasma fällt, wie Žižek in Anlehnung an Daniel Dennet treffend formuliert, »in die bizarre Kategorie des subjektiv Objektiven: die Art und Weise, wie Ihnen Dinge tatsächlich erscheinen, sogar dann, wenn sie Ihnen nicht so zu scheinen scheinen!« (Žižek 2008: 44 f.). Es ist der Status dieses Phantasmas in seiner Zwischenstellung zwischen Subjekt und Gesellschaft – präziser formuliert handelt es sich dabei um das historisch eben je wandelbare Verhältnis zwischen Signifikant und Genießen, ich werde darauf gleich zurückkommen –, was Lacans Denken für ein gesellschaftstheoretisches Anliegen so fruchtbar macht. Žižek schreibt dazu:

> »Dieser Begriff des unzugänglichen Phantasmas macht auch deutlich, was man der langweiligen Standardkritik an der Anwendung der Psychoanalyse auf soziologische Prozesse entgegenhalten sollte. Ist es ›legitim‹, den Gebrauch von Begriffen, die ursprünglich für die Behandlung einzelner Menschen entwickelt

3 Lacans Postulat, dass sich geschlechtliche Positionierungen gewissermaßen ›unterhalb‹ der offen zu Tage getragenen Geschlechtlichkeit rund um den Term des Dritten bilden, kann meines Erachtens jenem eindrücklichen sozialen Wandel eher Rechnung tragen als jene im Zentrum soziologischer *Gender*-Ansätze stehende Fokussierung auf die Unterdrückungsmechanismen normativer Leitvorstellungen, von denen wir heute wissen, dass sie weitreichend in Auflösung begriffen sind. Zum Term des Dritten vgl. Kap. 2.1.

wurden, auf kollektive Größen auszudehnen und etwa die Religion als eine ›kollektive Zwangsneurose‹ zu bezeichnen? Der Fokus der Psychoanalyse ist ein völlig anderer: Das Soziale, das Feld der sozialen Praktiken und dessen, was die Gesellschaft glaubt, befindet sich nicht einfach auf einer anderen Ebene als die individuellen Erfahrungen, sondern ist etwas, auf das sich *das jeweilige Individuum beziehen muss,* etwas, das *das jeweilige Individuum* als eine Ordnung erleben muss, die minimal ›verdinglicht‹, externalisiert ist. Das Problem ist daher nicht, wie ›man von der individuellen auf die gesellschaftliche Ebene springen‹ kann, sondern: *Wie muss die dezentrierte soziosymbolische Ordnung institutionalisierter Praktiken und Glaubensüberzeugungen strukturiert sein, damit das Subjekt ›geistig gesund bleiben‹ und weiter ›normal‹ funktionieren kann?* Welche Täuschungen sollten dort deponiert sein, damit das Individuum seine geistige Gesundheit wahren kann« (Žižek 2002: 144f.).

Wenn Lacan der zeitgenössischen Rede vom Tod Gottes entgegenhält, dass Gott nicht tot, sondern unbewusst ist (1996b: 65), so aus dem einfachen Grund, weil – in Lacans Worten – der große Andere eine zentrale Funktion für das Subjekt innehat. Der große Andere existiert weiter, aber wir heutigen Atheisten delegieren den Glauben an ihn an andere, Naivere, die an unserer Stelle glauben. Im Unterschied zu den Theoretikern der vaterlosen Gesellschaft beklagt Lacan in seiner Zeitdiagnose denn auch nicht einen neuen Hedonismus, der nach dem Untergang des väterlichen Verbots zur Schrankenlosigkeit der Ansprüche führte. In Abwandlung von Dostojewskis Motto: »Wenn Gott tot ist, ist alles erlaubt«, sagt Lacan vielmehr: »Wir wissen genau, dass, wenn Gott nicht existiert, überhaupt nichts mehr erlaubt ist« (1991b: 166).

Aufgrund des bisher Gesagten sollte deutlich geworden sein, dass man den an die Adresse der Psychoanalyse oftmals erhobenen Vorwurf der Ahistorizität zumindest Lacan gegenüber nicht machen kann. Lacan betonte nicht nur, dass Freud nur deshalb über die Funktion des Vaters sprechen konnte, weil diese in seiner Zeit bereits im Untergang begriffen war (Lacan 1984: 72f.). In seinen Seminaren Ende der 1960er Jahre postulierte er darüber hinaus einen für spätkapitalistische Gesellschaften konstitutiven Wandel in den Subjektstrukturen, der sich für ihn vor allem in einer veränderten Funktionsweise des Über-Ichs manifestierte. Es ist die große Leistung der Schule von Ljubljana, jenes Kreises von GesellschaftstheoretikerInnen, zu dem neben ihrem bekanntesten Vertreter Slavoj Žižek beispielsweise auch Alenka Zupančič und Mladen Dolar gehören, diesen Ansatzpunkt des Lacan'schen Denkens für eine Analyse postfordistischer Gesellschaften fruchtbar gemacht zu haben.

In diesem Anliegen konnten diese TheoretikerInnen dabei an ein zentrales Element von Lacans Denken anknüpfen. Aufgrund seiner eigenen Thesen interpretierte Lacan die Ereignisse von 1968 als Effekt des von ihm konstatierten Wandels in den Über-Ich-Strukturen, deren Ausdruck für ihn viel mehr als deren Kritik die revoltierenden Studierenden mit ihrer Forderung nach »Triebbefreiung« waren. Wenn gewisse Formen des Freudomarxismus eine Lesart Freuds nahelegen, in der ein Wechselspiel von individueller »Lebensenergie« und gesellschaftlich verlangter Triebunterdrückung ersterer ein politisch subversives Potenzial zuwies, so ist genau diese Lesart im Horizont von Lacans eigener Freud-Interpretation nicht länger möglich. Es gibt für Lacan keinen nicht-gesellschaftlich vermittelten Trieb, weshalb ein Trieb auch nicht einfach befreit werden kann (2001: 521 ff.). Es ist dieser Aspekt seiner Theoriebildung, der Lacan dazu prädestinierte, einen ebenso zeitnahen wie wesentlichen Beitrag zur Analyse jenes historischen Umbruchs in den Herrschaftstechnologien geleistet zu haben, dessen Zeitzeuge er selbst war.

Strukturalist zu sein bedeutete für Lacan demnach gerade nicht, von der Ahistorizität derjenigen Strukturen, die die Subjekte formieren, auszugehen (Lacan 2006: 11 f.). Was Lacan interessierte, waren die Brüche in jenen Strukturen, die in seiner Begrifflichkeit als *lien social* (1986a: 60, franz. S. 51) die Doppelung von gesellschaftlicher Kohäsion und Subjektstruktur bezeichnet, und deren Neuformierung offenbar sehr wohl in der Lage war, Straßen in Aufruhr zu versetzen (vgl. Zupančič 2006: 174 f.; MacCannell 2006: 196, 204; Žižek 2004: 131).

2. Der Übergang vom Diskurs des Herrn zum Diskurs der Universität

2.1 Lacans Subjektverständnis: Ein für das Subjekt konstitutiver Verlust und der dabei entstehende Rest

Um diese historisierende Wendung zu verstehen, ist es zunächst notwendig, etwas näher auf Lacans Subjektverständnis einzugehen.[4] Der deutschspra-

4 Eine ausführliche Darstellung findet sich in Soiland 2013.

chigen Leserschaft ist Lacan vor allem bekannt als Theoretiker der Sprache, der das Subjekt als Effekt der metonymischen Bewegung der Signifikantenkette begreift. Eine solche Sichtweise übersieht jedoch, dass Lacan spätestens seit seinem Seminar XI (1964) die Dimension des Realen und damit verbunden das Objekt klein *a* ins Zentrum seiner Aufmerksamkeit stellt. Wenn der frühe Lacan das Subjekt um einen Mangel herum angeordnet sah, so fokussiert Lacan spätestens seit Mitte der 1960er Jahre nicht mehr auf diesen »Seinsmangel« (1986b: 218–221), sondern auf jenen »Rest« des Realen, den er Objekt *a* nennt (1996b: 48–70, 172–177). Nicht die durch die Sprache induzierte Leerstelle, sondern das durch die Sprache induzierte Genießen steht nun im Zentrum seines Subjektverständnisses, womit für Lacan nicht nur die grundsätzliche Ambiguität des menschlichen Genießens, sondern vor allem auch die theoretische Ausarbeitung des Verhältnis von Signifikant und Genießen in den Vordergrund rückt: Sprache steht nun nicht länger für eine Vorenthaltung, sondern umgekehrt ist es nun Lacans Postulat, dass es keine Dikursivität ohne Genießen geben kann (Zupančič 2006: 155).[5]

Wenn Lacan die Verknüpfung von Signifikant und Subjekt zunächst rein formal bestimmte, indem er definiert: »Ein Signifikant ist das, was das Subjekt für einen anderen Signifikanten vorstellt« (1991a: 195), respektive umgekehrt: »Ein Subjekt ist das, was durch einen Signifikanten einem anderen Signifikanten vorgestellt werden kann« (2006: 21; Übers. T.S.), womit er das Subjekt zunächst lediglich als Effekt seines Gleitens unter der Signifikantenkette einführt (1991a: 214), so erweitert er diese Definition ab Mitte der 1960er Jahre, indem er feststellt:

> »Das Subjekt [...] kann sich in seiner Repräsentanz des Signifikanten nicht wiederfinden, ohne dass sich dabei dieser Verlust in der Identität produziert, der sich, um es bei seinem Namen zu nennen, das Objekt *a* nennt« (2006: 21; Übers. T.S.).

Damit einher geht eine Verschiebung in der Konzeption des Subjekts, das nun nicht mehr primär als die infolge des symbolischen Eingriffs entstehen-

5 Eine sehr gute Einführung in die Bedeutung des Genießens in Lacans Spätwerk gibt Recalcati (2000: 15–41). Zur politischen Bedeutung des Objekts *a* als Dimension eines »Jenseits der Anrufung« und also dem, was über den Aspekt der Bedeutung am Diskurs hinausgeht (vgl. Dolar 1991, 1998) und zur mangelnden Konzeption dieser Dimension in der Lacan-Rezeption der gegenwärtigen *Cultural Studies* (vgl. Soiland 2013: 576f.).

de Leerstelle, sondern vielmehr als Korrelat des darin induzierten »Überschusses« erscheint (1991c: 19; Übers. T.S.). Das Objekt *a* steht für diesen Überschuss und damit in Lacans Terminologie für »ein Reales«, das nicht als ein dem Symbolischen vorgängiges Residuum zu verstehen ist, sondern vielmehr als der nachträglich entstehende, nicht-assimilierbare »Rest« (1986a: 11; 1996b: 61), der für das Subjekt beim Eintritt in die Sprache in Funktion tritt (Cremonini 2003: 144–160). Dieses Reale, das für das Subjekt die Unmöglichkeit einer allumfassenden Erfüllung – psychoanalytisch gesehen die Ungetrenntheit vom Körper der Mutter – darstellt, steht seit den 1960er Jahren nicht nur im Zentrum von Lacans Interesse, sondern es wird, vor allem in seinem Seminar XVII, zum eigentlichen Gegenstand seiner politischen Überlegungen. Lacans politisches Denken kreist um dieses Objekt als Ort des Genießens, von dem aus, wie er sagt, »einzig der Platz der Psychoanalyse in der Politik« zu bestimmen sei (1991c: 89 f.).

Kann man dem frühen Lacan in der Tat eine gewisse Ahistorizität in seiner Vorstellung von Gesellschaftlichkeit vorwerfen, indem das werdende Subjekt bei seinem Eintritt in die Gesellschaft der rein formalen Struktur des Signifikanten unterliegt, die als solche ahistorisch ist, so bringt das Objekt *a* in diese Sichtweise eine historisierende Wende. Denn erst damit kann Lacan nun formulieren, dass es historisch je unterschiedliche Weisen der Subjektivierung gibt, die sich in der Art unterscheiden, wie das Subjekt zu diesem Objekt angeordnet, zu ihm in Beziehung gesetzt wird (ist dieses Objekt verboten, zugänglich, demokratisch verteilt, oder nur einem Herrn vorbehalten etc.).

Für Lacans politisches Denken und damit für seine Zeitdiagnose ist es also zentral, dass das Genießen in seinem Verständnis gerade kein der Enkulturation vorgängiges Phänomen ist. Lacan formuliert vielmehr, dass es Genießen nur ausgehend vom Signifikanten gibt (2006: 17; 1991: 206).

Ausgangspunkt dieses Denkens ist also Lacans Annahme, dass das menschliche Genießen von einem tiefen, dem sprachlichen Sein des Menschen geschuldeten Zwiespalt gekennzeichnet ist, insofern Sprache sowohl der Hinderungsgrund wie gleichzeitig die Ermöglichungsbedingung des Genießens ist. Während der Umstand der Sprachlichkeit für den Menschen zunächst die Unterbrechung einer Unmittelbarkeit bedeutet,[6] findet dieser

6 Die zentrale Bedeutung, die Lacan der Sprache im Werden des Subjekts beimisst, rührt daher, dass es mittels der Sprache ist, dass die erste Bindung des Kleinkindes an seine Bezugsperson eine soziale Gestalt erhält, das heißt, aus einer Unmittelbarkeit

Verlust, da es sich hierbei zwangsläufig um eine Interpretation ex post eines angeblich allumfassenden Urzustandes handelt, gleichzeitig auch immer eine phantasmatische Auskleidung. Dieses Phantasma ist deshalb in Lacans Verständnis das Moment, das dem Subjekt ein Genießen auch nach dem Eintritt in die Sprache ermöglicht: Als eine Art Wissen, mit dem das Subjekt diesen Verlust einkleidet, ist dieses damit zugleich emotional hoch besetzt – und ermöglicht eben so ein Genießen. Das Genießen hat deshalb für Lacan diesen konstitutiven Bezug zu einer Unmöglichkeit: Es gibt Genießen nur ausgehend von dieser Unterbrechung und was Lacan das Objekt *a* nennt, ist für das Subjekt der phantasmatische Träger dieser unmöglichen Möglichkeit. Letztlich ist der Verlust also das, was uns ermöglicht zu genießen, denn erst durch den Verlust können wir etwas genießen, von dem sonst sichtbar würde, dass wir es nicht haben, das heißt, dass es ein grundsätzlich unmögliches Objekt ist. Der Verlust ermöglicht also das Genießen von etwas, das wir nicht haben (McGowan 2013: 13). Und genau dies ist das Objekt *a*. In gewisser Weise kann man sagen, dass es diese Denkfigur ist, mit der Lacan Freuds vielumstrittenes Postulat eines *Jenseits des Lustprinzips* (1920: 3–69) eine spezifische, nun weniger unplausibel erscheinende Deutung gibt. Lacan formuliert dies so:

> »Nun, der von Freud auf der Ebene des Lustprinzips vollzogene Schritt besteht darin, dass er uns zeigt, dass es ein Höchstes Gut nicht gibt – dass jenes Höchste Gut, das das Ding ist, das die Mutter, das Objekt des Inzests ist, ein verbotenes Gut ist und dass es kein anderes Gut gibt. Das ist das bei Freud umgestürzte Fundament des Moralgesetzes« (1996a: 88).

Wenn die Psychoanalyse das Verbot als das konstitutive Moment des Begehrens erachtet, so erhellt sich hier warum: Die ermöglichende Funktion des Verbotes liegt in seiner phantasmatischen Dimension – verboten kann

heraustritt. Lacan macht dies sinnfällig anhand der Doppelbedeutung des Wortes Anspruch: Der Anspruch bezeichnet zunächst die Unmittelbarkeit des Bedürfnisses, mit dem wir uns an einen anderen wenden, doch wie Lacan zurecht festhält, »gibt es schlechterdings keinen Anspruch, der nicht irgendwie durch die Engführungen des Signifikanten hindurchmüsste« (1991a: 187). Diese Engführung ist für Lacan deshalb so zentral, weil ich mich mit der sprachlichen Fassung meines Bedürfnisses einem anderen anheimstelle, der gewähren kann oder auch nicht (1986b: 127; 2003: 219). Das Bedürfnis verweist daher immer schon auf eine Dimension, die über es hinausgeht, weshalb Lacan sagen kann: »Der Anspruch an sich zielt auf etwas anderes als die Befriedigungen, nach denen er ruft. Er ist Anspruch auf eine Gegenwart oder auf eine Abwesenheit« (1991a: 127).

nur werden, was existiert.[7] Damit aber führt Lacan eine Dimension der Nachträglichkeit in die Vorstellung eines intervenierenden Dritten und damit letztlich des verbietenden Vaters, wie sie im Zentrum der ödipalen Konstellation steht, ein: Auch das Verbot und vor allem das, worum es kreist – sein Gegenstand –, ist eine Interpretation ex post.[8] Lacan überrascht uns deshalb in seinem Seminar XVII mit der Aussage, dass Ödipus Freuds Traum sei. Und wie jeder Traum bedürfe auch dieser der Interpretation (vgl. Lacan 1991c: 135, 159). In der Folge fragt er nach dieser merkwürdigen Figur, die in allen drei von Freud im Zusammenhang mit der Vater-Thematik beigezogenen Mythen, dem Moses, dem Vater der Urhorde und der Ödipus-Sage vorkommt: der Tötung des Vaters, die hernach zur Instaurierung eines Gesetzes führt. Dass der tote Vater das Genießen sein soll, wie Lacan dieses mythische Material zusammenfasst, ist für ihn nichts als das Zeichen der Unmöglichkeit selbst, die Lacan durch den Umstand der Sprachlichkeit ins menschliche Genießen gefallen sieht (1991c: 143). Lacan interpretiert deshalb den Mythos als eine Auslegung ex post, die dieser konstitutiven Unmöglichkeit Sinn verleihen soll. Wenn Lacan Ödipus als das mythische Residuum der Psychoanalyse bezeichnet (1991c: 179), so weil das Verbot des Vaters für ihn eine Interpretation ex post des Umstandes der Signifikanz darstellt. Lacan spricht deshalb vom Verbot als einer *habillage*, einer notwendigen Einkleidung oder Verkleidung (1991c: 180) der signifikanten Funktion. Notwendig ist diese Einkleidung deshalb, weil der eigentliche Umstand, die Unmöglichkeit, in ihrer Undenkbarkeit verkannt bleiben muss. Lacans sprachtheoretische Fassung der ödipalen Konstellation besagt also letztlich, dass der ödipale Mythos sowohl Ausdruck wie

7 McGowan formuliert dies treffend: »Dies bedeutet, dass wir die Vorstellung, dass der Eintritt in die Gesellschaft ein Verzicht an Genießen verlangt, spezifizieren müssen: In der Tat muss man auf sein eigenes Genießen verzichten, aber dieses Genießen ist etwas, *das vor dem Verzicht auf es nicht existiert.* Mit anderen Worten: Indem wir es aufgeben, kreieren wir, indem wir seine Existenz unterstellen, tatsächlich erst retroaktiv ein Genießen, das wir nie hatten« (McGowan 2004: 16; Übers. T.S.).

8 Vgl. zu diesem Moment der Nachträglichkeit auch Recalcati 2000: 35–37. McGowan schreibt dazu: »An dieser Stelle können wir besser verstehen, warum Inzest einfach ein anderer Name ist für Genießen: So wie ein prähistorisches Genießen nicht existiert, ebenso wenig existiert Inzest vor seinem Verbot. Wenn wir frei sind, mit unserer Mutter zu schlafen, dann ist sie nicht *die* Mutter im Sinne *dieses einen* privilegierten Objekts des Begehrens. Es ist erst an jenem Punkt, an dem die Mutter unerreichbar ist, dass sie die Rolle der ›Mutter‹ annimmt, denn es ist der Umstand der Unerreichbarkeit, welcher ein Objekt in den Status des privilegierten Objekts des Begehrens erhebt« (McGowan 2004: 16; Übers. T.S.).

Verkennung der durch den Umstand des Signifikanten in das menschliche Genießen gefallenen Unmöglichkeit darstellt. Es ist diese konstitutive Verknüpfung, die Lacans Denken hinsichtlich einer gewissen Unmöglichkeit im menschlichen Genießen prägt und auch einmalig macht, und die ihre ganze Tragweite erst durch die zentrale Stellung erhält, die Lacan spätestens ab seinem Seminar XI dem Objekt *a* in der Subjektgenese beimisst.

2.2 Die Historisierung: Lacans Gegenwartsdiagnose

Dieses Objekt ist es denn auch, das Lacans Gegenwartsanalyse anleitet (2006: 16). Im Zentrum seiner Gegenwartsdiagnose steht dabei das, was Lacan als den Übergang vom »Diskurs des Herrn« als der traditionell ödipalen Struktur zum »Diskurs der Universität« (1991c: 172–174, 92) als dem heute vorherrschenden *lien social*, dem sozialen Band, bezeichnet. Dieser Übergang ist als eine Art Formwandel einer Herrschaftsstruktur zu verstehen.[9] Mit dem »Diskurs der Universität« interpretiert Lacan den Untergang der traditionell patriarchalen Autorität als eine für spätkapitalistische Gesellschaften konstitutive Verschiebung in den Triebschicksalen, insofern durch die Liberalisierung der für das menschliche Genießen konstitutive Bezug zu einer Unmöglichkeit verschwindet. Und es ist dieses Verschwinden, welches das Subjekt nun dem unendlichen Regress einer vermeintlichen Triebbefriedigung aussetzt. Für Lacan hat deshalb das Verschwinden der väterlichen Autorität nicht einfach eine »befreite« Subjektivität zur Folge. Vielmehr tritt anstelle des väterlichen Verbotes ein neues Ideal, das sich nun seinerseits an dem vormals verbotenen Genießen orientiert.

Man könnte auch sagen, dass das Ich-Ideal, das unser Über-Ich maßgeblich prägt, sich nicht länger entlang von Verboten herausbildet, sondern sich nun paradoxerweise unmittelbar mit dem Genießen selbst verbindet. Der Effekt davon ist, dass unsere Über-Ich-Struktur nun selbst an dieses Genießen gekoppelt ist. Und es ist diese Über-Ichhaftigkeit des Genießens, die im Zentrum von Lacans Zeitdiagnose steht. Lacans Gegenwartsdiagnose besagt deshalb nicht einfach, dass wir in einer hedonistischen Gesellschaft leben, in der die Individuen, indem sie ihren Vorlieben nachgehen, ihre sozialen Pflichten vernachlässigen. Vielmehr ist es so, dass das Genießen selbst zur vorrangigen sozialen Pflicht geworden ist. Was so entsteht, ist

9 Vgl. dazu die sehr guten Einführungen bei Zupančič (2006) und MacCannell (2006).

das Genießen als Über-Ich-Befehl. »Genieße!« ist deshalb Lacans Formel für diese veränderte Über-Ich-Struktur (1986a: 9), die uns paradoxerweise nicht an den genossenen Freuden, sondern an dem von uns unterlassenen Genießen – den sozusagen verpassten Genieß-Chancen – schuldig werden lässt.

So gesehen sind die Liberalisierungsforderungen der Studentenbewegung selbst als Teil dieses historischen Wandels in der Über-Ich-Struktur zu betrachten. Wenn im psychoanalytischen Verständnis das menschliche Genießen um eine Unmöglichkeit kreist, so ist, wie dargelegt, das Hindernis – in Lacans Wortgebrauch der Signifikant – dessen konstitutive Bedingung, oder anders gesagt, das das menschliche Genießen erst ermöglichende Element. Der Slogan der 68er-Bewegung: *Jouir sans entrave!* – also in etwa: Genieße ohne Grenzen! –, ist damit letztlich ein »Genießen ohne Genießen«, insofern es das Genießen jener Unmöglichkeit beraubt, »welche es strukturiert und ihm damit erst seine Form verleiht.« (Zupančič 2006: 172) Es ist diese von Lacan so bezeichnete »symbolische Kastration«, die der Diskurs der Universität vorgibt aufzuheben, indem er einen durch das richtige Wissen angeleiteten unmittelbaren Zugang zum Genießen verspricht. Lacan spricht deshalb von diesem Wandel in den ideologischen Strukturen in dieser Doppeldeutigkeit vom »Diskurs der Universität«, weil die Universität als der Ort, wo diese »Befreiung« begann, gleichzeitig auch der Ort ist, der dieses Wissen in einem biopolitischen Sinn produziert. Folgt man Lacan, so ist die Kehrseite davon dieser Über-Ich-Charakter des Genießens.

Man könnte deshalb sagen, dass es im Kapitalismus neben der Trennung des Arbeiters von seinem Wissen und der Aneignung seiner Arbeit eine dritte Form der Ausbeutung gibt, die paradoxerweise in der Ausbeutung eines Negativen, in der Exstirpation des für das menschliche Genießen konstitutiven Hindernisses liegt. Es ist diese Enteignung an einer Negativität, die in Lacans Einschätzung im Kern derjenigen Subjektstruktur steht, die der kapitalistischen Produktionsweise am affinsten ist. Lacan macht damit geltend, dass der Kapitalismus es versteht, aus dem Umstand, dass der Diskurs vom Subjekt einen Verzicht an Genießen verlangt, etwas Akkumulierbares und damit das Prinzip seines Funktionierens zu machen (Zupančič 2006: 173; Copjec 2006: 109). Im »Diskurs der Universität«, so Lacan, habe deshalb der »Diskurs des Herrn« zu seiner eigentlichen Form gefunden. In gewisser Weise können unter dieser neuen Form nun alle am Diskurs des Herrn teilhaben (vgl. Lacan 1991c: 92f.). Doch insofern in diesem Prozess der Demokratisierung der Herr verschwunden ist, hat sich die Herrschaft gleichsam generalisiert.[10] Daher sagt Lacan:

> »Was niemand zu sehen scheint, ist, dass […] aufgrund dessen, dass sich die Wolken des Unvermögens aufgelöst haben, der Herrensignifikant umso unangreifbarer erscheint, gerade in seiner Unmöglichkeit. Wo ist er? Wie ihn benennen? Wie ihm habhaft werden – außer natürlich in seinen mörderischen Effekten. Soll man ihn als Imperialismus denunzieren? Aber wie ihn anhalten, diesen kleinen Mechanismus?« (199lc: 217; Übers. T.S.).

2.3 Postödipale Subjekte: Die Neupositionierung des Objekts *a*

Der »Diskurs« im Sinne Lacans, so lässt sich das bisher Gesagte zusammenfassen, ist demnach ein gesellschaftliches Band, welches einer konstitutiven Unmöglichkeit in der Subjektgenese eine historisch eben wandelbare Form verleiht: Die je historisch feststellbaren unterschiedlichen Weisen der Subjektivierung sind unterschiedliche Formen, mit dieser Unmöglichkeit des Genießens zurande zu kommen und die offenbar historisch immer wieder von Neuem notwendig werdenden Transformationen des Kapitalismus scheinen sich dabei gerade der Möglichkeit zu bedienen, dass die Weisen, mit der Unmöglichkeit des Genießens (nicht) zurande zu kommen, historisch wandelbar sind. Es ist dieses Verständnis von Diskurs, die die TheoretikerInnen der Schule von Ljubljana einen grundlegend anderen Weg gehen ließ als die westlich-marxistischen Anschlüsse an die Psychoanalyse, wie sie von der Frankfurter Schule und dem Freudomarxismus praktiziert wurde. In ihrem Anliegen, eine »Lacan'sche Ideologie- und Machttheorie« auszuarbeiten (Žižek 1991: 7), ist es ihr Anspruch, den veränderten ideologischen Bedingungen postfordistischer Gesellschaften Rechnung zu tragen, und sie verbinden damit die Aussage, dass die Linke bisher mit genau diesem »Rest« des Realen keinen Umgang gefunden hat.[11] Nicht

---

10 In Seminar XVI (17–21) und XVII (49, 92, 123) macht Lacan deshalb eine Verknüpfung von Mehrwert und Genießen, indem er den Verlust des Genießens, der mit dem Eintritt des Subjekts in die Sprache entsteht, in Anlehnung an *plus-valeur*, dem Mehrwert, *plus-de-jouir*, ein »Mehrgenießen« mit seiner doppelten Konnotation eines »nicht mehr« und eines »darüber hinaus« (2006: 17, 19) nennt. Zu dieser Homologie vgl. Zupančič (2006), Soiland (2013: 571); Holtwischen (2013: 62 f.) und ausführlich Tomšič: (2015: 64–78) und Vanier (2001).

11 Prominent zu dieser Kritik Dolar 1991 und Žižek (1989: 139–144; 2009: 91–103); eine Dokumentation dieser Debatte bildet der Band *Contingency, Hegemony, Universality* vgl. ders. (2000).

nur verfügt sie über keine Konzepte zu dessen Theoretisierung, sondern im Lichte ihrer Analysen erscheinen viele der linken Forderungen – beispielsweise nach Anerkennung differenter Lebensweisen – selbst als Bestandteil dieser nun veränderten ideologischen Formation.

Ich möchte ausgehend von diesen zeitgenössischen Adaptionen Lacans versuchen zu verstehen, wie »Patriarchales« auch nach dem Untergang des Ödipalen fortbesteht. Auch wenn dieser Versuch von diesen TheoretikerInnen selbst bisher so nicht vorgenommen wurde, meine ich doch, dass ihre Überlegungen ein wertvolles Instrumentarium bereitstellen, um die Paradoxien und vor allem Funktionsweisen dieser nun gewissermaßen herrenlos gewordenen Herrschaft auch im Bereich der Geschlechterverhältnisse besser zu verstehen.

Auch hier haben wir es mit einer Ideologie zu tun, doch hat sich die Form der Ideologie verändert. An die Stelle inhaltlich gefüllter Ideale ist eine neuartige Form einer Biopolitik des Genießens getreten, die sich dem Ideal der Transparenz und damit Kalkulierbarkeit des Subjekts verpflichtet sieht (Milner 2011). Slavoj Žižek macht deshalb geltend, dass wir es heute mit einer »weltlosen ideologischen Konstellation« (2005: 242) zu tun haben, in der »eine Mehrheit der Bevölkerung gerade der Koordinaten einer bedeutungsvollen Orientierung verlustig geht« (dito: 242; Übers. T.S.). Wenn diese TheoretikerInnen davon sprechen, dass die gegenwärtige hegemoniale Ideologie nicht länger auf der Ebene der Ideale und Identifikationen, sondern »unmittelbar auf der Ebene des Genießens operiert« (Žižek 2004: 113), so knüpfen sie damit an Lacans Gegenwartsdiagnose an: An die Stelle traditionaler, an einem Ideal orientierter Wahrheit – man könnte auch sagen, an die Stelle einer Autorität: Lehrer, Ärzte, Meister – tritt das » akkumulierte Wissen« des »Diskurses der Universität«, der, wie es Joan Copjec formuliert, die Opazität des Genießen mit seinem Wissen durchdringt (2006: 109). Diese objektive »Wahrheit-außerhalb-der-Bedeutung« (Žižek 2005: 241) geht somit mit der Kehrseite einer, wie Recalcati in Anlehnung an Jean-Claude Milner formuliert, »absoluten Herrschaft der Sache« einher: »ein durch das wissenschaftlich-technische Wissen und dessen Praktiken« angeleitetes, damit letztlich aber despotisches Gebot, das Leben gemäß der Objektivität eines Maßes des Guten politisch zu verwalten und damit das Genießen nicht nur zu objektivieren, sondern es im selben Zug gewissermaßen zu optimieren (2007: 66, 79).

Wenn die spätkapitalistischen Gesellschaften eignende Struktur der Subjektivierung in Lacans Zeitdiagnose um die Aufhebung eines Verbots, letztlich des ödipalen Verbotes, kreist, so verstehen wir nun deren Kehrseite. Diese Aufhebung setzt das Subjekt dem Regress angeblicher Möglichkeitsräume aus, deren tatsächliche Unmöglichkeit ihm aber verschlossen bleibt. So betrachtet könnte man sagen, dass das alte Verbot in gewisser Weise auch eine Gnade war, weil es uns vor diesem Regress bewahrte: Das Verbot stellte sich gewissermaßen vor die im psychoanalytischen Verständnis konstitutive Unmöglichkeit des Genießens und bewahrte uns damit davor, dieses Unmögliche anzustreben. Wenn nun umgekehrt im »Diskurs der Universität« an die Stelle des Verbots ein Wissen tritt, das vorgibt, diese Unmöglichkeit aufzuheben, so sind wir unerbittlich mit einer Unmöglichkeit konfrontiert, die es aber nicht geben darf, insofern ein Wissen vorgibt, den Kern dieser Unmöglichkeit zu durchdringen und diese damit aufzuheben. Was so entsteht, sind virtuelle Möglichkeitsräume, die aber als reale erscheinen, und – was daran ganz zentral ist – die uns genau darüber in die Pflicht nehmen: »Nur das Unmögliche ist unmöglich«, fasst Alenka Zupančič dieses Ideal zusammen (2006: 171–174), das in dem Sinn »postideologisch« ist, als es außer der Aussicht auf ein nicht durch die symbolische Kastration hindurchgegangenes Genießen kein ethisches Ideal mehr kennt (MacCannell 2006: 204–206). Die Möglichkeiten zur Optimierung erscheinen hier also nicht nur unbegrenzt, sondern diese Optimierung wird, weil sie möglich ist, damit gleichzeitig zur *Pflicht*.

Joan Copjec hebt deshalb in ihrer Interpretation des Diskurses der Universität einen grundlegenden Formwandel der Schuld hervor: Schuld entsteht heute psychisch gesehen nicht mehr als Effekt der Internalisierung eines Verbotes, sondern angesichts dieses »Ideals oder Ziels des Zugangs« zu einem absoluten Genießen (2006: 109). Diese Aussicht einer Zugänglichkeit, eines vom richtigen Wissen angeleiteten Zugangs zu, sagen wir, unserem ureigensten Genießen lässt eine Schuld entstehen, die sich nicht mehr aus der Internalisierung von gesellschaftlichen Unterdrückungsmechanismen speist, wie sie die 68er-Generation angeprangert hat, sondern die vis-à-vis eines Ideals entsteht, dem ich notwendigerweise nicht entsprechen kann, von dem mich aber der »Diskurs der Universität« glauben macht, es sei, richtig angeleitet, erreichbar. Der gravierende Unterschied dieser Schuld und damit des so veränderten Über-Ichs ist, dass damit eine Scham verbunden ist: nicht die Scham, auf frischer Tat beim Übertritt eines

Verbots ertappt worden zu sein, sondern die Scham, nicht alle Facetten meiner Identität, die ich folglich besitze, entfaltet und damit zu ihrem Recht verholfen zu haben. Wir stehen nun nicht länger der Gesellschaft, sondern uns selbst gegenüber in der Pflicht, einem Ideal der Selbsttransparenz zu folgen, das aber unmöglich ist, weshalb wir schuldig bleiben. Copjec spricht deshalb von einer »schuldigen Schamlosigkeit« (2006: 109), in der wir beständig dazu aufgerufen sind, alle Facetten unseres intimsten Seins offen und schamlos zu entfalten, deren Wesen wir jedoch gerade so verfehlen, weshalb wir nicht umhin kommen, an ihnen schuldig zu werden. Und sie beschreibt die Funktion des Wissens in der darin involvierten Verkennung folgendermaßen:

> »Die trügerische Natur dieses Genießens hat zentral mit der Tatsache zu tun, dass es uns den falschen Eindruck vermittelt, dass der Kern unseres Seins etwas Wissbares resp. Besitzbares sei im Sinne einer Identität oder eines Eigentums, eine Art Mehrwert, der unserer Person anhaftet« (Copjec, 2006, S. 109).

Theoretisch gesprochen lässt sich somit sagen, dass in dieser Neu-Anordnung von Signifikant und Genießen das Objekt *a* eine Neupositionierung erfährt: Es ist nicht mehr unzugänglich, da verboten, sondern liegt – aufgrund des Wissens des »Diskurses der Universität« – offen und frei zugänglich für alle zu Tage. An die Stelle des »Rätsels des Seins, welches *jouissance* uns aufgibt«, wie Copjec formuliert (ebd.), ist das Ideal der Zugänglichkeit getreten. Oder anders formuliert ist an die Stelle des Verbotes ein Wissen getreten, das uns Zugang zum vormals Verbotenen verspricht.

Und dies führt mich zurück zu meinem eigentlichen Anliegen: Das Verschwinden der für das Genießen konstitutiven Schranke lässt einen auch für die feministische Theorie brisanten Punkt dieser Verschiebung offenkundig werden. Wenn die ödipale Konstellation um ein Verbot kreiste, das Verbot eines Zugangs zum Körper der Mutter, so führt dessen Aufhebung in den Kern des diesem Verbot zugrundeliegenden Phantasmas, dass ein solcher Zugang (überhaupt) möglich wäre. Und dieses Phantasma, das vermutlich im Zentrum der abendländischen Subjektkonstitution überhaupt steht, bleibt von der Liberalisierung untangiert. So betrachtet bringt diese Zeitdiagnose Lacans zum Ausdruck, dass die Liberalisierung des ödipalen Modells – der Übergang vom »Diskurs des Herrn« zum »Diskurs der Universität« – das Paradox eines Verbotes des Unmöglichen lediglich in die nicht minder aporetische Form des (nun freien) Zugangs zu diesem Unmöglichen bringt und damit quasi die Möglichkeit einer Demokratisierung dieses Zugangs für alle in Aussicht stellt. Die Liberalisierung lässt dieses Phantasma, hinter dem letztlich immer die unbewusste Fantasie einer allgewährenden Mutter steht, unangetastet. Sie versetzt aber gleichzeitig Frauen in eine schwierige Lage, erhalten sie doch so – im Namen ihrer Emanzipation – Zugang zu etwas, wovon sie in gewisser Weise selber Bestandteil sind.

2.4 Was bleibt: Das Rätsel des Realen

Denn *was* genießt das Subjekt eigentlich? Es gibt auch in der Lacan'schen Tradition ein, fast möchte man sagen, signifikantes Schweigen um diese Frage, die in ihrem Kern letztlich die Frage nach dem Rätsel des Realen beinhaltet. – Was ist das Reale? Auch wenn wir davon ausgehen, dass der vom Subjekt beim Eintritt in die Gesellschaft zu leistende Verzicht in diesem einen nicht-assimilierbaren »Überschuss« oder »Rest« hervorbringt (Dolar 1991: 21, 25), der seinem Genießen als Effekt eines unwiederbringlichen Verlustes eine – historisch eben je spezifische – Ausformung gibt, so ist damit noch nicht genau gesagt, was dieser Rest enthält. Ich meine, dass es nicht falsch ist zu sagen, dass diese Frage letztlich auch im Zentrum von Lacans eigenem Denken steht. Denn verweist Lacans eigene Theorieentwicklung nicht genau auf diesen Punkt: Kreist Lacan in seiner Reihe, die ihn vom »imaginären Spiegel-anderen« über »das Ding« zum »Objekt *a*« und schließlich zu »*Sinthome*« führt,[12] nicht genau um dieses Reale und eine ihm eingeschriebene Aporie, die in dem unserer Sprache eingelagerten Verhältnis zum Körper der Mutter – und der spezifischen *Form*, die sie dem trennenden Moment darin gibt – begründet liegt? Ist dies eine Kulturnotwendigkeit? Oder eine Kulturdiagnose? Ich meine auch hier wiederum, dass Lacan selbst diese Frage offen gelassen hat. Jedenfalls scheint es mir für eine feministische Adaption Lacans fruchtbarer, die Ambiguität, die Lacans eigener Text in dieser Frage zum Ausdruck bringt, offenzulassen. Denn nur so kann verstanden werden, warum diese historische Verschiebung, die Lacan in Seminar XVII anhand seiner vier Diskurse[13] als Liberalisierung

---

12 Für diese Etappen seines Denkens können in dieser Reihenfolge die Seminare II (der imaginäre andere), VII (das Ding), XI (das Objekt *a*) und XXIII (*le sinthome*) genannt werden.

13 Lacan unterscheidet hier vier Diskurse, die als vier unterschiedliche Strukturen der Subjektivierung verstanden werden können; neben den bereits genannten nennt er den Diskurs der Hysterikerin und den Diskurs der Analyse. Die vier Diskurse ergeben sich durch jeweilige Drehung im Uhrzeiger- oder Gegenuhrzeigersinn.

eines Verbots beschreibt, aus feministischer Perspektive keine Befreiungsgeschichte ist.

Was nämlich in diesem Übergang vom »Diskurs des Herrn« zum »Diskurs der Universität«, den Lacan in seinem Schematismus als eine Viertelsdrehung des »Diskurs des Herrn« beschreibt,[14] erhalten bleibt, ist das Objekt *a* mit seinem Hinblick auf ein Reales, dem in irgendeiner Weise ein problematisches Verhältnis zum Körper der Mutter eingelagert ist – oder sagen wir genauer, eine Auseinandersetzung mit dem Mütterlichen auf Seiten des Männlichen, die sich in dieser Weise universalisiert. Ja, man kann sich so betrachtet sogar fragen, ob dieses Objekt und damit die ihm eingelagerte Aporie nicht überhaupt der Zentrifugalpunkt und damit der eigentliche Grund für die von Lacan beschriebene Drehung ist, die seinen vier Diskursen zugrunde liegt. Fassen wir Lacans Spätwerk auch als Frage danach, wie eine Schranke jenseits eines Verbotes denkbar wäre, und damit als eine Problematisierung dieses Allgemeinen, das sich entlang einer Über-Ich-Struktur bildet, so kreist auch sein eigenes Denken um diese Aporie: die Aporie nämlich, dass die frühkindliche Dyade als ein Phantasma ex post gerade Effekt der sie angeblich unterbindenden Schranke ist, und die sich daran anschließende Frage, wie sonst sich eine kulturnotwendige Schranke denken ließe, die nicht von Vornherein die Subjektlosigkeit und damit Bedrohlichkeit der Mutter setzt, wogegen sie dann einen Schutz errichten soll.

3. Die Form des Dritten: Irigarays Einwand

Jedenfalls ist dies eine Sichtweise, die sich aus der Perspektive von Luce Irigarays Lacan-Kommentar ergibt. Ich habe andernorts ausgeführt, dass dieser Kommentar in etwa beinhaltet, dass in der unsere Kultur bestimmenden Form oder Ausgestaltung des primordialen Verlustes, die Lacan symbolische Kastration nennt, das trianguläre Moment letztlich immer

---

14 Lacan umschreibt in seiner schematischen Fassung der vier Diskurse diesen Übergang als eine Viertelsdrehung im Gegenuhrzeigersinn des »Diskurses des Herrn«, worin das Objekt a, das im »Diskurs des Herrn« unter dem Strich und damit für das Subjekt verdeckt bleibt, aus der Position des unbewussten Genießens an die Oberfläche geholt und so zum Gegenstand des Wissens S_2 gemacht wird.

Der Diskurs des Herrn	Der Diskurs der Universität
$\dfrac{S_1}{\$} \rightarrow \dfrac{S_2}{a}$	$\dfrac{S_2}{S_1} \rightarrow \dfrac{a}{\$}$

einen negativ-assimilatorischen Bezug zum Körper der Mutter beibehält.[15] Es ist diese Auskleidung der durch den Umstand der Sprachlichkeit ins Subjekt eingeführten Spaltung, also die Form seiner dezentrischen Seinsweise, die problematisch ist, weil diese Schranke – das trianguläre Moment in der Sprache – nie das Subjekt der Mutter von ihrer Funktion trennte. Und damit letztlich das Subjekt nicht von seiner Mutter, weil sie es zwingt, seinen Bezug zur Mutter, und damit letztlich seine eigene Herkunft, seine Verkörperung, seine Abhängigkeit als etwas zu belassen, das scheinbar keiner symbolischen Vermittlung zugänglich ist.[16]

Wenn es in Seminar XVII Lacans Aussage ist, dass die ödipale Erzählung über die Frage, ob es diesen verbietenden großen Anderen überhaupt gibt, einen Schleier legt (1991c: 179 f.), so stellt sich von Irigarays Warte aus betrachtet ein ganz ähnliches Problem hinsichtlich der kastrativen Ausgestaltung der signifikanten Funktion. Die Geste der Deprivation, die nun nicht länger der ödipale Vater, sondern der Umstand der Signifikanz selbst vollzieht, lässt die – narzisstisch kränkende – Frage des Wollens der Mutter ganz aus dem Spiel. Doch hier beginnt sich etwas im Kreis zu drehen: Die Signifikanz ist eine ermöglichende Schranke vis-à-vis eines destruktiven Realen, das möglicherweise genau infolge der so ausgestalteten Form der Signifikanz entsteht. Denn der absolute Genuss, wogegen es die Schranke bräuchte, entsteht erst durch diese Form der Signifikanz, die die Geschlechter vis-à-vis des signifikanten Mangels asymmetrisch positioniert und damit die eine Seite, die weibliche, allererst als das konstituiert, was sich dem anderen in dieser Weise zum absoluten Verzehr offeriert. Die Kastration wäre damit sowohl das Mittel wie die Ursache für das, wogegen sie angeblich Abhilfe schafft.

Wenn ich also die Frage beantworten soll, was das Patriarchale ist, das in der postödipalen oder neopatriarchalen Herrschaft weiterexistiert, so ist es dieses Phantasma bezüglich der mütterlichen Gabe, die darin jedoch gleichzeitig einen Form- respektive Gestaltwandel durchgemacht hat: Die Gabe ist nun nicht mehr verboten, sondern mittels Wissen für alle demokratisch zugänglich gemacht. Was also gleich bleibt, ist, dass auch nach dem

15 Vgl. Soiland (2010: 277–324). Vgl. bei Irigaray z.B. (1991: 135–137; 1989b, insb.: 37–39; 1980: 282–299; sowie 1985).

16 Am prägnantesten führt Irigaray dies aus in ihrem Kommentar des »Fort-da-Spiels«, worin sie sich auf Lacans Auslegung von Freuds *Jenseits des Lustprinzips* bezieht (vgl. 1989a, insb.: 58–63).

Untergang der traditionell väterlichen Autorität dieser psychische Faktor eines »Rests«, der der Symbolisierung entgeht und den Lacan das Reale nennt, in diffuser Weise mit einem mütterlichen Körper assoziiert bleibt, zu dem nun auch Frauen – und das wäre dann gewissermaßen der paradoxe Effekt der Liberalisierung für sie – in einer Art »Selbstkannibalismus« ebenfalls Zugang hätten.

Es gäbe also im Dilemma, entweder zwischen einer etwas naiven postpolitischen Idealisierung multipler Subjektposition und Lebensweisen und der damit verbundenen Permissivität auf der einen Seite und der (auch in psychoanalytischen Kreisen leider nicht unüblichen) nostalgischen Sehnsucht nach der Rückkehr des zwar strengen, aber letztlich doch guten Vaters andererseits wählen zu müssen, eine dritte Position, die Luce Irigaray einnimmt: Es geht darum, der kulturell gesehen nach wie vor bestehenden Subjektlosigkeit der Mutter ein Ende zu machen, indem für das, was sie gibt, eine kulturelle Repräsentation gefunden wird. Anders formuliert und in Irigarays eigenen Worten geht es darum, einen anderen Term des Dritten zu evozieren,[17] sodass der für das Subjekt beim Eintritt in das Soziale konstitutive Verlust, das Moment des Triangulären, so gestaltet ist, dass es nicht von Vornherein den Körper der Mutter als das setzt, wogegen es eine Schranke bräuchte, eine Schranke, die dann eben in der Aporie steht, das zu verhindern, was sie laufend selbst neu hervorbringt.

Literatur

Adams, Parveen; Cowie, Elizabeth (Hrsg.) (1990): The Women in Question: m/f. Cambridge/Massachusetts. MIT Press/October Books.

Bartmann, Christoph (2012): Leben im Büro. München: Hanser.

Benjamin, Jessica (1982): Die Antinomien des patriarchalen Denkens. Kritische Theorie und Psychoanalyse. In: Bonß, Wolfgang & Honneth, Axel (Hrsg.): Sozialwissenschaft als Kritik. Zum sozialwissenschaftlichen Potential der kritischen Theorie. Frankfurt/M.: Suhrkamp, S. 432–451.

Copjec, Joan (2006): May '68, the Emotional Month. In Žižek, Slavoj (Hrsg.): Lacan. The Silent Partners. London/New York: Verso, S. 90–114.

Cremonini, Andreas (2003): Die Durchquerung des Cogito. Lacan contra Sartre. München: Wilhelm Fink Verlag.

Dolar, Mladen (1991): Jenseits der Anrufung. In: ders., Gestalten der Autorität (S. 9–14). Wien: Hora-Verlag.

17 Vgl. dazu bspw. Irigaray 1991, S. 17–28.

Dolar, Mladen (1998): Introduction: The Subject supposed to enjoy. In: Grosrichard, Alain (Hrsg.): The Sultans Court. Europeon Fantasies of the East. London: Verso, S. 9–27.

Freud, Sigmund (1920): Jenseits des Lustprinzips. In: Gesammelte Werke, Bd. 13. Frankfurt/M.: Fischer, S. 3–69.

Guigou, Jacques; Wajnsztejn, Jacques (2010): Einige Überlegungen zu Kapitalismus, Kapital, kapitalisierte Gesellschaft. In Temps critiques 15 (2010), S. 5–64.

Holtwiesche, Noah (2013): Beyond Price. Das Genießen des Kapitalismus. In: Gurschler, Ivor; Ivády, Sándor, Wald, Andrea (Hrsg.): Lacan 4D. Zu den vier Diskursen in Lacans Seminar XVII. Wien/Berlin: Turia + Kant, S. 57–84.

Gurschler, Ivor; Ivády, Sándor, Wald, Andrea (Hrsg.) (2013): Lacan 4D. Zu den vier Diskursen in Lacans Seminar XVII. Wien/Berlin: Turia + Kant.

Irigaray, Luce (1980a, franz. Orig. 1974): Speculum. Spiegel des anderen Geschlechts. Frankfurt/M.: Suhrkamp.

Irigaray, Luce (1985): Misère de la psychanalyse. In: dies.: Parler n'est jamais neutre. Paris: Les éditions de minuit, S. 253–280.

Irigaray, Luce (1989a): Der Glaube selbst. In: dies.: Genealogie der Geschlechter. Freiburg/Br.: Kore Verlag, S. 47–92.

Irigaray, Luce (1989b): Körper an Körper mit der Mutter. In dies, Genealogie der Geschlechter (S. 25–46). Freiburg/Br.: Kore Verlag.

Irigaray, Luce (1991): Ethik der sexuellen Differenz. Frankfurt/M.: Suhrkamp.

Jacques Lacan (1984): Les complexes familiaux. Paris: Navarin.

Lacan, Jacques (1986a [1975]): Encore. Das Seminar. Buch XX (1972–1973). Weinheim/Berlin: Quadriga.

Lacan, Jacques (1986b [1966]): Schriften I. Weinheim/Berlin: Quadriga.

Lacan, Jacques (1991a [1966]): Schriften II. Weinheim/Berlin: Quadriga.

Lacan, Jacques (1991b [1978]): Das Ich in der Theorie Freuds und in der Technik der Psychoanalyse. Das Seminar. Buch II (1954–1955). Weinheim/Berlin: Quadriga.

Lacan. Jacques (1991c): L<envers de la psychanalyle. Le Séminaire. Livre XVII (1969–1970). Paris: Seuil.

Lacan, Jacques (1996a [1986]): Die Ethik der Psychoanalyse. Das Seminar. Buch VII (1959–1960). Weinheim/Berlin: Quadriga.

Lacan. Jacques (1996b, franz. Orig. 1973): Die vier Grundbegriffe der Psychoanalyse. Das Seminar. Buch XI (1964). Weinheim/Berlin: Quadriga.

Lacan, Jacques. (2001): Autre écrits. Paris: Seuil.

Lacan, Jacques (2004 [1994]): Die Objektbeziehung. Das Seminar Buch IV (1956–1957). Wien: Turia + Kant.

Lacan, Jacques (2006): D'un Autre à l'autre. Le Séminaire. Livre XVI (1968–1969). Paris: Seuil.

MacCannell, Juliet Flower (2006): More Thoughts for the Times on War and Death: The Discourse of Capitalism in Seminar XVII. In: Clemens, Justin; Grigg, Russell

(Hrsg.) Jaques Lacan and the Other Side of Psychoanalysts. Reflections on Seminar XVII. Durham/London: Duke University Press, S. 195–215.

McGowan, Todd (2004): The End of Dissatisfaction? Jacques Lacan and the Emerging Society of Enjoyment. New York: Sunny Press.

McGowan, Todd (2013): Enjoying What We Don't Have. The Political Project of Psychoanalysis. Lincoln/London: University of Nebraska Press.

Milner, Jean-Claude (2011): La politique des choses. Court traité politique I. Lagrasse: Verdier.

Mitchell, Juliet (1985): Psychoanalyse und Feminismus. Freud, Reich, Laing und die Frauenbewegung. Frankfurt/M.: Suhrkamp.

Recalcati, Massimo (2000): Der Stein des Anstosses. Lacan und das Jenseits des Lustprinzips. Wien: Turia + Kant.

Recalcati, Massimo (Hrsg.) (2007): Forme contemporanee del totalitarismo. Torino: Bollati Boringhieri.

Soiland, Tove (2010): Luce Irigarays Denken der sexuellen Differenz. Eine dritte Position im Streit zwischen Lacan und den Historisten. Wien/Berlin: Turia + Kant.

Soiland, Tove (2013): Stichwort Lacanismus. In: Historisch-kritisches Wörterbuch des Marxismus. Band 8/1 (S. 559–585). Berlin: Argument.

Tomšič, Samo (2015): The Capitalist Unconscious. London/New York: Verso.

Vanier, Alain (2001): Some Remarks on the Symptom and the Social Link: Lacan with Marx. In: Journal for the Psychoanalysis of Culture & Society, March 22, S. 40–46.

Žižek. Slavoj (1989): The Sublime Object of Ideology. London: Verso

Žižek, Slavoj (Hrsg.). (1991): Gestalten der Autorität. Wien: Hora-Verlag.

Žižek, Slavoj (2000): Class struggles or Postmodernism? Yes please! In: Butler, Judith; Laclau, Ernesto; Žižek, Slavoi: Contingency, Hegemony, Universality. Contemporary Dialogues on the Left. London/New York: Verso, S. 90–135.

Žižek. Slavoj (2001): Die Tücken des Subjekts. Frankfurt/M.: Suhrkamp.

Žižek, Slavoj (2002): Die Revolution steht bevor. Dreizehn Versuche über Lenin. Frankfurt/M.: Suhrkamp.

Žižek, Slavoj (2004): Iraq. The borrowed kettle. London/New York: Verso.

Žižek, Slavoj (2005): Concesso non dato. In: G Boucher, Glynos, Jason (Hrsg.): Traversing the Fantasy. Critical Responses to Slavoj Žižek. Aldershot: Ashgate, S. 219–255.

Žižek, Slavoj (2006): Parallaxe. Frankfurt/M.: Suhrkamp.

Žižek. Slavoj (2008): Der Ärger mit dem Realen. Wien: Sonderzahl.

Žižek, Slavoj (2009): Auf verlorenem Posten. Frankfurt/M.: Suhrkamp.

Zupančič, Alenka (2006): When Surplus Enjoyment Meets Surplus Value. In: Clemens, Justin; Grigg, Russell (Hrsg.): Jacques Lacan and the Other Side of Psychoanalysis. Reflections on Seminar XVII. Durham/London: Duke University Press, S. 155–178.

Die postödipale Gesellschaft

Eine lacan-marxistische Gegenwartsanalyse[1]

Es wurde oft festgestellt, dass Marx über keine eigenständige Theoretisierung des menschlichen Subjekts verfügte. Sein Interesse an den Bedingungen der Kapitalverwertung, die ihn schließlich zur Formulierung vom »Wert« als dem »übergreifenden Subjekt« führte (MEW 23: 169), macht dies verständlich. Um zu erfassen, wie Menschen in Verhältnisse eingebunden werden, in denen sie oftmals scheinbar gegen ihre eigenen Interessen handeln, verwendete er den Begriff Ideologie. An diesen Begriff schließt sich eine bis heute fortdauernde Auseinandersetzung an; seine Bedeutung ist ebenso umstritten wie die Frage, was Ideologiekritik zu leisten habe – spätestens die Erfahrung des Ersten Weltkrieges ließ eklatant werden, in welchem Ausmaß große Bevölkerungsschichten in der Lage waren, nicht nur gegen ihre Interessen zu handeln, sondern offen selbstdestruktiven Impulsen zu folgen. Seither musste sich Ideologiekritik allerdings auch eingestehen, dass dem Irrationalen allein mit Aufklärung nicht beizukommen war. Ideologien scheinen nicht nur auf der Ebene bewusstseinsfähiger Ideen zu operieren, sondern sich anderer psychischer Mechanismen zu bedienen. Dies war der Grund, aus dem sich marxistische Theoretiker wie Wilhelm Reich und dann die frühe Frankfurter Schule mit Adorno, Horkheimer und Marcuse der Psychoanalyse zuwandten und fragten, inwiefern sich deren Einsichten in die Psyche des Menschen gesellschaftstheoretisch wenden ließen. Der große Einfluss, den die Frankfurter Schule bis heute auf den deutschsprachigen Marxismus hat, ließ dabei zuweilen den Eindruck entstehen, mit den Begriffen des »autoritären Charakters«, der »repressiven Entsublimierung« und der Kulturindustrie sei die marxistische Auseinandersetzung mit der Psychoanalyse weitgehend ausgeschöpft. Hierbei handelte es sich jedoch um eine sehr spezifische Auslegung der Psychoanalyse und ihres gesellschaftskritischen Potenzials. Insbesondere wurde so mehr

1 Dieser Beitrag ist ihm Rahmen eines Stipendiums der Rosa-Luxemburg-Stiftung entstanden. Ich danke der Stiftung dafür.

oder weniger stillschweigend eine gewisse theoretische Unvereinbarkeit im Subjektverständnis von Frankfurter Schule und Psychoanalyse übergangen. Während nämlich die Frankfurter Schule an einem emphatischen Begriff des Individuums als Horizont der Kritik festhält,[2] ist das Anliegen der Psychoanalyse gerade, die grundlegend dezentrische Seinsweise des Subjektes herauszuarbeiten und als Kritikpotenzial zu erschließen (vgl. Tomšič 2016: 150–153; Tomšič 2015: 233–236).

Vorliegender Beitrag möchte deshalb eine zeitgenössische marxistische Psychoanalyse-Rezeption vorstellen, die ursprünglich im Umfeld der Schule von Ljubljana entstanden ist, u.a. in Italien und Südamerika weitergeführt wurde und sich heute in einer breiten, vorwiegend englischsprachigen internationalen Diskussion manifestiert.[3] Diese Schule orientiert sich weniger an Freud als an Lacan, dessen Lesart von Freuds *Jenseits des Lustprinzips* sie ins Zentrum ihrer Psychoanalyserezeption stellt. Lacan ist in dieser Lesart der Ansicht entgegengetreten, es handle sich bei dem von Freud in diesem Aufsatz postulierten Todestrieb (vgl. GW XIII: 50) um eine Spekulation, die allenfalls Freuds Alter und einem daraus resultierenden Pessimismus geschuldet, keinesfalls aber als dem eigentlichen Korpus der psychoanalytischen Lehre zugehörig zu betrachten sei.[4] In seiner sprachtheoretischen Auslegung dieses Aufsatzes macht Lacan stattdessen geltend, dass das im Titel benannte »Jenseits« nicht nur eine zentrale psychische Funktion für das menschliche Subjekt innehat, insofern das menschliche Begehren

2 Mit einem emphatischen Subjektbegriff meine ich die Vorstellung, dass das Subjekt, wenn es von gesellschaftlichen Zwängen befreit wäre, d.h. nur den gesellschaftlich notwendigen Triebverzicht leisten müsste, in der Lage wäre, sich selbst transparent zu sein und damit eine vernunftgeleitete Gesellschaft einzurichten, vgl. dazu bspw. Marcuse (1980: 95 f.). So spricht Adorno (2003: 62–71) in seiner Kritik an Freud wiederholt davon, dass das Ich unter den gegebenen Verhältnissen unbewusst werden müsse, was offenbar gleichgesetzt wird mit dessen Manipulierbarkeit. Mein Beitrag wird argumentieren, dass es zumindest aus der Perspektive Lacans nicht der Umstand der Unbewusstheit ist, der die Subjekte manipulierbar macht, insofern dem unbewussten Genießen sowohl die Möglichkeit zur politischen Indienstnahme wie das Potenzial zu deren Vereitelung innewohnt.

3 Zum Kern der Schule von Ljubljana gehören neben ihrem bekanntesten Vertreter Slavoj Žižek, Alenka Zupančič, Renate Salecl und Mladen Dolar. Zur Weiterführung in Italien vgl. die Werke von Massimo Recalcati. Einen guten Einblick gibt der Sammelband Clemens/Grigg (2006) und McGowan (2004, 2013) und zu einer jüngeren Generation Tomšič/Zevnik (2016) und insb. Tomšič (2015).

4 Zu einer solchen Lesart vgl. z. B. bei Adorno (2003: 62 f.). Vgl. zu einer Kritik an dieser Vorstellung Recalcati (2010: 20).

nicht einfach mit »Lust« gleichzusetzen ist.[5] Darüber hinaus erklärt er in seinen späten Seminaren diese Dimension zum eigentlichen Ausgangspunkt jedweder Möglichkeit einer politischen Wendung der Psychoanalyse (vgl. 1991a: 88–90). Während die Frankfurter Schule dieses »Jenseits« als eine infolge gesellschaftlich verlangter Triebunterdrückung entstandene Deformation des menschlichen Triebes versteht und Freud dafür kritisiert, dass er dieses Moment, das in einer »befreiten« Gesellschaft obsolet wäre, als anthropologische Konstante hypostasiert,[6] folgen die jüngeren marxistischen Ansätze Lacan in dem Punkt, dass es ohne die Dimension eines »Jenseits des Lustprinzips« keinen gesellschaftstheoretischen Gehalt der Psychoanalyse geben kann (vgl. Tomšič 2015: 8 f., 234). So ist eine ganz anders geartete marxistische Psychoanalyse-Rezeption entstanden, die im deutschsprachigen Raum weitgehend unbekannt ist, in der nicht das seiner selbst bewusste Subjekt, sondern das von Lacan so bezeichnete *sujet barré*, das barrierte oder durchgestrichene Subjekt den emanzipatorischen Referenzpunkt bildet.[7]

Damit einher geht das Anliegen, das Verhältnis von Individuum und Gesellschaft neu zu bestimmen. So macht Slavoj Žižek in seinem ersten, 1989 erschienenen Buch *The Sublime Objekt of Ideology* geltend, dass die veränderte ideologische Konstellation spätkapitalistischer Gesellschaften nur zu verstehen ist, wenn das Subjekt nicht lediglich als Effekt seiner Identifikation mit gesellschaftlich vorgegebenen Normen und Ansprüchen, sondern als Korrelat seines Genießens aufgefasst wird – ein Begriff, der als dieses Jenseits des Lustprinzips noch genauer zu klären sein wird –, weshalb er vom Subjekt als Korrelat eines »Jenseits der Anrufung« spricht (1989: 139–144).[8] In Lacans Begrifflichkeit eines »*lien social*« (1986: 60, franz. 51), in der sowohl die persönliche Bindung wie auch der soziale Zusammenhang angesprochen ist, stellt weniger die Identifikation mit Idealen als die Positionierung des Subjekts zu seinem Genießen das Element dar, welches die Kohäsion einer

5 Lacan führt dies aus in seinem Seminar XI (1996b: 23–70); vgl. dazu Recalcati (2000: 15–41); zu einer politischen Wendung dieser Dimension des Jenseits vgl. McGowan (2013: 1–22).

6 So z. B. Adorno (2003: 36, 62 f. und 68 f.); zu einer Vorstellung einer befreiten Gesellschaft, die sich selbst transparent wäre auch Kuppe (2016: 72).

7 Vgl. bspw. Tomšič (2015: 197, 233 f.; 2016: 146–148); Recalcati (2010: 19 f.).

8 Vgl dazu auch Dolar. Adorno/Horkheimer deuten dies an, wenn sie in der Dialektik der Aufklärung sagen, dass die Instanzen des Über-Ichs im Sinne der Internalisierung der gesellschaftlichen Normen mit zunehmendem Fortschritt der kapitalistischen Produktionsweise an Bedeutung verlieren (1984: 182 f.); vgl. dazu auch Adorno (2003: 465, 69–71); Kuppe (2016: 68 f.).

Gesellschaft ausmacht (vgl. Tomšič 2016: 148 f.). Darin kommt ein verändertes Ideologieverständnis zum Ausdruck, das Ideologien nicht länger an einen Bedeutungsgehalt knüpft, sondern diese vielmehr als auf der Ebene des unbewussten Genießens operierend auffasst.

Žižek hebt deshalb hervor, dass im Unterschied zu einer mehrheitlich klinisch orientierten französischen und einer eher kulturtheoretisch orientierten Lacan-Rezeption im deutschen und englischen Sprachraum die slowenische Lacan-Rezeption von einer »unmittelbaren ›Politisierung‹ bestimmt ist, zu der sowohl Versuche zur Herausbildung einer Lacan'schen Ideologie- und Machttheorie als auch aktives Mitwirken in den politischen Kämpfen« der Zusammenbruchsperiode um 1989 gehörten (vgl. Žižek 1991: 7). Theoretisch kämpft diese Richtung an zwei Fronten: Aus der Erfahrung heraus, dass auch kommunistische Gesellschaften zu massiven Formen der Entfremdung führen konnten (vgl. Žižek, zit. n. Osborne 1996: 24), war eine humanistische Marx-Interpretation nicht länger möglich. Demgegenüber kam das in Lacans Theorie angelegte Moment einer notwendigen Entfremdung dieser Erfahrung entgegen (vgl. Žižek 1989: 136–139; Tomšič 2015: 11). Gleichwohl wendeten sich die slowenischen TheoretikerInnen auch gegen den westlichen antimarxistischen Reflex, wie er sich im Poststrukturalismus-Verständnis der *Cultural Studies* findet und schließlich in einen allgemeinen Postmarxismus mündete. So betont Žižek, dass Lacan nicht unter den Poststrukturalismus subsumiert werden kann (vgl. 1989: XXX). Vielmehr wird hier die Möglichkeit postuliert, mithilfe von Lacan zu einem nicht-essenzialistischen Verständnis von Marx zurückzukehren (vgl. Tomšič 2015: 7). Das veränderte Ideologieverständnis, dem, so wird dieser Beitrag argumentieren, eine größere zeitdiagnostische Reichweite zukommt, lässt die Schule von Ljubljana und die ihr folgende Lacan-Rezeption als Adaption des Freudomarximus für postfordistische Gesellschaften erscheinen, worin die Problematik des Schwindens der väterlichen Funktion eine gegenüber der Massenpsychologie des Faschismus nochmals veränderte Gestalt annimmt.

Lacan und das Problem der Geschichtlichkeit

Entgegen einem oftmals erhobenen Vorwurf der Ahistorizität kann die Psychoanalyse vielleicht überhaupt als Theorie des schwindenden Vaters aufgefasst werden (vgl. Recalcati 2007a: 9; 2007b: 76; 2011: 35–37). So betont Lacan, dass Freud nur deshalb über die Funktion des Vaters sprechen konnte, weil diese in seiner Zeit bereits im Untergang begriffen war (vgl. Lacan 1984: 72 f.). Was die hier vorgestellten Ansätze vereint, ist deshalb die historische These, dass sich spätkapitalistische Gesellschaften durch einen diesem Schwinden geschuldeten Wandel im gesellschaftlichen Zusammenhalt auszeichnen, der mit Todd McGowan als Übergang von einer »Gesellschaft des Verbots« hin zu einer »Gesellschaft, die zu genießen heißt«, beschrieben werden kann (McGowan 2004: 11–40, Übers. d. Verf.). Lacan selbst regte diese These in seinen Seminaren Ende der 1960er Jahre an, worin er eine für spätkapitalistische Gesellschaften konstitutive Verschiebung in den Subjektstrukturen konstatierte, die sich für ihn vor allem in einer veränderten Funktionsweise des Über-Ichs manifestierte.

Entsprechend interpretierte Lacan die Ereignisse von 1968 als Effekt dieses Wandels in den Über-Ich-Strukturen, den die revoltierenden Studierenden mit ihrer Forderung nach »Triebbefreiung« für ihn weniger kritisierten als zum Ausdruck brachten. Damit war Lacan ein zwar wohlwollender, gleichzeitig aber sehr kritischer Kommentator dieser Ereignisse. Er warnte seine Studierenden, die mit ihren Protesten auch ihn selbst als Autorität in Frage stellten, mit dem berühmt gewordenen Ausspruch: »Was ihr wollt, ist ein neuer Herr. Ihr werdet einen bekommen.« (1991a: 239, Übers. d. Verf.) Wofür er diese »Brigade von Laientheologen in Sachen Triebbefreiung« (Assoun 2003: 17, Übers. d. Verf.) sensibilisieren wollte, war, dass sie mit ihrer Kritik der Autorität lediglich ein »tyrannisches, auf dem Ideal der Kommunikation und der pädagogischen Beziehung gegründetes System« (Roudinesco 1996: 514) begründen halfen, dessen Sklaven sie schlussendlich selbst werden würden (vgl. Lacan 2006: 42; 1991a: 232). Und er nannte dieses System ironisch »Diskurs der Universität«, ein System, das sich – darin gleichsam ein Meister ohne Kopf – nicht nur unangreifbar machte, sondern in der Abwesenheit der Autorität das Subjekt dem unendlichen Regress eines Ideals der Triebbefriedigung aussetzte (vgl. Lacan 1991a: 207).

Lacan war zu dieser Historisierung aufgrund seines sprachtheoretischen Verständnisses der ödipalen Konstellation in der Lage. In der Sichtweise Lacans ist der ödipale Mythos nicht länger eine anthropologische Grundkonstante, wie Freuds Texte dies zuweilen nahelegen.[9] Lacan macht sich

9 So bezeichnet Lacan den Ödipus als Freuds Traum, den es zu interpretieren gelte wie jeden Traum (1991a: 135, 158). Vgl. zu diesem Punkt auch Tomšič (2016: 150) und Cremonini (2003: 194–204).

über die Zeitbedingtheit der ödipalen Konstellation – das heißt der bürgerlichen Kleinfamilie – und folglich deren zwangsläufigen Untergang keine Illusion. Doch in seinen Seminaren versucht er, seinen Zuhörern nahezubringen, warum auch die postödipale Konstellation nicht einfach ins Reich der Freiheit führt.

Wenn gewisse Formen des Freudomarxismus eine Lesart Freuds nahelegen, in der durch ein Wechselspiel von individueller »Lebensenergie« und gesellschaftlich verlangter Triebunterdrückung erstere ein politisch subversives Potenzial erhielt (vgl. dazu Tomšič 2015: 7 f.), so ist eine solche Lesart im Horizont von Lacans Freud-Interpretation nicht länger möglich. Es gibt für Lacan keinen nicht-gesellschaftlich vermittelten Trieb, weshalb ein Trieb auch nicht einfach befreit werden kann (vgl. Lacan 2001: 521 ff.). Es ist dieser Aspekt seiner Theoriebildung, der Lacan in die Lage versetzte, einen wesentlichen Beitrag zur Analyse des historischen Umbruchs in den Herrschaftstechnologien zu leisten, dessen Zeitzeuge er selbst war. Was seine Skepsis gegenüber jeder Vorstellung von »Befreiung« begründete, befähigte ihn gleichzeitig zu fragen, ob die kollektiv in den 1960er Jahren aufkommende Vorstellung einer »Triebbefreiung« nicht gerade der von ihm anvisierten, gesellschaftlich bedingten Veränderung in der Triebstruktur entsprang.

Dem in den studentischen Revolten zirkulierenden Slogan »Strukturen gehen nicht auf die Straße«, in dem sich ein Unmut am Strukturalismus artikulierte, hielt Lacan entgegen, dass Strukturalist zu sein gerade nicht bedeute, von der Ahistorizität derjenigen Strukturen auszugehen, die die Subjekte formieren (vgl. Lacan 2006: 11 f.; Tomšič 2016: 148; 2015: 206 f.). Lacans Antwort, dass »Strukturen sehr wohl auf die Straße gehen«,[10] bringt zum Ausdruck, dass sich in seinem Verständnis die Strukturen gerade auch in ihren historischen Verschiebungen den Subjekten in einer Weise auferlegen, die sich der Durchschaubarkeit der Agierenden entzieht. Samo Tomšič hält deshalb fest, dass Lacans »Theorie der vier Diskurse«, mit der er diese Verschiebung fasst,[11] als sein genuiner Beitrag zum Historischen

10 Lacan soll in einer Diskussion gesagt haben: »Wenn die Ereignisse etwas gezeigt haben, so genau dies, dass die Strukturen sehr wohl auf die Straße gegangen sind«; zitiert nach Roudinesco (1996: 505); vgl. dazu auch (Žižek 2004: 131) und zu Lacans Auseinandersetzung mit der Kritik am Strukturalismus ders. (2006: 11 f.).

11 Lacan formalisiert diese historische Verschiebung anhand von vier mathematisch formalisierten Diskursen, wobei diese vier Diskurse für ihn die vier möglichen Strukturen der Subjektformation sind. Vgl. dazu die sehr gute Darstellung bei

Materialismus aufgefasst werden kann. In der Theorie der vier Diskurse, in der Lacan vier Subjektformationen unterscheidet – der »Diskurs des Herrn« als die Grundstruktur des sprachlichen Seins des Menschen, der »Diskurs der Universität«, der »Diskurs der Hysterie« und der »Diskurs der Analyse« als historische Abwandlungen davon –, sind die Subjekte zu ihrem Genießen strukturell je unterschiedlich angeordnet, ohne dass diese Positionierung als solche ins Bewusstsein gelangte. Materialistisch ist diese Theorie insofern, als diese Strukturen in ihrer Autonomie, ebenso wie die ökonomischen Bedingungen, nicht in der Verfügung der Subjekte stehen, deren Voraussetzung sie vielmehr sind (vgl. Tomšič 2015: 199–204; 2016: 148). Darüber hinaus hat diese zweite Materialität, die das Bewusstsein begrenzt (vgl. Recalcati 2010: 19), auch eine gewisse Homologie mit der ersten, der ökonomischen, insofern beide auf einer signifikanten Operation aufruhen: Auch im Kern der kapitalistischen Produktionsweise befindet sich mit der Wertform eine signifikante Operation, weshalb Tomšič davon spricht, dass Lacan mit seiner Theorie der vier Diskurse die Homologie von Freud und Marx zu fassen sucht (vgl. Tomšič 2015: 197).

Welche Form von Kritik sich auf dieser Grundlage formulieren lässt, ist eine der zentralen Fragen, die nicht nur die marxistische Lacan-Rezeption beschäftigt, sondern zu der Lacan selbst Stellung nahm. Wenn die aus traditionellen Bindungen entbettenden Momente des Kapitalismus die Pluralisierung von Lebensformen zum zentralen Kitt spätkapitalistischer Gesellschaften werden lassen, so kann Ideologiekritik nicht länger die von einer rigiden Über-Ich-Moral geforderten Entbehrungen skandalisieren (vgl. Zupančič 2006: 174 f.). Vielmehr scheint eine neuartige Form von Biopolitik das Genießen selbst zu einem Objekt der Politik zu erheben. Dieser Verschiebung in den ideologischen Strukturen trägt Lacan Rechnung, indem er den Fokus der Ideologiekritik auf das unbewusste Genießen des Subjekts richtet. Sein zentrales Konzept »Objekt klein *a*«, mit dem er dieses Genießen zu fassen sucht, ist damit auch der Eckpfeiler seines politischen Denkens.

Zupančič (2006); McCannell (2006); Tomšič (2015: 199–230) und Tomšič (2016: 156–161).

Lacans Subjektverständnis

Um die umrissene historisierende Wendung zu verstehen, ist es zunächst notwendig, kurz auf Lacans Subjektverständnis einzugehen.[12] Der deutschsprachigen Leserschaft ist Lacan vor allem als Theoretiker der Sprache bekannt, der das Subjekt als Effekt der metonymischen Bewegung der Signifikantenkette begreift. Eine solche Sichtweise übersieht jedoch, dass Lacan spätestens seit seinem Seminar XI (1964) die Dimension des Realen und – damit verbunden – das Objekt klein *a* ins Zentrum seiner Aufmerksamkeit stellt.[13] Wenn Lacan zunächst formulierte: »Ein Signifikant ist das, was das Subjekt für einen anderen Signifikanten vorstellt« (1991a: 195), resp. umgekehrt: »Ein Subjekt ist das, was durch einen Signifikanten einem anderen Signifikanten vorgestellt werden kann« (2006: 21, Übers. d. Verf.), so erweitert er diese Definition ab Mitte der 1960er Jahre, indem er ergänzt: »Das Subjekt (...) kann sich in seiner Repräsentanz des Signifikanten nicht wiederfinden, ohne dass sich dabei dieser Verlust in der Identität produziert, der sich, um es bei seinem Namen zu nennen, das Objekt *a* nennt« (2006: 21, Übers. d. Verf.).

Damit einher geht eine Verschiebung in der Konzeption des Subjekts, das nun nicht mehr primär als die infolge des symbolischen Eingriffs entstehende Leerstelle, sondern vielmehr als Korrelat des darin induzierten »Überschusses« erscheint (vgl. 1991a: 19, Übers. d. Verf.). Mit anderen Worten bildet sich das Subjekt nicht einfach in der Übernahme seines symbolischen Mandates – der Anrufung, wie Althusser sagen würde –, sondern die Einführung in die Sprache geht mit einem für das Subjekt konstitutiven Verlust einer Unmittelbarkeit einher, der gleichzeitig phantasmatisch ausgefüllt wird, womit der signifikante Verlust einen Überschuss produziert. Das Objekt klein *a* steht für diesen Überschuss und damit in Lacans Terminologie für »ein Reales«, das nicht als ein dem Symbolischen vorgängiges Residuum zu verstehen ist, sondern vielmehr als der nachträglich entstehende, nicht-assimilierbare »Rest« (vgl. 1986: 11; 1996b: 61), der für das Subjekt beim Eintritt in die Sprache in Funktion

12 Eine ausführliche Darstellung findet sich in Soiland (2013).

13 Zupančič (2006: 155). Eine sehr gute Einführung in die Bedeutung des Genießens in Lacans Spätwerk gibt Recalcati (2000: 15–41). Zur politischen Bedeutung des Objekts a als Dimension eines »Jenseits der Anrufung« und also dem, was über den Aspekt der Bedeutung am Diskurs hinausgeht, vgl. Dolar (1991) und Žižek (1989: 123–144).

tritt (vgl. Cremonini 2003: 144–160). Dieses Reale, das für das Subjekt die Unmöglichkeit einer allumfassenden Erfüllung darstellt – psychoanalytisch gesehen die Ungetrenntheit vom Körper der Mutter –, steht seit den 1960er Jahren nicht nur im Zentrum von Lacans Interesse. Es wird darüber hinaus, vor allem in seinem Seminar XVII, zum eigentlichen Gegenstand seiner politischen Überlegungen. Lacans politisches Denken kreist um dieses Objekt als Ort des Genießens, von dem aus, wie er sagt, »einzig der Platz der Psychoanalyse in der Politik« zu bestimmen sei (1991a: 89 f., Übers. d. Verf.). Denn erst damit kann Lacan nun formulieren, dass es historisch je unterschiedliche Weisen der Subjektivierung gibt, die sich in der Art unterscheiden, wie das Subjekt zum Objekt klein *a* in Beziehung gesetzt wird (ist dieses Objekt verboten, zugänglich, demokratisch verteilt, oder nur einem Herrn vorbehalten etc.).

Für Lacans politisches Denken und damit für seine Zeitdiagnose ist es also zentral, dass das Genießen in seinem Verständnis gerade kein der Enkulturation vorgängiges Phänomen ist. Vielmehr nimmt er an, dass das menschliche Genießen von einem tiefen, dem sprachlichen Sein des Menschen geschuldeten Zwiespalt gekennzeichnet ist, insofern Sprache sowohl der Hinderungsgrund wie gleichzeitig die Ermöglichungsbedingung des Genießens ist. Während die Sprachlichkeit für Menschen zunächst die Unterbrechung einer Unmittelbarkeit bedeutet,[14] findet dieser Verlust, da der vorhergehende, angeblich allumfassende Urzustand zwangsläufig nur ex post konstruiert werden kann, gleichzeitig immer auch eine phantasmatische Auskleidung. Dieses Phantasma ist in Lacans Verständnis das Moment, das dem Subjekt ein Genießen auch nach dem Eintritt in die Sprache ermöglicht. Als eine Art Wissen, mit dem das Subjekt seinen Ver-

14 Die zentrale Bedeutung, die Lacan der Sprache im Werden des Subjekts beimisst, rührt daher, dass die erste Bindung des Kleinkindes an seine Bezugsperson mittels der Sprache eine soziale Gestalt erhält, sodass es wörtlich aus der Unmittelbarkeit heraustritt. Lacan erläutert dies mit dem Begriff des Anspruchs: Der Anspruch bezeichnet zunächst die Unmittelbarkeit des Bedürfnisses, mit dem wir uns an einen anderen wenden, doch wie Lacan zurecht festhält, »gibt es schlechterdings keinen Anspruch, der nicht irgendwie durch die Engführungen des Signifikanten hindurchmüsste« (1991b: 187). Diese Engführung ist für Lacan deshalb so zentral, weil ich mich mit der sprachlichen Fassung meines Bedürfnisses einem anderen anheimstelle, der gewähren kann oder auch nicht. Das Bedürfnis verweist daher immer schon auf eine Dimension, die über es hinausgeht, weshalb Lacan sagen kann: »Der Anspruch an sich zielt auf etwas anderes als die Befriedigungen, nach denen er ruft. Er ist Anspruch auf eine Gegenwart oder auf eine Abwesenheit.« (1991b: 127)

lust einkleidet, ist das Phantasma emotional hoch besetzt – und ermöglicht eben so ein Genießen. Das Genießen ist deshalb für Lacan konstitutiv auf eine Unmöglichkeit bezogen: Letztlich ist der Verlust das, was uns ermöglicht zu genießen, denn erst durch ihn können wir etwas genießen, von dem sonst sichtbar würde, dass wir es nicht haben, d. h. dass es ein grundsätzlich unmögliches Objekt ist (vgl. McGowan 2013: 13). In gewisser Weise gibt Lacan mit dieser Denkfigur Freuds umstrittenem Postulat eines *Jenseits des Lustprinzips* (GW XIII: 3–69) eine spezifische, nun weniger unplausibel erscheinende Deutung: »Nun, der von Freud auf der Ebene des Lustprinzips vollzogene Schritt besteht darin, dass er uns zeigt, dass es ein Höchstes Gut nicht gibt – dass jenes Höchste Gut, das das Ding ist, das die Mutter, das Objekt des Inzests ist, ein verbotenes Gut ist und dass es kein anderes Gut gibt. Das ist das bei Freud umgestürzte Fundament des Moralgesetzes« (1996a: 88).

Die Zeitdiagnose: Der Diskurs der Universität

Dieses Objekt ist es denn auch, das Lacans Gegenwartsanalyse anleitet (vgl. 2006: 16). Im Zentrum seiner Überlegungen steht dabei der Übergang vom »Diskurs des Herrn« als der traditionell ödipalen Struktur zum »Diskurs der Universität« (vgl. Lacan 1991a: 2–74, 92) als dem heute vorherrschenden *lien social*. Dieser Übergang ist als eine Art Formwandel einer Herrschaftsstruktur zu verstehen (vgl. Tomšič 2016: 158). Mit dem »Diskurs der Universität« interpretiert Lacan den Untergang der traditionell patriarchalen Autorität als eine für spätkapitalistische Gesellschaften konstitutive Verschiebung in den Triebschicksalen, insofern durch die Liberalisierung der für das menschliche Genießen konstitutive Bezug zu einer Unmöglichkeit verschwindet. Und es ist dieses Verschwinden, welches das Subjekt nun dem unendlichen Regress einer vermeintlichen Triebbefriedigung aussetzt. Für Lacan hat deshalb das Verschwinden der väterlichen Autorität nicht einfach eine »befreite« Subjektivität zur Folge. Vielmehr tritt anstelle des väterlichen Verbotes ein neues Ideal, das sich nun seinerseits an dem vormals verbotenen Genießen orientiert.

Man könnte auch sagen, dass sich das Ich-Ideal, das unser Über-Ich maßgeblich prägt, nicht länger entlang von Verboten herausbildet, sondern sich nun paradoxerweise unmittelbar mit dem Genießen selbst verbindet. Der Effekt ist, dass unsere Über-Ich-Struktur nun selbst an dieses Genießen gekoppelt ist. Und es ist diese Über-Ich-Haftigkeit des Genießens, die im Zentrum von Lacans Zeitdiagnose steht. Lacans Gegenwartsdiagnose besagt deshalb nicht einfach, dass wir in einer hedonistischen Gesellschaft leben, in der die Individuen, indem sie ihren Vorlieben nachgehen, ihre sozialen Pflichten vernachlässigen. Vielmehr ist das Genießen selbst zur vorrangigen sozialen Pflicht geworden.[15] Der Über-Ich Befehl »Genieße!« ist Lacans Formel für diese veränderte Über-Ich-Struktur (vgl. 1986: 9), die uns paradoxerweise nicht an den genossenen Freuden, sondern an dem unterlassenen Genießen – den sozusagen verpassten Genusschancen – schuldig werden lässt.

So gesehen sind die Liberalisierungsforderungen der Studentenbewegung selbst als Teil des historischen Wandels in der Über-Ich-Struktur zu betrachten. Wenn im psychoanalytischen Verständnis das menschliche Genießen um eine Unmöglichkeit kreist, so ist, wie dargelegt, das Hindernis – in Lacans Verständnis der Signifikant – dessen konstitutive Bedingung. Der Slogan der 68er-Bewegung »*Jouir sans entrave!*« – also in etwa »Genieße ohne Grenzen!« – ist dagegen letztlich ein »Genießen ohne Genießen«, insofern es das Genießen jener Unmöglichkeit beraubt, »welche es strukturiert und ihm damit erst seine Form verleiht« (Zupančič 2006: 172). Es ist diese von Lacan so bezeichnete »symbolische Kastration«, die der Diskurs der Universität vorgibt aufzuheben, indem er einen durch das richtige Wissen angeleiteten, unmittelbaren Zugang zum Genießen verspricht. Lacan bezeichnet diesen Wandel in den ideologischen Strukturen deshalb als »Diskurs der Universität«, weil die Universität als der Ort, wo die »Befreiung« begann, gleichzeitig auch der Ort ist, der dieses Wissen in einem biopolitischen Sinn produziert. Folgt man Lacan, so ist der paradoxe Über-Ich-Charakter des Genießens die Kehrseite dieser »Befreiung«.

Man könnte deshalb sagen, dass es im Kapitalismus neben der Trennung des Arbeiters von seinem Wissen und der Aneignung seiner Arbeit eine dritte Form der Ausbeutung gibt, die paradoxerweise in der Ausbeutung eines Negativen, in der Exstirpation des für das menschliche Genießen konstitutiven Hindernisses liegt. Es ist diese Enteignung einer Negativität, die in Lacans Einschätzung im Kern derjenigen Subjektstruktur steht, die der kapitalistischen Produktionsweise am affinsten ist. Lacan macht damit

15 Vgl. dazu Recalcati (2010: 12 f.); und McGowan (2004: 33–36).

geltend, dass der Kapitalismus es versteht, aus dem Umstand, dass jeder Diskurs vom Subjekt einen Verzicht auf Genießen verlangt, etwas Akkumulierbares und damit das Prinzip seines Funktionierens zu machen (vgl. Zupančič 2006: 173; Copjec 2006: 109). Im »Diskurs der Universität«, so Lacan, hat deshalb der »Diskurs des Herrn« zu seiner eigentlichen Form gefunden. In gewisser Weise können unter dieser neuen Form nun alle am Diskurs des Herrn teilhaben (vgl. Lacan 1991a: 92 f.). Doch insofern in dieser Demokratisierung der Herr verschwunden ist, hat sich die Herrschaft gleichsam generalisiert. Daher sagt Lacan: »Was niemand zu sehen scheint, ist, dass [...] aufgrund dessen, dass sich die Wolken des Unvermögens aufgelöst haben, der Herrensignifikant umso unangreifbarer erscheint, gerade in seiner Unmöglichkeit. Wo ist er? Wie ihn benennen? Wie seiner habhaft werden – außer natürlich in seinen mörderischen Effekten. Soll man ihn als Imperialismus denunzieren? Aber wie ihn anhalten, diesen kleinen Mechanismus?« (1991a: 217, Übers. d. Verf.).

Das postödipale Subjekt und die Biopolitik des Genießens

Der »Diskurs« im Sinne Lacans, so lässt sich das bisher Gesagte zusammenfassen, ist demnach ein gesellschaftliches Band, welches einer konstitutiven Unmöglichkeit in der Subjektgenese eine historisch wandelbare Form verleiht: Die je historisch feststellbaren unterschiedlichen Weisen der Subjektivierung sind unterschiedliche Formen, mit dieser Unmöglichkeit des Genießens zurande zu kommen. Und die offenbar historisch immer wieder von Neuem notwendig werdenden Transformationen des Kapitalismus scheinen sich dabei der Möglichkeit zu bedienen, dass die Weisen, mit der Unmöglichkeit des Genießens (nicht) zurande zu kommen, historisch wandelbar sind. Es ist dieses Verständnis von Diskurs – und darin impliziert das »Jenseits der Anrufung« als das, was das Subjekt konstituiert (Dolar 1991: 12)[16] –, das die TheoretikerInnen der Schule von Ljubljana einen grundlegend anderen Weg gehen ließ als die westlich-marxistischen Anschlüsse an die Psychoanalyse. In ihrem Anliegen, eine Lacan'sche Ideologie-

16 Vgl. auch Žižek (1989: 44 f.), Zupančič (1995: 38 f.) führt dazu aus: »[D]as Subjekt der Psychoanalyse ist kein angerufenes Subjekt, [...] sondern es ist im Gegenteil dasjenige, was bei der Operation der Anrufung außen bleibt, was in das Subjekt nicht eingehen kann: das (psychoanalytische) Subjekt ist die Unmöglichkeit, das (Althussersche) Subjekt zu werden.«

theorie auszuarbeiten, wollen sie nicht nur den veränderten ideologischen Bedingungen postfordistischer Gesellschaften Rechnung tragen, sondern sie verbinden damit die Aussage, dass die Linke bisher mit genau diesem »Rest des Realen« keinen Umgang gefunden hat.[17] Nicht nur verfügt sie über keine Konzeption zu dessen Theoretisierung, sondern im Lichte ihrer Analysen erscheinen viele linke Forderungen – beispielsweise nach Anerkennung differenter Lebensweisen – selbst als Bestandteil dieser nun veränderten ideologischen Konstellation.

Verwerfung der symbolischen Kastration

Massimo Recalcati weist in diesem Zusammenhang auf ein gravierendes Missverständnis hin, dass die sozialen Bewegungen im Anschluss an '68 in ihren Liberalisierungsbemühungen leitet, insofern das Aufbegehren gegen die »Autorität der Väter« einer grundsätzlichen Verkennung unterliegt: Den Vater kann man zwar zum Rücktritt bewegen, nicht aber das symbolische Gesetz, das er verkörpert (vgl. 2011: 37 f.). Das Gesetz ist nicht sein Gesetz, sondern eine symbolische Funktion – in dem genannten Sinn einer notwendigen, da dem Umstand der Sprachlichkeit geschuldeten Negativität in der Subjektkonstitution, die Lacan eben deshalb »symbolische Kastration« nennt.[18] Die Revolte gegen die Autorität der Väter unterliegt somit letztlich derselben Verkennung wie der ödipale Mythos selbst, von dem Lacan sagt, es sei eine »Einkleidung« oder »Verkleidung« der symbolischen Funktion (1991a: 180, Übers. d. Verf.). Wenn somit bereits das Verbot des Vaters – das, wie Cremonini (vgl. 2003: 200–202) festhält, etwas Unmögliches verbietet – eine Verkennung der symbolischen Kastration darstellt, so bestätigt die »Kritik am Verbot« nicht nur diese Verkennung. Sie tritt vielmehr in fataler Weise in eine Homologie zur Logik des Kapita-

17 So betont Mladen Dolar, dass das Objekt *a* als dieses »kleine Stück des Realen«, das als *jouissance* erst das Subjekt bildet, der eigentliche Brennstoff jedes ideologischen Gebäudes ist, das gleichwohl nicht in dieses integriert werden kann (Dolar 1991: 25). Vgl. dazu auch Žižek (2004: 112 f.).

18 Dass diese Funktion in unserer Gesellschaft an den Vater gekoppelt ist und damit grundsätzlich eine symbolische Funktion innehat, diese Verkoppelung ist in der Tat problematisch und für die feministische Theorie von großer Relevanz. Doch darf auch sie nicht in die Falle treten, mit dieser Verkoppelung gleichzeitig auch das symbolische Gesetz und damit die notwendige Negativität abschaffen zu wollen. Ich habe dies und damit auch meine Kritik an einem auch in dieser neuen Psychoanalyse-Rezeption fortbestehenden blinden Fleck aufgeführt in Soiland (2017 und insb. 2010: 310–324).

lismus selbst, von der Lacan zeigen kann, dass sie in erster Linie ebendiese Negativität aufzuheben verspricht.

So betont Lacan, dass sich im Kern der kapitalistischen Produktionsweise resp. dessen, was er »Diskurs des Kapitalismus« nennt,[19] eine »Verwerfung der symbolischen Kastration« befindet, das heißt letztlich eine Verneinung derjenigen Negativität, die als dessen Voraussetzung jedes soziales Band durchzieht (Lacan 2011: 96; 1978: 40).[20] Diese Verwerfung manifestiert sich in unterschiedlichen Phänomenen, deren allgemeinste Form vielleicht das (vermeintliche) Verschwinden des Konfliktes selbst darstellt. Sei es, dass wir als Inhaber unseres Humankapitals keine von ihren Produktionsmitteln enteigneten Arbeiter mehr sind oder dass die Doktrin des Shareholder Value uns als Ausbeuter und Ausgebeutete in Personalunion zusammenfallen lässt: In jedem Fall ist das Phantasma einer verlustfreien Produktion im Spiel. Zurückzuführen ist dieses Phantasma – das sich letztlich in der Vorstellung eines sich selbst vermehrenden Wertes manifestiert – auf die Homologie von Produkt und Produzent in einer einzigen Form, der Warenform, die folglich zwischen sich und sich keinen Konflikt mehr kennt (vgl. Tomšič 2015: 216–221).

In unmittelbarem Zusammenhang damit steht die Zeitdiagnose einer für weitentwickelte westlich-liberale Gesellschaften konstitutiven Veränderung der Konsistenz selbst von Ideologie: In dieser Veränderung stellt nicht länger die Orientierung an einem inhaltlich gefüllten Ideal den gesellschaftlichen Zusammenhalt her, sondern »die zynische Distanz gegenüber jedem Bezug auf ein vertikales Ideal« (Recalcati 2007a: 7, Übers. d. Verf.). Recalcati bezeichnet diesen neuen Universalismus insofern als postideologisch, als das Universale darin einzig die »Pulverisierung jedes Ideals ist« (ebd.: 9, Übers. d. Verf.). In dieser »paradoxen Idealisierung der Des-Idealisierung« (Recalcati 2007b: 76, Übers. d. Verf.) gibt es gleichwohl ein totalisierendes Moment, insofern Kritik und ideologische Ordnung darin weitgehend zusammenfallen (vgl. Zupančič 2006: 174 f.). Recalcati spricht daher von

19 Lacan formuliert neben den vier Diskursen noch einen fünften, den er »Diskurs des Kapitalismus« nennt, der insofern ein Diskurs am Rande des Diskurses ist, als er scheinbar ohne die Negativität, die jedem sozialen Band eignet, auskommt; vgl. dazu Recalcati (2010: 27–36) und Tomšič (2015: 220–229).

20 Vgl. dazu auch Tomšič (2015: 226 f.; 2016: 149 f.). Demnach hat der »Diskurs des Kapitalismus« die Form eines sozialen Bandes, das kein wirkliches soziales Band mehr ist oder am Rande eines sozialen Bandes ist, insofern es scheinbar ohne die das Soziale konstituierende Negativität auskommt. Vgl. dazu Recalcati (2010: 27–36).

einer liberaldemokratischen Gesellschaften innewohnenden totalitären Tendenz resp. einem »postideologischen Totalitarismus« (2007a: 9f.), dessen Totalität sich nicht mehr aus einer Vertikalen speist – eben dem Bezug auf eine »höhere« Idee –, sondern aus dem expertokratischen Pragmatismus des reinen Funktionierens. Zu diesem gibt es scheinbar kein Außen mehr, indem jedes Außen lediglich den Stoff für die weitere Optimierbarkeit abgibt. Diese »Logik des integrierten Exzesses« lässt Žižek von einer weltlosen ideologischen Konstellation sprechen, die deshalb allumfassend ist, weil sie von einer »Wahrheit-außerhalb-der-Bedeutung«[21] regiert wird: »Vielleicht muss man darin die eigentliche Gefahr des Kapitalismus lokalisieren: Obwohl er global ist und dabei die ganze Welt umfasst, unterhält er eine im eigentlichen Sinne ›weltlose‹ ideologische Konstellation und beraubt damit die Mehrheit der Bevölkerung der Koordinaten jeder bedeutungsvollen Orientierung« (Žižek 2005: 241, Übers. d. Verf.).

Folgt man dieser Einschätzung, dass es sich bei der in fortgeschrittenen kapitalistischen Gesellschaften vorherrschenden Ideologie gerade nicht mehr um eine ideologische Anrufung im Sinne Althussers handelt, sondern dass die Ideologie der Gegenwart vielmehr bereits in sich den Aufruf zur Desidentifikation enthält, so hat dies entscheidende politische Konsequenzen: Während die neuen sozialen Bewegungen davon ausgehen, dass unsere Vielfalt von einer rigiden Identität festgezurrt wird, gegen die es folglich im Namen der Pluralität anzutreten gilt, macht die an Lacan orientierte Ideologiekritik geltend, dass diese Aufsplitterung eine neuartige Form der Biopolitik darstellt (Recalcati 2007b: 66, Übers. d. Verf.).[22] »Folgt nicht daraus«, fragt deshalb Žižek, »dass der skeptische Standpunkt, man solle gesellschaftliche Ideale und Identifikationen nicht ernst nehmen, ebenfalls seine Gültigkeit verloren hat, da dieser Skeptizismus ganz eigentlich bereits das fundierende Merkmal der gegenwärtigen hegemonialen Ideologie ist,

---

21 Mit diesem Begriff charakterisiert Žižek die Herrschaftsförmigkeit rein prozeduraler Verfahren wie bspw. der Evaluation sehr treffend, von denen niemand sagen kann, sie seien falsch, da diese Verfahren ohne Inhalt auszukommen scheinen und trotzdem, oder gerade deshalb, massive Herrschaft ausüben. Vgl. zur Logik des integrierten Exzesses auch Žižek (2004: 156).

22 So argumentiert Žižek, dass »die plurale Kontingenz postmoderner politischer Kämpfe nicht das Gegenteil der Totalität des Kapitalismus« ist, der »umgekehrt gerade den eigentlichen Hintergrund und das Terrain für die Heraufkunft dieser politischen gleitend-dispers-kontingent-ironischen-etc. Subjektivitäten liefert« (Žižek 2000: 108, Übers. d. Verf.).

die gerade nicht länger auf der Ebene der Ideale und der Identifikationen operiert, sondern ganz unmittelbar auf der Ebene des Genießens?« (2004: 113, Übers. d. Verf.).

Trieb und Wissen: Das Phantasma der Zugänglichkeit

Wenn die vorgestellten AutorInnen davon sprechen, dass die gegenwärtige hegemoniale Ideologie nicht länger auf der Ebene der Ideale, sondern unmittelbar auf der Ebene des Genießens, der »Verteilung oder Regulierung des Genießens« (Žižek 2004: 11) operiert (vgl. Recalcati 2010: 26), so knüpfen sie damit unmittelbar an Lacans Gegenwartsdiagnose an. Kreist für Lacan die für spätkapitalistische Gesellschaften konstitutive Struktur der Subjektivierung, die er »Diskurs des Kapitalismus« nennt, um die Aufhebung eines Verbotes – letztlich des ödipalen Verbotes –, so sind wir nun in der Lage, die Aporie dieser »Befreiung« zu verstehen. Diese Liberalisierung lässt das Phantasma der Zugänglichkeit – des Zugangs zu einem nicht »barrierten« Genießen – nicht nur unangetastet, sondern sie befestigt es erneut in dieser Vorstellung, dass uns jemand das Genießen vorenthält. In dieser »Logik des gestohlenen Genießens« – das es folglich geben muss –, versucht das postödipale Subjekt in einem unendlichen Regress etwas letztendlich Unmögliches zu erreichen (vgl. McGowan 2004: 182–190, Übers. d. Verf.). Die Vorstellung, dass unsere plurale Seinsweise von der Rigidität eines symbolischen Mandats, der althusserschen Anrufung, unterdrückt wäre, folgt dem Missverständnis, dass eine disziplinäre Autorität den Zugang zum Genießen verstellt, das somit grundsätzlich zugänglich wäre. Sie verkennt dabei, dass als Effekts des Schwindens der väterlichen Autorität das symbolische Mandat nicht nur seine Bedeutung verloren hat (vgl. Recalcati 2010: 38–41), sondern dass umgekehrt an seine Stelle eine andere Autorität getreten ist, die sich als Ermöglichung darstellt: An die Stelle traditionaler, an einem Ideal orientierter Wahrheit – man könnte auch sagen, an die Stelle traditioneller Autoritäten – tritt das »akkumulierte Wissen« des »Diskurses der Universität«, der, wie es Joan Copjec formuliert, »die Opazität des Genießen mit seinem Wissen durchdringt« (Copjec 2006: 109, Übers. d. Verf.). Diese »neuen Institutionen der Repression, welche die Gestalt von Befreiern haben« (Tomšič 2015: 216, Übers. d. Verf.), setzen das postödipale Subjekt einem »durch das wissenschaftlich-technische Wissen und dessen Praktiken« angeleiteten, damit letztlich aber despotischen Gebot aus, das Genießen nicht nur zu objektivieren, sondern es im selben Zug zu optimieren und damit das Leben gemäß der Objektivität eines Maßes des Guten zu gestalten (Recalcati 2007b: 66, 79).

Daher sagt Tomšič, dass die neue Herrschaftsform sich listig zwischen die Trennung Verbot-Erlaubtes setzt, indem sie etwas Drittes tut, das die Demarkation zwischen Erlaubtem und Verbotenem unterläuft: Es ist eine Injunktion, eine Aufforderung zu genießen. »Wenn Gott tot ist, dann ist das Genießen weder erlaubt noch verboten, sondern angeordnet und auferlegt« (Tomšič 2015: 227). »Zusammen mit dem Tod der Autorität, dem symbolischen Mandat des Gesetzes, fällt auch die Schranke zwischen dem Subjekt und dem Genießen, womit letzteres unmittelbar zugänglich wird.« (ebd.: 226) Dieser Zugang ist deshalb nicht einfach eine Erlaubnis, weil damit das Genießen selbst in den Status eines Gesetzes gelangt. In dieser Neuanordnung des Subjekts zu seinem Genießen ist somit in Tat und Wahrheit an die Stelle des moralischen Gesetzes nicht kein Gesetz getreten, sondern ein obszönes. So schreibt Tomšič: »Kastration verlagert sich weg vom symbolischen Gesetz, welches erlaubt und verbietet, hin zum Imperativ zu genießen, welches nun sein eigenes obszönes Gesetz instauriert« (ebd.: 227).

Obszön, ja sogar sadistisch, ist dieses Gesetz deshalb, weil es in diesem Kollaps der Schranke zwischen Subjekt und Genießen das Subjekt der Subjektivierung seines Genießens und damit seines singulären Kerns beraubt, welcher von der symbolischen Kastration ermöglicht wird (Recalcati 2010: 7–10). Die Verwerfung der Kastration impliziert deshalb nicht einen tatsächlichen Zugang zum Genießen, sondern »radikalisiert im Gegenteil die Sackgasse des Genießens und verwandelt das Über-Ich in eine unersättliche und unstillbare Forderung zu genießen« (Tomšič 2015: 226). Es ist diese Unersättlichkeit und gleichzeitige Anonymität, die diesem Genießen gleichsam eine Sade'sche Färbung verleiht, das folglich als simpler Hedonismus falsch verstanden wäre. Žižek besteht deshalb darauf, dass die neuen »postödipalen Formen der Subjektivität« eine eigene Form von Herrschaft hervorbringen, die man missversteht, wenn man sie auf die Überreste traditionell-patriarchaler Strukturen zurückführt (2001: 500 f.). Vielmehr setzt uns das Verschwinden des väterlichen Verbots einer Unmöglichkeit aus, die es scheinbar nicht länger gibt, insofern ein Wissen vorgibt, den Kern dieser Unmöglichkeit zu durchdringen und sie so aufzuheben. Wir sind damit unerbittlich mit einer Unmöglichkeit konfrontiert, die es nicht geben kann, der wir aber gleichwohl unterworfen sind. »Nur das Unmögliche ist unmöglich«, so fasst Alenka Zupančič dieses Ideal zusammen, das in dem Sinn »postideologisch« ist, als es außer der Aussicht auf ein nicht durch die Kastration hindurchgegangenes Genießen kein ethisches Ideal mehr kennt (2006: 171). Die Möglichkeiten zur Optimierung erscheinen hier also nicht nur unbegrenzt, sondern diese Optimierung wird, weil sie möglich ist, gleichzeitig zur Pflicht.

Joan Copjec hebt deshalb in ihrer Interpretation des »Diskurses der Universität« einen grundlegenden Formwandel der Schuld hervor: Schuld entsteht heute psychisch gesehen nicht mehr als Effekt der Internalisierung eines Verbotes, sondern angesichts des »Ideals oder Ziels des Zugangs« zu einem absoluten Genießen (2006: 109). Diese Aussicht einer Zugänglichkeit, eines vom richtigen Wissen angeleiteten Zugangs zu unserem ureigensten Genießen lässt eine Schuld entstehen, die sich nun nicht mehr aus der Internalisierung von gesellschaftlichen Unterdrückungsmechanismen speist, wie sie die 68er-Generation angeprangert hat, sondern die vis-à-vis eines Ideals entsteht, dem ich notwendigerweise nicht entsprechen kann, von dem mich aber der Diskurs der Universität glauben macht, es sei, richtig angeleitet, erreichbar. Der gravierende Unterschied dieser Schuld und des so veränderten Über-Ichs ist, dass damit eine Scham verbunden ist: Nicht die Scham, auf frischer Tat beim Übertritt eines Verbots ertappt worden zu sein, sondern die Scham, nicht alle Facetten meiner Identität entfaltet und ihnen damit zu ihrem Recht verholfen zu haben. Wir stehen nun nicht länger der Gesellschaft, sondern uns selbst gegenüber in der Pflicht, einem Ideal der Selbsttransparenz zu folgen, das aber unerreichbar ist, weshalb wir schuldig bleiben. Copjec spricht deshalb von einer »schuldigen Schamlosigkeit« (2006: 109), in der wir beständig dazu aufgerufen sind, alle Facetten unseres intimsten Seins offen und schamlos zu entfalten, deren Wesen wir jedoch gerade so verfehlen, weshalb wir nicht umhin kommen, an ihnen schuldig zu werden.[23] »Die trügerische Natur dieses Genießens hat zentral mit der Tatsache zu tun, dass es uns den falschen Eindruck vermittelt, dass der Kern unseres Seins etwas Wissbares resp. Besitzbares

23 Lacan spricht deshalb von der Scham als der zentralen Dimension, die den protestierenden Studenten genommen wird, was sie letztlich in eine masochistische Position versetzt: Der Scham entkleidet, sind sie zum Objekt des Genießens des Regimes geworden. Vgl. dazu Lacan (1991a: 220) und zu einer Interpretation dazu Tomšič (2015: 227–229).

sei im Sinne einer Identität oder eines Eigentums, eine Art Mehrwert, der unserer Person anhaftet.« (Copjec 2006: 109, Übers. d. Verf.)

Ohne die Dimension einer für die Subjektwerdung konstitutiven Negativität ist es nicht möglich, diese neue ideologische Konstellation zu verstehen. Dabei scheint das verneinte »Jenseits des Lustprinzips« in der oftmals übersehenen Über-Ichhaftigkeit der Befreiung wiederzukehren, die nur allzu oft scheinbar unerklärlich mit ihrem Gegenteil einhergeht, einer äußerst rigoros überwachten Einhaltung selbstauferlegter Regeln, die in ihrer Rigidität das alte Verbot bei weitem übertreffen.

Literatur

Adorno, Theodor W. (2003): Soziologische Schriften I, Gesammelte Schriften Bd. 8. Frankfurt/M.: Suhrkamp.

Althusser, Louis (1977): Ideologie und ideologische Staatsapparate. Hamburg: VSA.

Assoun, Paul-Laurent (2003): De Freud à Lacan: le sujet du politique. In: Cités 3, H. 4, S. 15–24.

Clemens, Justin; Grigg, Russell (2006): Jacques Lacan and the Other Side of Psychoanalysis. Reflections on Seminar XVII. Durham/London: Duke University Press.

Copjec, Joan (2006): May '68, the Emotional Month. In: Žižek, Slavoj (Hrsg.): Lacan. The Silent Partners. London/New York: Verso, S. 90–114.

Cremonini Andreas (2003): Die Durchquerung des Cogito. Lacan contra Sartre. Paderborn: Wilhelm Fink Verlag.

Dolar, Mladen (1991): Jenseits der Anrufung. In: Žižek, Slavoj (Hrsg.): Gestalten der Autorität. Wien: Hora-Verlag, S. 9–25.

Freud, Sigmund (1999): Jenseits des Lustprinzips. In: Gesammelte Werke (=GW) XIII. Frankfurt/M.: S. Fischer, S. 3–69.

Horkheimer, Max; Adorno, Theodor W. (1984): Dialektik der Aufklärung. 2. Auflage. Frankfurt/M.: Suhrkamp.

Kuppe, Julian (2016): Ohnmacht und imaginäre Inszenierung. In: Kunst, Spektakel, Revolution, H. 5, S. 61–75.

Lacan, Jacques (1978): Du discours psychanalytique. In: Lacan en Italie. Milano: La Salamandra, S. 31–55.

Lacan, Jacques (1984): Les complexes familiaux. Paris: Seuil.

Lacan, Jacques (1986): Encore. Das Seminar. Buch XX (1972–1973). Weinheim/ Berlin: Quadriga.

Lacan, Jacques (1991a): L'envers de la psychanalyse. Le Séminaire. Livre XVII (1969–1970). Paris: Seuil.

Lacan, Jacques (1991b): Schriften II. Weinheim/Berlin: Quadriga.

Lacan, Jacques (1996a): Die Ethik der Psychoanalyse. Das Seminar. Buch VII (1959–1960). Weinheim/Berlin: Quadriga.

Lacan, Jacques, (1996b): Die vier Grundbegriffe der Psychoanalyse. Das Seminar. Buch XI (1964). Weinheim/Berlin: Quadriga.

Lacan, Jacques (2001): Autres écrits. Paris: Seuil.

Lacan, Jacques (2006): D'un Autre à l'autre. Le Séminaire. Livre XVI (1968–1969). Paris: Seuil.

Lacan, Jacques (2011): Je parle aux murs. Paris: Seuil.

MacCannell, Juliet Flower (2006): More Thoughts for the Times on War and Death. The Discourse of Capitalism in Seminar XVII. In: Clemens, Justin; Grigg, Russell (Hrsg.): Jacques Lacan and the Other Side of Psychoanalysis. Reflections on Seminar XVII. Durham/London: Duke University Press, S. 195–215.

Marx, Karl (1962/2001): Das Kapital. Kritik der politischen Ökonomie. Bd. 1, Marx Engels Werke, Bd. 23 (=MEW 23). Berlin: Dietz.

McGowan, Todd (2004): The End of Dissatisfaction? Jacque Lacan and the Emerging Society of Enjoyment. New York: SUNY Press.

McGowan, Todd (2013): Enjoying What We Don't Have. The Political Projekt of Psychoanalysis. Lincoln/London: University of Nebraska Press.

Marcuse, Herbert (1980): Der eindimensionale Mensch. Studien zur Ideologie der fortgeschrittenen Industriegesellschaft. München: Luchterhand.

Osborne, Peter (1996): Lacan in Slovenia. An Interview with Slavoj Žižek and Renate Salecel. In: ders. (Hrsg.): A Critical Sense: Interviews with Intellectuals. London: Routledge, S. 21–35.

Recalcati, Massimo (2000): Der Stein des Anstosses. Lacan und das Jenseits des Lustprinzips. Wien: Turia und Kant.

Recalcati, Massimo (2007a): Introduzione. Totalitarismo postideologico. In: ders. (Hrsg.): Forme contemporanee del totalitarismo. Turin: Bollati Boringhieri, S. 7–18.

Recalcati, Massimo (2007b): L'eclissi del desiderio. In: ders. (Hrsg.): Forme contemporanee del totalitarismo. Turin: Bollati Boringhieri, S. 61–79.

Recalcati, Massimo (2010): L'uomo senza inconscio. Milano: Raffaello Cortina Editore.

Recalcati, Massimo (2011): Tramonto ed evaporazione del padre. In: ders. (Hrsg.): Cosa resta del padre? La paternità nell'epoca ipermoderna. Milano: Raffaello Cortina Editore, S. 27–49.

Roudinesco, Elisabeth (1996): Jacques Lacan. Bericht über ein Leben. Geschichte eines Denksystems. Köln: Kiepenheuer & Witsch.

Soiland, Tove (2010): Luce Irigarays Denken der sexuellen Differenz. Eine dritte Position im Streit zwischen Lacan und den Historisten. Wien/Berlin: Turia + Kant.

Soiland, Tove (2013): Lacanismus. In: Historisch-kritisches Wörterbuch des Marxismus, Bd. 8/I. Berlin: Argument, S. 559–585.

Soiland, Tove (2017): Der Umsturz des Ödipalen. Ein feministisches Dilemma. In: Busch, Charlotte; Dobben, Britta; Rudel, Max/Uhlig, Tom David (Hrsg.): Der Riss durchs Geschlecht. Feministische Beiträge zur Psychoanalyse. Gießen: Psychosozial Verlag, S. 95–115.

Tomšič, Samo (2015): The Capitalist Unconscious. London/New York: Verso.

Tomšič, Samo (2016): Psychoanalysis, Capitalism, and the Critique of Political Economy. In: Tomšič, Samo; Zevnik, Andreja (Hrsg.): Between Psychoanalysis and Politics. London/New York: Routledge, S. 164–163.

Žižek, Slavoj (1989): The Sublime Object of Ideology. London/New York: Verso.

Žižek, Slavoj (1991): Gestalten der Autorität. Wien: Hora-Verlag.

Žižek, Slavoj (2000): Class Struggles or Postmodernism? Yes, please! In: Butler, Judith; Laclau, Ernesto; Žižek, Slavoj: Contingency, Hegemoniy, Universality. Contemprary Dialogues on the Left. London/New York: Verso, S. 90–135.

Žižek, Slavoj (2001): Die Tücke des Subjekts. Frankfurt/M.: Suhrkamp.

Žižek, Slavoj (2004): Iraq. The borrowed kettle. London/New York: Verso.

Žižek, Slavoj (2005): Concesso non dato. In: Boucher, Geoff; Glynos, Jason; Scarpe, Matte (Hrsg.): Traversing the Fantasy. Critical Responses to Slavoj Žižek. Aldershot: Ashgate, S. 219–255.

Žižek, Slavoj (2006): Parallaxe. Frankfurt/M.: Suhrkamp.

Žižek, Slavoj (2009): Auf verlorenem Posten. Frankfurt/M.: Suhrkamp.

Zupančič, Alenka (1995): Die Ethik des Realen. Kant, Lacan. Wien: Turia + Kant.

Zupančič, Alenka (2006): When Surplus Enjoyment Meets Surplus Value. In: Clemens, Justin; Grigg, Russell (Hrsg.): Jacques Lacan and the Other Side of Psychoanalysis. Reflections on Seminar XVII. Durham/London: Duke University Press, S. 155–178.

Sexuelle Differenz:

Feministische Rückfragen an eine merkwürdige Rezeptionsgeschichte

Ich danke dem Psychoanalytischen Seminar Zürich für die Einladung, die mir eine der seltenen Möglichkeiten bietet, in meiner Heimatstadt zu sprechen.[1] Gleichwohl muss ich gestehen, dass ich nicht ohne eine gewisse innere Bedrängnis hierhergekommen bin, eine Bedrängnis, die man vielleicht auch Lampenfieber nennen kann.

Ich weiß mir dabei nicht anders zu helfen, als eine namhafte intellektuelle Größe anzurufen. Ich hatte vor einiger Zeit bei einer InkriT-Tagung[2] die Gelegenheit, Etienne Balibar kennenzulernen. Dies war eine sehr eindrückliche Begegnung, vor der ich wohl ähnliche Anwandlungen von Beklemmung verspürt haben mochte wie heute, war Etienne Balibar für mich doch so etwas wie die Inkarnation des von mir sehr bewunderten französischen Marxismus. Seine beiden mit Louis Althusser zusammen herausgegebenen Bände *Das Kapital lesen* hatten mir vor vielen Jahren überhaupt erst den Zugang zu dem mir bis dahin verschlossenen Werk von Marx eröffnet. Etienne Balibar war sehr freundlich und er war sehr erfreut, als er vernahm, dass ich für das *Historisch-kritische Wörterbuch des Marxismus* den Eintrag zu Jacques Lacan schreiben würde. Als ich ihm von meinem Buch über Luce Irigaray erzählte, wurde er zunächst ganz still. Was er mir nach einer Weile des Nachdenkens antwortete, war ungefähr Folgendes: Er habe im letzten Semester – er unterrichtet seit Längerem in Berkeley – ein Seminar zu *Encore* gemacht, das sei ja überhaupt ein verrückter Text, aber er sei zum Schluss gekommen, dass *Encore* als Zeugnis von Lacans Auseinandersetzung mit der Kritik Irigarays verstanden werden

---

1 Bei vorliegendem Text handelt es sich um einen Vortrag, den ich am 25. Januar 2013 am Psychoanalytischen Seminar Zürich im Anschluss meiner Dissertation *Luce Irigarays Denken der sexuellen Differenz. Eine dritte Position im Streit zwischen Lacan und den Historisten* gehalten habe. Der Vortragsstil wurde für diese schriftliche Version beibehalten.

2 Die InkriT-Tagung ist die jährliche Tagung des Berliner Institutes für kritische Theorie, das auch das *Historisch-kritische Wörterbuch des Marxismus* herausgibt.

müsse, ja, dass das Seminar ganz eigentlich als Antwort auf *Speculum* zu betrachten sei.[3] Ich war überrascht, verdutzt und beschämt zugleich. Überrascht war ich, weil ich mir diese Möglichkeit bisher gar nie überlegt hatte, hatte ich mich in meinem Buch zu Luce Irigarays Denken der sexuellen Differenz doch darauf konzentriert, Irigarays Antwort auf Lacan möglichst genau herauszuarbeiten. Beschämt war ich, weil ich mich – dazu noch von einem Mann – darauf aufmerksam machen lassen musste, dass ich hier, einmal mehr, eine Frau nur als Antwortende und nicht als Impulsgeberin vorgestellt hatte, und dies ganz selbstverständlich. Ich bin ihm übrigens bis heute sehr dankbar dafür!

Tatsächlich finden sich in *Encore* nicht nur zahlreiche Hinweise auf die Frauenbewegung und deren Kritik an der Psychoanalyse, sondern es finden sich auch ganz direkt viele Formulierungen, die unmittelbar wie ein Echo auf zentrale Denkfiguren Irigarays klingen: So beispielsweise das mit dem Weiblichen assoziierte »mystische« Sprechen, ja, überhaupt Lacans Konzipierung eines Genießens »jenseits des Phallus«, eines nicht-phallischen (»nicht idiotischen«, wie Lacan sagt) Genießens, und es ist, als wolle Lacan uns sagen, dass auch er durchaus in der Lage sei, eine eigenständige Ausarbeitung des weiblichen Lustvermögens zu konzipieren, insofern dessen Eigenständigkeit eben im Nicht-Eigenen liege, was wiederum ein zentrales Theorem Irigarays wiedergibt.[4] Auf der anderen Seite gibt es in *Speculum* viele Passagen, ich werde zwei davon kommentieren, wo Irigaray eindeutig auf *Encore* Bezug nimmt. Es ist nachträglich kaum mehr zu eruieren, wer hier wen beeinflusst hat. Jedenfalls ist es falsch, so muss ich rückblickend selbstkritisch festhalten, Irigaray lediglich als Kommentatorin darzustellen. Es wäre korrekter, hier von einer Intertextualität zu sprechen.

---

3 Es handelt sich hier um Luce Irigarays Habilitationsschrift: *Speculum. Spiegel des anderen Geschlechts*, die 1974 auf Französisch und 1980 auf Deutsch erschienen ist. Diese Habilitation wurde von der Fakultät der Universität Paris VIII in Vincennes, an der Irigaray lehrte, abgelehnt und sie verlor daraufhin ihre Lehrbefugnis. Irigaray unternimmt in *Speculum* eine feministisch-kritische Lektüre von Freuds und Lacans Werk. Inwieweit Jacques Lacan selber an dieser faktischen Entlassung Irigarays beteiligt war, ist eine bisher ungeklärte Frage. Irigaray war in dieser Zeit Mitglied der von Lacan gegründeten *École Freudienne de Paris* und ließ sich dort zur Psychoanalytikerin ausbilden. Bei *Encore* handelt es sich um Lacans Seminar XX, das er 1972–1973 gehalten hat und das 1975 auf Französisch erschienen ist.

4 Zu den genannten Bezügen vgl. Lacan (1986: 81–84).

Seit der Begegnung mit Etienne Balibar hat mich diese Frage nicht mehr losgelassen. Tatsächlich meine ich, dass einiges für die Annahme von Jacqueline Rose spricht, dass die psychoanalytische Subjektkonzeption in ihrem Kern nicht nur nicht loszulösen ist von ihrer Weiblichkeitstheorie, sondern dass die seit den 1920er und 30er Jahren einsetzende feministische Kritik daran zu einem wesentlichen Motor der psychoanalytischen Theoriebildung wurde (Rose 1996: 55–58). Und an dieses Wechselverhältnis möchte ich heute Abend anschließen, weil ich meine, dass eine in der Geschlechterfrage zu vereindeutigende Lacan-Rezeption etwas wieder verschließt, was bei Lacan – und wohl auch bei Freud – offen geblieben ist. Jedenfalls scheint mir, dass Lacan selbst mit der Einführung seiner vier Diskurse in seinem Spätwerk um ein Problem kreist, das er mit diesem Versuch einer Historisierung zwar nicht gelöst, aber zumindest angezeigt hat: Die Frage nämlich, was eigentlich genau aus dem Umstand der Sprachlichkeit für diesen Rest, den er das Objekt klein *a* nennt, folgt. Ich möchte gewissermaßen der Lacan-Rezeption dieses Problem zurückgeben, von dem ich glaube, dass, wenn man es als Problem aufrechterhält, es sehr viel fruchtbarer ist.

Wenn ich deshalb im Folgenden geltend mache, dass Luce Irigarays Begriff der sexuellen Differenz mehr oder weniger das Gegenteil dessen meint, was heute in der Lacan-Rezeption mit diesem Begriff verbunden wird, ja, dass es sich hierbei eigentlich um eine theoretische Landnahme handelt, insofern Irigaray meines Wissens die erste war, die diesen Begriff im Sinne eines Theorems verwendet hat, so weil ich meine, dass die Kritik, die Irigaray mit diesem Begriff verbindet, wichtige Impulse auch für die neuere Lacan-Rezeption bereitstellen könnte. Das Potenzial dieser Kritik ist aber in dieser vereindeutigenden Rede und damit durch die stillschweigende Umdeutung, die der Begriff in der heutigen Lacan-Rezeption erfährt, verschwunden. Und damit eine Suchbewegung, die ich bei Lacan selbst noch angelegt sehe. Lacan spricht denn auch bezeichnenderweise nicht von sexueller Differenz, sondern von *rapport sexuel*, meist mit dem Zusatz, dass es diesen nicht gibt.

Bevor ich darauf zu sprechen komme, worauf genau sich Irigarays Kritik bezieht und was sie folglich mit dem Begriff der sexuellen Differenz verbindet, möchte ich zuerst auf ein paar Eigenheiten der deutschsprachigen Irigaray-Rezeption eingehen.

1. Was man Irigaray nicht vorwerfen kann

Wie Sie alle wissen, ist die Irigaray-Rezeption im deutschsprachigen Raum irgendwann in den 1980er Jahren zum Stillstand gekommen. Es hatte sich, wenn auch sehr diffus, die Meinung durchgesetzt, Irigaray habe sich mit ihrer *Ethik der sexuellen Differenz* einer seltsamen Form von Religiosität zugewandt, worin sie ihren in ihrem Frühwerk schon latent angelegten Biologismus nun unverhohlen zum Ausdruck bringe. Es wurde ihr vorgeworfen, von ihrem einstmaligen dekonstruktiven Vorhaben abgekommen zu sein und damit die Subjektkritik des 20. Jahrhunderts zur Gänze zu ignorieren. In der Folge wurden ihre Bücher auch nicht weiter übersetzt, sodass heute weniger als ein Drittel ihres Werkes auf Deutsch vorliegt.

Diese deutschsprachige Rezeptionsgeschichte steht in markantem Kontrast zur internationalen Irigaray-Rezeption. Ausgelöst unter anderem durch Margret Whitfords wichtiges Buch *Luce Irigaray. Philosophy in the Feminin* setzte beispielsweise im englischsprachigen Raum seit Beginn der 1990er Jahre eine intensive Irigaray-Rezeption ein, die sich heute in einer unüberschaubaren Fülle von Buchtiteln, Seminaren und Kongressen niederschlägt. Im englischen Sprachraum ist es heute selbstverständlich, Irigarays Denken der sexuellen Differenz als Bestandteil der poststrukturalistischen resp. psychoanalytischen Subjektkritik wahrzunehmen, und es ist weitgehend Konsens, dass es sich bei den genannten Vorwürfen, die es in den 1980er Jahren auch im englischen Sprachraum gab, um ein Missverständnis handelt. Diese Meinung vertritt übrigens auch Judith Butler, die nur bei uns als diese große Kontrahentin Irigarays dargestellt wird.[5]

Ich habe bisher nicht wirklich eine plausible Erklärung für diese Eigenheit der deutschsprachigen Rezeption gefunden. Einen Punkt jedoch kann ich benennen, und er hat unmittelbar mit dem Thema des heutigen Abends zu tun, denn er geht auf eine offenbar tief verankerte Überzeugung der Psychoanalyse selbst zurück: Es wird von lacanianischer Seite oft betont, dass die phallische Codierung des Spracheintritts, wie Lacan sie denkt, an sich nichts bedeutet, insofern diese Codierung und damit der Phallus selbst lediglich die Leere der Signifikanz anzeige, den Umstand also, dass der Eintritt des Kleinkindes in die Sprache immer mit dem Verlust einer

5 Zu Judith Butlers Revision ihrer Kritik vgl. bspw. (2009: 289 f.); zur englischsprachigen Irigaray-Rezeption vgl. das von Pheng Cheah und Elizabeth Grosz mit Judith Butler und Drucilla Cornell geführte Interview (Cheah/Grosz 1998).

körperlichen, aber auch emotionalen Unmittelbarkeit einhergeht – mit dem also, was Lacan die Spaltung des Subjektes nennt. Wer folglich diese phallische Konnotation befragt, stellt in dieser Logik auch diese Leerstelle – und damit letztlich die Gespaltenheit des Subjekts – in Frage. Es ist diese Alternative – es ist letztlich die Alternative: entweder man akzeptiert diese männliche Codierung des Spracheintritts oder man hat ein holistisches Menschenbild –, die es schwer fassbar macht zu verstehen, was Irigaray macht. Sie macht – um das, was ich im Folgenden ausführen möchte, in einfachen Worten vorwegzunehmen –, im Prinzip nichts anderes als zu fragen, worin in einer bestimmten geschlechtlichen Codierung des primordialen Verlustes, der der Spracheintritt bedeutet, unsere Kultur genau diesen Umstand der Signifikanz wieder verstellt. Der Kern von Irigarays Denken kreist um diese symbolische Vermittlung und ihr Schicksal in unserer Kultur. Dass es nur eine, diese eine Form der symbolischen Vermittlung geben kann – vor dem Hintergrund dieses Dogmas ist das, was Irigaray macht, tatsächlich unverständlich. Doch Irigaray ist mit ihrer Fragestellung nicht alleine: Geneviève Morel formuliert sie explizit, und Monique David-Ménard und Juliet Flower MacCannell gehen in eine ähnliche Richtung.[6] Und, ich würde eben sagen, auch Lacan selbst!

Lacan überrascht uns in seinem Seminar XVII mit der Aussage, dass der Ödipuskomplex als das mythische Residuum der Psychoanalyse zu betrachten sei, ein Material, das es zu interpretieren gälte wie ein Traum – Freuds Traum (Lacan 1991: 135/148/159). Diese Aussage ist im Kontext eines zentralen Stranges seiner Theoriebildung zu sehen, Lacans Anliegen nämlich, die Signifikanz – den Umstand der Sprachlichkeit – als solche zu denken, d.h. sie von ihren metaphysischen Einkleidungen zu entkleiden. Im Horizont dieses Anliegens ist auch die Vorstellung des ödipalen Verbots eine solche Einkleidung: Wenn der Umstand der Sprachlichkeit eine Unterbrechung der Unmittelbarkeit bedeutet, braucht es dazu kein Verbot. Respektive das Verbot, und das ist das mythische Residuum, hält die Vorstellung aufrecht oder stellt sie überhaupt erst her, dass es etwas gäbe, das verboten werden könnte. Es hat, so Lacan, die paradoxe Form des Verbots eines Unmöglichen, womit letztlich immer noch das existentielle Nichts

6 Vgl. Monique David-Ménard (1999: 131–171), Juliet Flower MacCannell (2000) und Geneviève Morel (2004). Bekanntlich ist es auch Lacans Frage in seinem Seminar *Le sinthome. Le Séminaire, Livre XXIII (1975–1976)*, wie ein Subjekt jenseits der phallischen Funktion eine Verankerung im Symbolischen finden kann.

der Signifikantheit verstellt, eben eingekleidet bleibt. Im Prinzip, so werde ich argumentieren, führt Irigaray lediglich diese Denklinie fort, die Lacan selbst seit Ende der 1960er Jahre verfolgt. Denn ihre Antwort wird sein, dass Lacan gewissermaßen auf halbem Weg stehen geblieben ist, dass er, um in ihren eigenen Worten zu sprechen, an dieser Bewegung der Negativen Theologie »die Arbeit an Projektionen: die Abziehung der Besetzung Gottes mit weltlichen Prädikaten und jeglicher Prädikation« nicht weit genug vorangetrieben habe (Irigaray 1979: 92).

Aus diesem Grund ist »Gott« ein zentraler ›Gesprächsstoff‹ in dieser Intertextualität. Irigaray schließt darin nicht nur an die von Lacan in Seminar *Encore* gemachte Gleichsetzung von weiblichem Genießen und Gott an. Es ist ihre eigene Überzeugung, dass eine bestimmte Ausarbeitung der Transzendenz in unserer Kultur ein problematisches Verhältnis zum weiblichen Geschlecht nicht nur zum Ausdruck bringt, sondern auch aufrechterhält, und dass sich dieses, auch und gerade in dieser theologisch bereinigten, sozusagen säkularisierten Form des Terms des Dritten fortsetzt, wie Lacan ihn in seiner Konzeption des Signifikanten beschreibt.

2. Sexuelle Differenz bei Irigaray und Lacan: Der Streit um ein Nichts

Ich werde also argumentieren, dass *das* Skandalon für die deutschsprachige Irigaray-Rezeption: Irigarays Rede von »Gott«, in wesentlichen Punkten ein Einsatz in ihrer Replik auf Lacan darstellt. Darin folgt Irigaray im Wesentlichen einer bei Lacan selbst angelegten Verknüpfung: Lacans Auslegung der Position Gottes als Signifikanz – d.h. als das strukturgebende Moment jenes primordialen Verlustes, der sich dem Umstand der Sprachlichkeit beim Menschen verdankt – in ihrer für unserer Kultur spezifischen Verbindung mit dem weiblichen Geschlecht. Es geht mit anderen Worten um die bei Lacan selbst bereits angelegte Verknüpfung von Gott, Signifikanz und weiblichem Geschlecht.

2.1 Lacan

Bekanntlich formuliert Lacan in *Encore* in seinem Bestreben, die Funktion des Signifikanten als solche zu fassen, auch gleichzeitig seine pointierteste Fassung dessen, was in seiner Vorstellung die beiden geschlechtlichen Positionen kennzeichnet. Diese beiden Elemente stehen somit in *Encore* keineswegs zufällig nebeneinander, ja, in gewisser Weise kann man sagen, dass Lacans Formalismus – seine in seinem Spätwerk zunehmende Formalisierung der Funktion von Sprache mit Mathemen, Formeln, Knoten – mit einer ebenso dezidierten geschlechtlichen Metapher einhergeht: Auch in seiner formalsten Form bleibt Lacan der Verknüpfung des »Nichts des Signifikanten« mit dem weiblichen Geschlecht treu. Ja, man könnte sagen, je formaler Lacan wird, desto mehr konnotiert er dieses *ex nihilo* der Sprache mit dem weiblichen Geschlecht. Wie ist das zu verstehen?

In jener Sitzung, die von den Herausgebern mit »*Gott und das Genießen ~~der~~ Frau*« überschrieben wurde, macht Lacan jene ebenso berühmte wie vermutlich oft missverstandene Gleichsetzung, in welcher er die »phallische Funktion« – jenes Kürzel also, mit welchem er die männliche Konnotierung des Spracheintritts umschreibt – mit dem »die« von »die Frau« gleichsetzt. Lacan nimmt hier seine ältere Formulierung des »Phallus als Signifikant des Mangels im Signifikanten« – des Phallus als Zeichen jener Leerstelle also, die er durch den Umstand der Sprachlichkeit in das menschliche Sein gefallen sieht – wieder auf und parallelisiert sie mit der Beschreibung des bestimmten Artikels von »die Frau«, den er nun durchstreicht. Seine Zuhörer sollen endlich mit dem Gefasel »über den Signifikantenmangel, den Signifikanten des Signifikantenmangels« und anderem Gerangel um den Phallus aufhören und zur Kenntnis nehmen, dass er ihnen in diesem *~~die~~* diese Funktion doch schon seit Langem angezeigt habe: »Es ist durch dieses *die*, das ich den Signifikanten symbolisiere, dessen Platz zu markieren unentbehrlich ist, der nicht leer gelassen werden kann. Dieses *die* ist ein Signifikant, dessen Eigentümliches ist, dass er der einzige ist, der nichts bedeuten kann« (Lacan 1986: 80). Mit dieser Umschreibung eines signifikanten Platzes, der nicht leer gelassen werden kann, obwohl er nichts bedeutet, wiederholt Lacan in exakter Weise seine frühere Beschreibung des Phallus als ersten Signifikanten der Signifikantenkette. Wenn Lacan sagt, »[d]ieses ~~Die~~ kann sich nicht sagen. Nichts kann sich sagen von der Frau« (ebd.: 88), so umschreibt er dieses *Die* in derselben Weise wie den Phallus.

Was Lacan hier also macht, ist mit anderen Worten nichts anderes als eine Gleichsetzung der signifikanten Funktion mit der weiblichen Position. Dies ist Lacans Weise, Freuds *Jenseits des Lustprinzips* mit seinem Postulat eines Todestriebes aufzunehmen. Bekanntlich hat Lacan dieses »Jenseits« von Freud in den Umstand der Sprachlichkeit übersetzt, oder anders formuliert: mit dem Umstand der Sprachlichkeit erklärt. Dieser

Umstand bedeutet für Lacan zunächst, dass es ein »Jenseits des Objektalen« gibt, das heißt mit anderen Worten, dass es beim Menschen eine Befriedigung gibt, die sich nicht einfach in der Befriedigung befriedigt. Doch wo Freud dieses »Jenseits« mit der Existenz eines Todestriebes erklärt und uns damit etwas ratlos zurücklässt, formuliert Lacan dieses Rätsel um, indem er fragt: Was ist das, was für das Fehlgehen des Objektes und damit für das Jenseits verantwortlich ist? Lacan fragt mit anderen Worten nach diesem Jenseits, nach dessen Ausgestaltung, und seine Antwort ist, dass sich der menschliche Bezug durch eine zu ihm alteritäre Struktur – die Sprache – skandiert sieht, die dieses Jenseits eröffnet. Sobald der Mensch spricht, gibt es ein Jenseits des Objekthaften, woraufhin das Subjekt sich – wenn auch objekthaft – bezogen findet. Das ist im Wesentlichen die Charakterisierung des großen Anderen: Wir – oder jedenfalls die männlichen Subjekte – sind auf ihn bezogen, obwohl – oder eben gerade weil er unseren Bezug durchbricht. Was heißt es nun, wenn Lacan in *Encore* diesen großen Anderen präzisiert, indem er ihn in der Formulierung eines »Genießen des Anderen« mit der weiblichen Position verknüpft? Zunächst ist die Frau »das, was Verhältnis hat zu diesem Anderen« (ebd.: 88). Sie genießt seiner (*genitivus objektivus*). Aber es gibt auch »das Genießen des Anderen« als *genitivus subjektivus*: Der Andere genießt, das ist »diese andere Befriedigung (...), die sich stützt auf die Sprache« (ebd.: 128). Dass es Genuss gibt, der sich im Sprechen ereignet, dieses »Genießen (...) als dit-mension des Körpers«, gewissermaßen als Sprechmaß des Körpers, ist das, was Lacan an die Stelle von Freuds Jenseits setzt (ebd.: 124). Und die Verbindung, die Lacan in *Encore* zwischen Gott und diesem Genießen der Frau macht, hat genau darin ihren Grund. Lacan attestiert der Frau nicht nur einen privilegierten Zugang zu Gott, sondern er postuliert im selben Zug auch gleich dessen Nachgeordnetheit: Gott gibt es, weil es diesen Platz des Genießens der Frau gibt. Es gibt Gott, weil es diese andere Befriedigung gibt, eben die, die sich stützt auf die Sprache. Eigentlich nimmt Lacan damit lediglich die schon früher gemachte Aussage auf, dass Gott nur mit der Existenz der Signifikanz und aus ihr erklärt werden kann, fügt dem hier aber noch hinzu, dass diese nicht nur ein anderes Genießen hervorbringt, sondern sich ganz eigentlich dem »Genießen des Anderen« verdankt. So ist seine Formulierung zu verstehen: »[W]arum nicht interpretieren die eine Seite des Anderen, die Seite Gott, als getragen durch den weiblichen Genuss?« (ebd.: 83).

Lacan bringt also die Frau mit diesem ›korrigierten‹ Lustprinzip in Zusammenhang: Die »Sprache (...) als Apparat des Genießens« (ebd.: 61) – diese Formel, mit der Lacan Freuds These eines Jenseits des Lustprinzips aufnimmt, ist offenbar unauflösbar verbunden mit der Annahme, dass die Frau zu diesem Jenseits ein intimes Verhältnis unterhält. Ja – um es noch einmal zu sagen –, in gewisser Weise existiert dieses Jenseits nur wegen der spezifischen Form ihres Apparates des Genießens. In diesem Sinn aber wäre ihre sprachliche Liaison als gewissermaßen lediglich zweite Form des Genießens falsch verstanden. Dass es Genießen geben soll, »das jenseits sei« (ebd.: 83), ist vielmehr die Möglichkeitsbedingung des phallischen Genusses. Dieses Genießen Jenseits, das Lacan der Frau attestiert, ja, aus dem sich ihre Existenz überhaupt erst herleitet, heißt damit aber auch, dass sie genauso resp. in derselben Weise existiert wie der große *Andere*: Im Wesentlichen also nicht. Daher überträgt Lacan diesen Balken, mit dem er den großen *Anderen* barriert, auf die Frau.

Es ist also wichtig, sich über den Status von Lacans Erörterungen über das Genießen »der Frau« im Klaren zu sein. Wenn Lacan der Frau diese andere Befriedigung attestiert, die sich in der Sprache gründet, so ist dies weniger eine Aussage in einem personalen Sinn, sondern es ist die Frage nach dem, woraufhin bezogen sich das sprechende Wesen findet. Lacan setzt damit diese »andere Befriedigung« gleichsam wieder in die Topologie des Subjektes ein: Diese andere Befriedigung – »das Genießen, von dem diese andere Befriedigung abhängt, die, die sich stützt auf die Sprache« (ebd.: 57) – diese andere Befriedigung ist die Befriedigung am Platz des *Anderen*. »Die andere Befriedigung, Sie sollten es hören, ist das, was sich befriedigt auf der Ebene des Unbewussten – und zwar insofern etwas sich dort sagt und nicht sich dort sagt, wenn es wahr ist, dass es strukturiert ist wie eine Sprache« (ebd.). Das heißt, Lacan spricht hier letztlich eigentlich vom Unbewussten – des Subjekts.

Damit aber rückt das Weibliche als dieses nicht-gewusste Genießen immer mehr in dieses – nicht-existierende – Zentrum des (männlichen) Subjekts. In diesem Sinn kann man auch sagen, dass sie das nicht-gewusste Genießen, dass sie diesen Platz oder an diesem Platz des unbewussten Genießens des Subjektes *ist*.

In letzter Instanz geht diese Verknüpfung also auf Lacans ursprüngliche Herleitung der Signifikanz zurück oder nimmt sie, in allerdings sehr kryptischer Weise, wieder auf: Lacan leitete in den 1950er Jahren den Umstand des Signifikanten in seiner Eigenschaft, etwas zu repräsentieren, das abwesend ist, aus der ersten Abwesenheitserfahrung des Kleinkindes ab: aus der Abwesenheit der Mutter oder der Person, die für es die Mutter verkörpert. Die Mutter stellt so für das Kind die erste signifikante Lücke dar und die Sprache gründet für Lacan notwendig in dieser ersten Erfahrung. Von daher ist diese Verknüpfung von Anfang an angelegt: »Dass der Andere nicht hält«, wie Lacan sagt, dieses Loch im großen Anderen und das Fehlen des oder im weiblichen Geschlecht gehören für Lacan intrinsisch zusammen.

Und dies ist denn auch der Schiller dieser »a/Anderen Befriedigung«: die Frage nämlich, ob diese eine Funktion des Subjekts ist oder zu einem anderen menschlichen Wesen gehört. Es wäre falsch zu sagen, Lacan lasse diese Frage einfach offen: Es ist vielmehr so, dass die Existenzweise dieses Anderen nur in dieser Ambiguität existiert. Der Umstand der Sprachlichkeit und die Abwesenheit der Mutter fallen hier zusammen.

2.2 Irigaray

An diese Verkoppelung des Lochs des Signifikanten mit dem Loch des weiblichen Geschlechts knüpft Irigaray an in jenem bereits erwähnten Kommentar, der sich in *Speculum* unter dem Titel *Ein Volumen ohne Konturen* findet. Alles müsse neu erfunden werden, um die Leere zu vermeiden, schreibt Irigaray zu Beginn dieses Textes. Dies ist jedoch keineswegs – hier wären wir wieder bei diesem Vorurteil – Irigarays Utopie oder gar Wunsch. Es ist vielmehr die Aussage, dass hier eine Leere verstellt wird. Das Kapitel *Ein Volumen ohne Konturen* entpuppt sich bei genauer Lektüre als eine Kritik Irigarays, in der sie nicht nur mit einer gewissen List – Lust? – mit Lacans Gleichsetzung von Gott und dem weiblichen Geschlecht spielt, sondern ihm damit gleichzeitig zu verstehen gibt, dass er an seinem eigenen Anliegen vorbeizielt. Der Text ist letztlich ein Streit um ein Nichts, indem Irigaray zum Ausdruck bringt, dass sie hinter Lacans Nichts ein Fragezeichen setzt:

> »Der Mann ist zwar in der Lage, das Abseits, die Abweichung zu kennzeichnen, wo sie sich wiederfindet und sich öffnet, aber durch die Autarkie seiner Metaphorik bewirkt der Einfluss des ›Subjekts‹, dass dieser Eingriff an der Kontiguität vorbeigeht, in der sie sich in ihrem Lustempfinden zurückhält und verschließt; er lenkt sie aus ihrer Bahn und bringt sie in Verbindung mit dem *Einen*, dem Phallischen: das fortan als *Loch* funktionieren wird. Und die Metapher hat für sie nur dann die Wirkung eines Abseits, das nicht verletzend ist, wenn sie, frei

> von allem bereits angepassten Sinn, die Unendlichkeit aller Lustempfindungen offenhält, die ihr möglich sind: GOTT. Das könnte die Konzeption und die Absicht der Einführung einer ›Figur‹ sein, die es nicht nötig hat, ihre Festigkeit durch die Zugehörigkeit zu einem Individuum zu begründen. Immer in Ausdehnung begriffen, ohne dabei in und durch Formen aufgehalten zu werden, die erst allmählich zu begreifen wären. GOTT, von dem noch kein Wissen eine Wissenschaft des Begehrens entwickelt hat. Der in seiner Unwissenheit belassen, seiner Unwissenheit überlassen bliebe« (Irigaray 1980: 287).[7]

Irigaray nimmt hier die Potenzialität, die »Gott« auch in der Rede Lacans hat, auf: »Gott« könnte … . Wir wissen, dass nicht von Gott, aber rund um »~~die~~ Frau« eine Wissenschaft vom Begehren ausgearbeitet wurde. Doch in der Absurdität einer Wissenschaft vom Begehren Gottes, die es noch nicht gibt, zeigt Irigaray uns an, dass hier eine »Leere«, ein noch nicht mit Sinn Ausgefülltes, subsistieren »könnte«. Ja, Irigaray spricht später im Text von »einer Leere, deren Bestimmung noch aussteht« (Irigaray 1980: 292). Die Ambiguität, die Gott schon bei Lacan hat, als Anzeige aber auch Verstellung der Struktur von Signifikanz, taucht hier wieder auf, doch in einem etwas anderen Sinn: Mit der Unwissenheit Gottes nimmt Irigaray nicht nur Lacans Rede vom großen Anderen als Platz des Unbewussten auf, sondern sie lehnt sich darin auch an seine Charakterisierung des Unbewussten an als einem »Wissen (…), das sich nicht weiß« (Lacan, 1986: 103). Gott wird darin gleichsam zum Pfand. Der Mann hat in Gott einen Platzhalter geschaffen, in einem Wissen darum, dass hier noch etwas wäre, ein »noch nicht« (Irigaray 1980: 288) – *pas … encore*[8] –, das aber, aufgehoben in Gott, sich in seiner Wirkung nicht entfalten kann. Gott existiert weiter, muss weiter existieren als Bewahrer eines Geheimnisses, das der Mann ihm zum Hüten übertragen hat und vor dem er sich gleichzeitig fürchtet – und daher hütet. Das Nicht-Wissen der Frau, das ihr Genießen in Gott verlegt, ist ein subsistierendes Wissen – *sein* subsistierendes Wissen – in Gott. Irigarays wiederholte Feststellung, dass die sexuelle Differenz Gott imputiert wurde, der deshalb das Gesetz für uns macht,[9] echot nicht nur Lacans Formulierung: »Warum nicht, Gott als Dritten setzen im Geschäft der

---

7 Die Übersetzung ist leicht verändert.

8 *Pas … encore*, wie es im Französischen Original heißt (1974: 288), ist auch eine Anspielung auf den Titel *Encore* von Lacans Seminar XX.

9 Diese Formulierung findet sich auf dem Umschlag der französischen Ausgabe von L. Irigaray: *Éthique de la différence sexuelle*, Paris 1984; vgl. ebenfalls in der

menschlichen Liebe« (Lacan 1986: 77), sondern Irigaray liest darin auch die Bewegung einer Abkapselung, in der das Subjekt das dezentrierende Moment zwar anruft, aber gleichzeitig fest in seiner Hand behält – »in einer Art auswegloser Zirkularität oder Tautologie: sie hüten das, was sie behütet: Ihn, der sie behütet« (Irigaray 1991: 134).

Diese Doppelung von Potenzial und Abwehr verlangt nach einer Interpretation. Irigaray übernimmt diese – gewissermaßen als *sujet supposé savoir*, zu dem sie die Systematik von Lacan ja bereits macht: Wenn es die Aufgabe des *sujet supposé savoir* ist, ein ihm unterstelltes Wissen zum Ausdruck zu bringen, so übernimmt Irigaray diese Rolle, indem sie aus der ihr unterstellten Position des abgewehrten Wissens spricht: Sie ist – als dieses in Gott aufgehobene Wissen – das, was der Mann sagt und nicht weiß, was der Mann in seinem Sagen nicht mehr weiß.

In der Formulierung, dass die sexuelle Differenz Gott imputiert wurde, spricht Irigaray im Prinzip Gott jenen triangulären Gehalt ab, den Lacan ihm attestiert, weil diese Aufhebung bedeutet, dass die weibliche Seite keiner symbolischen Vermittlung untersteht: »Einmal soll sie die chaotische Substanz sein, die seine Formung wiedergibt, ein anderes Mal soll sie die Wirkung einer Negativität übernehmen, welche an die Stelle all jener Leere tritt, deren Bestimmung noch aussteht« (Irigaray 1980: 292).[10] In beiden Fällen kann folglich das Dritte nicht etwas sein, das zwischen den beiden Geschlechtern steht und damit ihre Unhintergehbarkeit – letztlich also ihre Differenz und die ihr innewohnende Negativität – wahrte, weil der eine Pol der Differenz paradoxerweise zur Herausbildung dieses Dritten verwendet wurde, anstatt von diesem gewährt zu sein. In ihrer späteren Vorlesung *Ethik der sexuellen Differenz* wird Irigaray davon sprechen, dass eine bestimmte Ausformung der Transzendenz – diejenige unserer Kultur – einen negativ-assimilatorischen Bezug zum Mütterlichen, ja genauer, zur Gabe der Mutter unterhält und diese damit in der Form einer nicht-gedachten Reserve belässt, einer »Reserve von unten«, die auf der anderen Seite die »jenseitige« Lage Gottes bedingt, von der sie laufend neu hervorgebracht wird (Irigaray 1991: 164). Die Jenseitigkeit Gottes und die Immanenz des Mütterlichen als einer mangelnden symbolischen Vermittlung ihrer Gabe und damit des Bezugs des Subjekts zu ihr bedingen

deutschsprachigen Ausgabe Irigaray (1980: 22) eine entsprechende Formulierung und Irigaray (1989: 79).

10 Die Übersetzung ist leicht verändert.

sich gegenseitig. Diese Spaltung bringt Lacan zum Ausdruck, indem er die Herausbildung des differenziellen Moments der Sprache mit dem ›Nichts‹ des weiblichen Geschlechts konnotiert. Dass das Nichts des Signifikanten an die Stelle der abwesenden Mutter tritt, kann also zweierlei bedeuten: Das Nichts kann dieser Abwesenheit Rechnung tragen, oder es kann sie stillschweigend ersetzen. Im Nichts »könnte« diese Trennung verarbeitet sein – oder es kann dazu verwendet werden, diese Trennung zu ignorieren. Irigaray sagt das Letztere. In gewisser Weise scheint Irigaray damit Gott als Effekt des bisher fehlenden Terms des Dritten in der Beziehung zur Mutter zu interpretieren. Aber damit fehlt ihm überhaupt der trianguläre Gehalt.

Irigaray gibt deshalb Lacans in *Encore* gemachter Aussage, dass die Frau nur *quoad matrem* existiert, das heißt, wie Lacan sagt, in ihrer einzigen Funktion »zum Reden zu bringen das sprechende Sein, hier reduziert auf den Mann« (1986: 106), einen ganz bestimmten Sinn:

> »Die Mutter ist gespalten, sicher, aber durch das Kind, das sie gebärt und nährt. Er kann das jedenfalls glauben. Diese Spalte [*faille*], er kennt sie also als die, die er selbst geschaffen, in seine Systematik eingeschlossen und so wieder verschlossen hat. Als die Frau oder diejenige der Frau kennt er sie nicht, er kann sich vor ihr nur schützen, indem er sie (wieder) zur Mutter macht oder indem er ihr, in seinem Dazwischentreten in dieses ganz andere, den vorbeugenden Schleier einer Sprache entgegenhält, die selbst ihre Abweichungen und Zwischenräume [*ses écarts*] schon immer in Fetische verwandelt hat« (Irigaray 1980: 284).[11]

Es ist wichtig zu verstehen, dass Irigaray hier nicht vom weiblichen Geschlecht spricht, sondern von Lacans Konzeption des gespaltenen Subjekts. Dazu ist zu beachten, dass Spalte das französische *faille* übersetzt, das neben der tektonischen Spalte auch Fehler heißen kann: eine Schwachstelle in der Argumentation. Irigaray spielt hier bewusst mit beiden Bedeutungen, insofern *faille* sich auch auf den irrtümlichen Glauben des Kindes/des Mannes des vorhergehenden Satzes bezieht: Es ist ein Fehler, ein Irrtum zu glauben, dass die Spalte (nur) im Hinblick auf die/seine Geburt existiert: »Cette faille, donc, il la connaît pour l'avoir pratiquée et re(n)fermée dans sa systématique« (franz. Orig. 1974: 284). Lacan betrachtet gewissermaßen ihre Spalte nur im Hinblick auf das Subjekt; der Spalt erscheint nur in *seinem* Hinblick, als Gebärspalte des Subjekts. Er

11 Die Übersetzung ist leicht verändert.

betrachtet sie nicht im Hinblick auf ihre Spalte als Leere, die noch nicht mit seinem Sinn aufgefüllt ist. Und in diesem Sinn lässt sich sagen, dass Irigaray Lacans Leere zu wenig leer ist. Ihre Spalte ist in die Spalte des Subjekts eingegangen und als solche wird sie im Innern seiner Systematik als Irrtum weiterexistieren. Sie wird zum Fehler seiner Systematik werden, worin der Mann/das Kind verkennt, dass seine Spalte nicht zur Mutter, sondern zu ihm gehört. Damit taucht Irigaray dieses *qouad matrem*, diese Sprachfunktion, die das Subjekt in die Ex-sistenz des sprechenden Seins einführen soll, in ein anderes Licht: Die Sprache erscheint nun als Schutz, »le voile préservatif d'un langage« (ebd.), als ein bewahrender Schleier und damit als das Gegenteil eines Ausgesetztseins.

Wenn Irigaray sagt, dass diese Sprache ihre Zwischenräume, *ses écarts* – also wiederum ein Begriff für ein Nichts – in Fetische verwandelt, so erscheint die Sprache hier in der Funktion einer Abwehr: Der Fetisch ist bekanntlich die Leugnung des Mangels (der Mutter). Diese Sprache also würde, entgegen Lacans Anliegen, dem Mangel nicht Rechnung tragen, sondern ihn leugnen, eine Leugnung, so muss man hinzufügen, die irgendwo gewusst wird. – Zum Beispiel in Gott.

Was Irigarays Lacan-Kommentare so schwer lesbar macht, ist, dass sie ein Nichts zu einem Gegenstand der Reflexion machen. Es ist offenbar schwierig, diese Schranke, die *barre* im *sujet barré*, zu einem eigenen Gegenstand des Nachdenkens zu erheben, da es sich im Wesentlichen um ein *Nicht* handelt. Doch geht es in diesem Streit um ein Nichts um sehr viel. Wenn Irigaray sagt, dass diese Form der Signifikanz die Abwesenheit der Mutter nicht (be-)denkt, sondern ersetzt, so, weil es für sie letztlich dieser Umstand ist, der die Position ›Frau‹ in unserer Kultur bestimmt. Dieses Moment ist dem Signifikanten selbst eingeschrieben, also nicht: als Eigenschaft einer Frau zugeschrieben. Die Position ›Frau‹ leitet sich umgekehrt von dieser Anordnung vis-à-vis des Signifikanten her, von einer Organisationsstruktur des primordialen Verlustes, oder besser von der Form seiner Einkleidung: Eine, man könnte vielleicht sagen, nicht gewusste, kulturell-historisch gewordene Ausformung oder Ausgestaltung des primordialen Verlustes. Es ist diese *Auskleidung* des durch den Umstand der Sprachlichkeit ins Subjekt eingeführten Spaltung, also die *Form* seiner dezentrischen Seinsweise, die problematisch ist, weil diese Schranke – das trianguläre Moment in der Sprache – nie das Subjekt der Mutter von ihrer Funktion trennte. Und damit letztlich das Subjekt nicht von seiner Mutter, weil diese es zwingt, seinen Bezug zur Mutter, und damit letztlich seine eigene Herkunft, seine Verkörperung, seine Abhängigkeit als etwas zu belassen, das scheinbar einer symbolischen Vermittlung nicht zugänglich ist.

Anders als in ihrer Kritik an Freud zielt Irigarays Kommentar zu Lacan also auf die spezifische Ausformung der signifikanten Struktur, die den signifikanten Mangel mit »Kastration« – und damit letztlich mit dem weiblichen Geschlecht – verbindet. Was also heißt es, dass Kastration der Name für den Mangel im Signifikanten ist? Wenn der durch das Symbolische induzierte Entzug als Kastration imaginiert ist, so heißt dies letztlich, dass es diesen Entzug und damit den durch das Symbolische induzierten Mangel auf Seiten des Weiblichen nicht gibt, da es bereits dieser Mangel ›ist‹. Insofern es diese Funktion selber vorstellt, ist es ihr nicht gleichzeitig selbst auch unterstellt. Dass der signifikante Mangel Kastration heißt, verweist folglich auf etwas, das man am ehesten als Deprivation an Negativität auf Seiten des Weiblichen bezeichnen könnte. Die Bindung des signifikanten Mangels an Kastration steht damit unter dem paradoxen Vorzeichen, das Weibliche als Element des Negativen für das männliche Subjekt zu denken, ohne dass dieses selbst der Vermittlung durch eine Negativität untersteht. So betrachtet ist jedoch schwerlich zu sehen, von wo in dieser so gearteten signifikanten Funktion das Moment der Negativität überhaupt ausgehen soll.

Während es also Irigarays Kritik an Freud war, dass dieser die Frau als Mängelwesen konzipiert, müsste man hier vielmehr davon sprechen, dass es ihr an Negativität ermangelt. Aporetischerweise generiert damit das Moment der Unverfüglichkeit, für das »Signifikanz« ja eigentlich steht, im Weiblichen eine Entität radikaler Verfügbarkeit. Genau diese Aporie steht aber im Zentrum von Lacans Konzeption des Realen. Die Vorstellung von Kastration als einer ermöglichenden Schranke vis-à-vis von einem destruktiven Realen lässt die Frage, was genau an diesem Realen eigentlich »nicht geht«, in einem – fast möchte man sagen – signifikanten Dunkel. »Le réel, c'est l'impossible« (1991: 143), ist Lacans Antwort, die er uns gibt, um anzuzeigen, dass das Reale der Bereich eines destruktiven Genießens des Subjektes ist, dem, so müsste man hinzufügen, der andere offenbar nichts entgegenzusetzen hat – eben weil er, oder besser sie, grenzenlos ist. Sehr weit hinter diesem schrecklichen Realen steht offenbar immer noch die allgewährende Mutter – die vielleicht ebenso wenig existiert wie der Vater, der das Verbot aussprechen könnte?

Wenn es Lacans Argument war, dass die ödipale Erzählung über die Frage, ob es diesen verbietenden Anderen überhaupt gibt, einen Schleier legt, so stellt sich von Irigarays Warte aus betrachtet ein ganz ähnliches Problem hinsichtlich der kastrativen Ausgestaltung der signifikanten Funktion. Die Geste der Deprivation, die nun nicht länger der ödipale Vater, sondern der Umstand der Signifikanz selbst vollzieht, lässt die, narzisstisch kränkende, Frage des Wollens des anderen ganz aus dem Spiel. Doch hier beginnt sich etwas im Kreis zu drehen: Die Signifikanz ist eine ermöglichende Schranke vis-à-vis eines destruktiven Realen, das möglicherweise genau infolge der so ausgestalteten Form der Signifikanz entsteht. Denn der absolute Genuss, wogegen es die Schranke bräuchte, entsteht erst durch diese Form der Signifikanz, die die Geschlechter vis-à-vis des signifikanten Mangels asymmetrisch positioniert und damit die eine Seite, die weibliche, allererst als das konstituiert, was sich dem anderen in dieser Weise zum absoluten Verzehr offeriert. Die Kastration wäre damit sowohl das Mittel wie die Ursache für das, wogegen sie angeblich Abhilfe schafft.[12]

Die Divergenz zwischen Lacan und Irigaray liegt also nicht in der Frage, *ob* es eine Unmöglichkeit, letztlich die unhintergehbare Alterität und damit auch Fremdheit des Anderen gibt, sondern darin, was genau dieses Unmögliche beinhaltet: Auch für Irigaray wäre die sexuelle Differenz diese Unhintergehbarkeit. Doch das, was Lacans Systematik zum Ausdruck bringt, ist für sie die Abwesenheit der sexuellen Differenz. Oder anders formuliert fehlt die sexuelle Differenz als Signum der Negativität gerade insofern, als der eine Pol, das Weibliche, dieser nicht untersteht. Wenn für Lacan die sexuelle Differenz das Zeichen der Negativität in der Subjektkonstitution ist, so ließe sich Irigarays Aussage so auf den Punkt bringen, dass durch die Auslegung des Gesetzes der Signifikanz als Kastration genau diese sexuelle Differenz negiert wird – und damit auch das Negative in der Subjektkonstitution. Das heißt, Irigaray liest die von Lacan zum Ausdruck gebrachte Auslegung des signifikanten Mangels als Kastration als Angabe darüber, worin in unserer Kultur diese Negativität und damit die signifikante Struktur nach wie vor verstellt ist.

12 Dieser Absatz ist entnommen aus (Soiland 2010: 315 f.).

3. Sexuelle Differenz in der heutigen Lacan-Rezption

Und damit komme ich auf mein eigentliches Anliegen zurück: Das Bemerkenswerte ist, dass die neuere Lacan-Rezeption den Begriffs der sexuellen Differenz zwar auch verwendet, dies aber genau im gegenteiligen Sinn, nämlich für Lacans in *Encore* entwickelte »Formeln der Sexuierung«, meist mit dem Zusatz, dass die sexuelle Differenz das Reale oder im Realen sei.[13] Nicht nur die Urheberin des Theorems, Irigaray selbst, sondern auch ihre Kritik ist damit vollständig aus der Diskussion verschwunden. Dies ist insbesondere deshalb bemerkenswert, weil die neuere Lacan-Rezeption beansprucht, Lacans Begriff des Realen ins Zentrum zu stellen. Wenn man sich jedoch in diesem Zusammenhang des Begriffs des Realen bedienen will, so müsste man vielmehr davon sprechen, dass Lacans Geschlechterformeln zum Ausdruck bringen, dass der *weibliche* Teil der sexuellen Differenz im Realen ist, nicht die sexuelle Differenz als solche; denn es ist eindeutig so, dass der Begriff des Realen bei Lacan immer diesen Bezug zum nichtgedachten Körper der Mutter hat, der, als dieses Nichtgedachte, als Reales, ja sogar als das Reale erscheint. Irigarays Denken der sexuellen Differenz wendet sich genau gegen diese Gleichsetzung, in welcher der Körper der Mutter zwangsläufig zu einem Undenkbaren wird. Und – so meine ich eben – auch Lacans Denken kreist um dieses Problem.

Bevor ich dazu abschließend kurz etwas sage, möchte ich nochmals zusammenfassen, warum ich gleichwohl finde, dass es sich auch für ein feministisches Denken lohnt, Lacans Formeln der Sexuierung ernst zu nehmen. In einem kulturdiagnostischen Sinn bringen sie sehr wohl etwas Zentrales zum Ausdruck, nämlich, dass Geschlecht nicht primär eine

13 Neben Žižek (2001, 2002) findet sich diese Verwendung bei Copjec (2004), aber auch im Sammelband Barnard (2002). Es wäre eine eigene Untersuchung wert, wie der Begriff der sexuellen Differenz überhaupt in die neuere Lacan-Rezeption kam. Bei Lacan ist mir nur eine Stelle (1991: 179) bekannt, wo er den Begriff verwendet. Mitchell/Rose (1982) sprechen in Bezug auf Lacans Formeln der Sexuierung meist von *difference between the sex,* an wenigen Stellen (ebd.: 6/42) von *sexual difference.* Die früheste mir bekannte englischsprachige Verwendung von *sexual difference* in der Lacan-Rezeption findet sich in der Zeitschrift *m/f,* deren erste Nummer 1979 erschien (vgl. Adams/Cowie 1990). Es ist zu beachten, dass sexuelle Differenz, auch *difference sexuelle* resp. *sexual difference,* ein Kunstwort ist. Im Englischen resp. Französischen wird beim Geschlechtsunterschied meist von *difference between the sexes* resp. *différence entre les sexes* gesprochen. Irigaray selbst verwendet den Begriff in *Speculum* nur an wenigen Stellen. Bekannt wird er erst durch ihre 1984 erschiene *Éthique de la différence sexuelle.*

Eigenschaft ist, sondern ein Strukturmerkmal, das dem Umstand der Verwiesenheit selbst eingeschrieben ist. Man kann sagen – und das finde ich das eigentlich Fruchtbare, das Lacan in seinen Formeln der Sexuierung zum Ausdruck bringt –, dass unsere Kultur über diesen primordialen Verlust, die Leerstelle der Signifikanz, eine geschlechtliche Problematik verhandelt resp. eine geschlechtliche Asymmetrie aufrechterhält, insofern die beiden geschlechtlichen Positionen sich darüber definieren, vis-à-vis dieser Leerstelle asymmetrisch positioniert zu sein. In meinem Verständnis ist es diese problematische Positionierung, die das Geschlechterverhältnis als ein hierarchisches belässt, auch und insbesondere nach dem Untergang der traditionell patriarchal-ödipalen Struktur und dem enormen sozialen Wandel, den wir seit 1968 gerade in Bezug auf das Geschlechterverhältnis zu verzeichnen haben. So betrachtet lässt sich sagen, dass man mit Lacan, und hier insbesondere mit seiner Begrifflichkeit des Symbolischen und des Realen, verstehen kann, dass sozialer Wandel nicht zwangsläufig zu einer Veränderung der symbolischen Strukturen führen muss, weil das Soziale nicht dasselbe ist wie das Symbolische. Es gibt Zwänge des Symbolischen, die nicht mit den Zwängen normativer Ideale gleichgesetzt werden können, weshalb eine Änderung auf der Ebene der letzteren, z.B. eine Liberalisierung der sexuellen Verhaltensweisen wie in unserer Gesellschaft, noch lange nicht bedeutet, dass sich auf der Ebene des Symbolischen etwas ändert. Dieser Gedanke, den man Lacans Verständnis des Symbolischen entnehmen kann, scheint mir auch für die feministische Theoriebildung äußerst fruchtbar zu sein.

Er scheint mir aber auch im Zentrum jener Verschiebung zu stehen, die Lacan selbst Ende der 1960er Jahre ausmacht als eine historische Veränderung im Verhältnis des Signifikanten zum Realen, eine Veränderung, die er in seiner Begrifflichkeit als Übergang vom »Diskurs des Herrn« zum »Diskurs der Universität« zu fassen suchte (Lacan 1991: 205–208).[14] Was Lacan mit dem »Diskurs der Universität« beschreibt, von dem er sagt, er sei das dem Kapitalismus affinste gesellschaftliche Band (*lien social*), hat auffällige Gemeinsamkeiten mit dem, was wir heute als eine Modernisierung im Care-Sektor erleben. Aus dieser Perspektive betrachtet muss man sich fragen, ob diese Modernisierung nicht letztlich die nicht-gedachte

14 Vgl. zu Lacans Theorie der vier Diskurse und hier insb. zum »Diskurs der Universität« auch Zupančič (2006) und Copjec (2006).

Gabe der Mutter in einer, nun zwar völlig aufgeklärten, modernisierten Variante eines bürokratisch-ökonomischen Managerismus zu kontrollieren und damit letztlich zu ersetzen sucht, wobei dieser Managerismus vom Phantasma einer vom »richtigen Wissen« angeleiteten Durchdringbarkeit der mütterlichen Gabe getragen wäre. Es scheint, dass der »Diskurs der Universität« damit in anderer Weise eine Aporie zum Ausdruck bringt, die dem Term des Dritten in unserer Kultur eingeschrieben ist und die sich hier als eine Art Biopolitik der politisch korrekten Verwaltung der mütterlichen Gabe darstellt.

Mit Lacan kann deshalb verstanden werden, dass es eine spezifische Patriarchalität im »Diskurs der Universität« gibt, die keine der ödipalen Struktur, also der traditionell väterlichen Autorität mehr ist. Was Lacan mit dem »Diskurs der Universität« meint – eine Problematik und eine Suchbewegung Lacans, die durch die vereindeutigende Rede von sexueller Differenz durch die neuere Lacan-Rezeption verstellt wird –, diese Veränderung im Verhältnis von Signifikant und Genießen, die Lacan mit der Beschreibung des »Diskurs der Universität« zu fassen sucht, wäre für eine feministische Analyse hochinteressant – quasi mit Lacan gegen die Stilllegung von Irigarays Kritik durch die neuere Lacan-Rezeption.

Literatur

Adams, Parveen; Cowie, Elizabeth (Hrsg.) (1990): The Women in Question: m/f. Cambridge/Massachusetts: MIT Press.

Barnard, Suzanne; Fink, Bruce (Hrsg.) (2002): Reading Seminar XX: Lacan's Major Work on Love, Knowledge, and Feminine Sexuality. New York: State University of New York Press.

Butler, Judith (2009): Die Macht der Geschlechternormen. Frankfurt/M.: Suhrkamp.

Cheah, Pheng; Grosz, Elizabeth (1998): The Future of Sexual Difference. An Interview with Judith Butler and Drucilla Cornell. In: diacritics (Irigaray and the Political Future of Sexual Difference), vol. 28, no. 1, S. 19–42.

Copjec, Joan (2004, engl. Orig. 1994): Das Geschlecht und die Euthanasie der Vernunft. In: Lies mein Begehren. Lacan gegen die Historisten. München: Kirchheim, S. 233–268.

Copjec, Joan (2006): May '68, the Emotional Month. In: Žižek, Slavoj (Hrsg.): Lacan. The Silent Partners. (= Wo Es war) London/New York: Verso, S. 90–114.

David-Ménard, Monique (1999, franz. Orig. 1997): Muss das Allgemeine in der Differenz der Geschlechter gesucht werden? Die »Formeln der Sexuierung« bei

Lacan. In: dies.: Konstruktionen des Allgemeinen. Psychoanalyse, Philosophie. Wien: Turia + Kant, S. 131–171.

Irigaray, Luce (1979): Così fan tutti. In: dies.: Das Geschlecht, das nicht eins ist. Berlin: Merve, S. 89–109.

Irigaray, Luce (1980, franz. Orig. 1974): Speculum. Spiegel des anderen Geschlechts. Frankfurt/M.: Suhrkamp.

Irigaray, Luce (1989): Der Glaube selbst. In: Genealogie der Geschlechter. Freiburg/Br.: Kore, S. 47–92.

Irigaray, Luce (1991, franz. Orig. 1984): Ethik der sexuellen Differenz. Frankfurt/M.: Suhrkamp.

Lacan, Jacques (1986, franz. Orig. 1975): Encore. Das Seminar. Buch XX (1972–1973). Weinheim/Berlin: Quadriga.

Lacan, Jacques (1991): L'envers de la psychanalyse. Le Séminaire. Livre XVII (1969–1970). Paris: Seuil.

MacCannell, Juliet Flower (2000): The Hysteric's Guide to the Future Female Subject. Minneapolis/London: University of Minnesota Press.

Mitchell, Juliet; Rose Jacqueline (1982): Feminine Sexuality. Jacques Lacan and the école freudienne. New York/London: Pantheon Books.

Morel, Geneviève (2004): Das sexuelle Sinthom. In: Riss, Zeitschrift für Psychoanalyse. Freud – Lacan, Heft 61, Jg. 19 (Geschlechterdifferenz), S. 49–74.

Rose, Jacqueline (1996, engl. Orig. 1986): Sexualität im Feld der Anschauung. Wien: Turia + Kant.

Soiland, Tove (2010): Luce Irigarays Denken der sexuellen Differenz. Eine dritte Position im Streit zwischen Lacan und den Historisten. Wien/Berlin: Turia + Kant.

Whitford, Margaret (1991): Luce Irigaray. Philosophy in the Feminine. London/New York: Routledge.

Žižek, Slavoj (2001): Die Tücken des Subjekts. Frankfurt/M.: Suhrkamp.

Žižek, Slavoj (2002): The Real of Sexual Difference. In: Barnard, Suzanne; Fink, Bruce (Hrsg.): Reading Seminar XX: Lacan's Major Work on Love, Knowledge, and Feminine Sexuality. New York: State University of New York Press, S. 57–75.

Zupančič, Alenka (2006): When Surplus Enjoyment Meets Surplus Value. In: Clemens, Justin; Grigg, Russell (Hrsg.): Jacques Lacan and the Other Side of Psychoanalysis. Reflections on Seminar XVII. Durham/London: Duke University Press, S. 155–178.

Erstveröffentlichungsnachweis

Soiland, Tove (2003): Irigaray mit Marx lesen. Eine Rehabilitierung des Denkens der sexuellen Differenz. In: Widerspruch Nr. 44, Jg. 23/1. Halbjahr, S. 159–172.

Soiland, Tove (2004): Was sind sexuierte Positionen? Anmerkungen zu Judith Butlers Lacan-Rezeption. In: Zeitschrift für Frauenforschung und Geschlechterstudien, Jg. 22/Heft 1, S. 3–18.

Soiland, Tove (2008): Was heißt Konstruktion? Über den stillschweigenden Bedeutungswandel eines zentralen Paradigmas der Geschlechtertheorie. In: Buchmayr, Maria (Hrsg.): Alles Gender? Feministische Standortbestimmungen. Studien zur Frauen- und Geschlechterforschung, Johannes Kepler Universität Linz, Band 8, Innsbruck-Wien-Bozen: Studienverlag, S. 65–81.

Soiland, Tove (2010): Eine andere Geschlechtertheorie. Interview mit Annia Mathis. In Rosa. Zeitschrift für Geschlechterforschung. Heft 40, S. 50–54.

Soiland, Tove (2013): Kontingenz als Ideologie unserer Zeit. In: Feministische Studien, 31. Jg., 2013, Nr. 1, S. 170–176.

Soiland, Tove (2013): Subversion, wo steckst Du? Eine Spurensuche an den Universitäten. In: Graf, Julia; Ideler, Kristin; Klinger, Sabine (Hrsg.): Geschlecht zwischen Struktur und Subjekt. Theorie, Praxis, Perspektiven. Opladen/Berlin/Toronto: Barbara Budrich, S. 93–114.

Soiland, Tove (2014): Jenseits von Sex und Gender: Die sexuelle Differenz – Zeitdiagnostische Interventionen von Seiten der Psychoanalyse. In: Fleig, Anne (Hrsg.): Die Zukunft von Gender. Frankfurt/M.: Campus, S. 97–125.

Soiland, Tove (2015): Geniessen in Zeiten des Neoliberalismus. Interview mit Annia Mathis. In Rosa. Zeitschrift für Geschlechterforschung. Heft 48, S. 34–39.

Soiland, Tove (2016): Die mütterliche Gabe hat keine symbolische Existenz. Interview durchgeführt von Maya Dolderer. In: Dolderer, Maya; Home, Hannah; Jerzak, Claudia; Tietge, Ann-Madeleine (Hrsg.): O Mother, Where Art Thou? (Queer-) Feministische Perspektiven auf Mutterschaft und Mütterlichkeit. Münster: Westfälisches Dampfboot, S. 203–213.

Soiland, Tove (2018): Der Umsturz des Ödipalen. Ein feministisches Dilemma. In: Busch, Charlotte; Dobben, Britta; Rudel, Max; Uhlig, Tom (Hrsg.): Der Riss durchs Geschlecht. Feministische Beiträge zur Psychoanalyse. Gießen: Psychosozial Verlag, S. 95–115.

Soiland, Tove (2018): Die postödipale Gesellschaft. Eine lacan-marxistische Gegenwartsanalyse. In: Haubner, Tine; Reitz, Tilman (Hrsg.): Marxismus und Soziologie. Weinheim/Basel: Beltz Juventa in der Verlagsgruppe Beltz, S. 200–219.